긍정의 힘은
사자의 포효입니다

백지연(앵커)

"지금까지 나를 길러 주신 분은 하나님이셨고 앞으로도 오직 하나님의 은혜로 나는 담대함을 얻을 수 있을 것이다. 귀하고 사랑하는 아이를 키우는 엄마로서 자고 깰 때마다 하나님의 은혜와 보호하심을 더욱 더 갈구하게 된다. 하나님만을 바라보는 시선을 흐트러뜨리지 않으려 하다가도 너무나 자주 세상 걱정과 불안에 휩쓸리고 마는 연약한 내게 조엘 오스틴의 외침은 '내 곁에 계신 하나님'을 다시 기억하게 해 준다. 임마누엘 하나님께 영광을."

정근모(한국과학기술한림원 원장, 명지대학교 총장)

"우리 마음속에 있는 부정적 생각들을 떨쳐버리고 긍정적인 마음으로 하루하루를 온전히 살면 반드시 꿈을 이루어 성공할 수 있음을 확신시켜 주는 단비 같은 인생 지침이다."

강준민(동양선교교회 담임목사)

"조엘 오스틴의 첫 작품인 『긍정의 힘』은 그의 믿음과 삶의 결정체다. 웅크린 사자처럼 기다렸던 그는 드디어 포효(咆哮)하는 사자의 소리를 이 책에 담았다. 그의 소리는 우렁차지만 그의 마음은 사랑스럽고 따뜻하다. 부드럽고 섬세하다. 평범을 넘어 비범한 삶을, 불행을 넘어 행복한 삶을, 무의미한 삶을 넘어 의미 있는 삶을 추구하는 분들에게 이 책을 추천한다. 특별히 하나님의 무조건적인 사랑을 경험하길 원하는 분들에게 이 책을 추천한다."

이동원(지구촌교회 목사)

"오늘 우리 사회는 현실의 벽 앞에 주저 앉고 말 것인지, 아니면 또 한 번의 비상을 준비할 것인지 결정해야 할 기로에 서 있습니다. 또 한 번의 비상은 우리 마음속에 존재하는 체념과 한계의 벽을 허무는 데서 시작되어야 합니다. 이 책은 이 시대의 한국인들과 그리스도인들로 하여금 이런 벽을 허물고 무한의 지평선이 기다리는 가능성의 미래로 나아가도록 다시 한 번 우리를 도전하고 자극하고 용기를 제공할 것입니다."

김선도(광림교회 원로목사)

"최근 세계적으로 선풍을 일으키고 있는 책은 긍정적인 에너지에 관한 글들이다. 그중에서도 조엘 오스틴의 『긍정의 힘』은 읽는 순간부터 적극적인 에너지가 솟아오르게 하는 산 체험을 알기 쉽게 예를 들어가며 풀이해 주는 책이다. 저자 자신이 체험한 긍정적인 힘의 원천을 분명하게 제시해 주고 있으며 읽는 이에게 최선의 삶을 향해 지금 도전케 하는 동기를 심어 주고 있다. 읽는 이들에게 큰 축복이 될 것으로 확신한다."

믿는 대로 된다

긍정의 힘

Your Best Life Now
By Joel Osteen

Copyright ⓒ 2004 by Joel Osteen
Originally published by Warner Faith,
1271 Avenue of the Americas, New York, NY 10020, USA
All rights reserved.

Korean translation copyright ⓒ 2005 by Positive Life, A Division of Duranno Press
35 Naluteo-Road, Yongsan-Gu, Seoul, Korea

본 저작물의 한국어판 저작권은 임프리마를 통하여 Warner Faith 출판사와 독점 계약한
'긍정의힘' 이 소유합니다.
저작권 법에 의하여 보호를 받는 저작물이므로 무단 전재와 무단 복제를 금합니다.

긍정의 힘

지은이 l 조엘 오스틴
옮긴이 l 엔터스 코리아
초판발행 l 2005. 5. 11.
239쇄발행 l 2009. 3. 6.
발행처 l 긍정의힘
등록번호 l 제 302-2009-000002호
등록된 곳 l 서울시 용산구 나루터길 35
영업부 l 2078-3333 FAX l 080-749-3705
출판부 l 2078-3444

▌책값은 뒤표지에 있습니다.
ISBN 978-89-962104-2-9 03230

믿는 대로 된다

긍정의 힘

조엘 오스틴 지음

긍정의힘

contents 추천사/8 서문/10

나는 비전을 키우는 사람이다 13

1 비전을 키우라 15
마음에 품지 않은 복은 절대 현실로 나타나지 않는다
마음으로 믿지 않으면 좋은 일은 결코 일어나지 않는다

2 기대 수준을 높이라 25
하나님이 당신을 위해 놀라운 선물을 준비하고 계시니 자리를 박차고 일어나
열정 속에서 매일 아침을 맞으라

3 하나님의 창고는 보화로 가득하다 33
우리 속에서 용솟음치는 열정의 크기에 따라
하나님이 행하시는 일의 크기도 달라진다

4 과거의 장벽을 깨라 43
마음속의 견고한 진을 부수라
이제 새로운 비전을 품고 새로운 단계로 나아갈 때다

5 은혜 속에서 성장하라 50
매일 아침 일어나 하나님의 은혜를 선포하라
이미 은혜를 받았노라고 과감하게 선포하라

6 은혜를 사모하라 55
우리가 은혜를 사모하면 어디를 바라보나
우리를 도우려는 사람들로 가득하다

나는 건강한 자아상을 일군다 66

7 자신을 누구라고 생각하는가? 68
'메뚜기 정신'을 버리고 '할 수 있다'는 마음을 품으라
약점을 보지 말고 하나님을 바라보라

8 자신의 가치를 제대로 알라 80

돈은 구겨져도 돈이다. 내가 실수하고 넘어져도
하나님은 내 가치를 변함없이 인정하신다

9 믿음대로 될지어다 88

우리 인생에 기적을 일으키는 원동력은 남의 믿음이 아닌 자신의 믿음이다

10 성공하는 마음 자세를 가지라 100

'비참한 어제의 자리'를 박차고 일어나라
오늘부터는 '하나님의 식탁'에 앉아 하나님의 복을 누리라

11 있는 그대로 자신을 사랑하라 111

하나님은 당신이 다른 사람의 복사판이길 원하지 않으신다
당신 그대로의 원판 인생을 원하신다

---

1 2 **3**
4 5 6
7

나는 생각과 말의 힘을 발견한다 120

12 올바른 생각을 품으라 122

항상 긍정적이고 행복하고 기쁜 생각을 하면
주위에 행복하고 기쁘고 긍정적인 사람이 모여든다

13 마음의 프로그램을 다시 짜라 136

하나님은 우리가 태어나기도 전에
풍요롭고 행복하고 온전한 삶을 살도록 우리를 만드셨다

14 말을 바꾸면 세상이 바뀐다 145

산이 너무 크다고 하나님께 불평하지 말고
산을 향해 하나님이 얼마나 크신지 선포하라

15 인생을 바꾸는 말 150

우리 인생을 향해 믿음의 말을 선포하라 말에는 엄청난 창조의 힘이 있다

16 복을 말하라 155

복은 말로 표현되기 전까지는 복이 아니다
당신의 인생과 가정, 친구와 미래에 대해 복을 선포하라

1 2 3 4 5 6 7

나는 과거의 망령에서 벗어날 것이다 164

17 마음의 상처를 홀홀 털어 버리라 166

마음의 실타래를 풀지 않는 한 행복은 오지 않는다
세상이 불공평하다며 고개를 떨구고 있는 사람은 태양을 볼 수 없다

18 원망이 뿌리 내리지 않게 하라 177

원망이라는 마음의 벽은 사람들이 들어오지 못하도록 막을 뿐 아니라
우리까지도 밖에 나가지 못하도록 막는 몹쓸 장애물이다

19 하나님이 억울함을 풀어 주시리라 191

하나님이 우리 인생의 틀어진 상황을 바로잡아 주신다
우리의 악을 갚아 주시고 오히려 악을 복으로 바꿔 주신다

20 실망감을 물리치라 203

믿음은 먼 기억 속에 있는 것도, 먼 미래에 있는 것도 아니다
언제나 현재형인 믿음은 바로, 지금, 이 순간이다

1 2 3 4 5 6 7

나는 역경을 통해 강점을 찾는다 212

21 먼저 마음으로 일어서라 214

마음만 먹으면 행복해질 수 있고 결심만 하면 강하게 일어설 수 있다

22 하나님의 타이밍을 기다리라 222

하나님은 보이지 않는 곳에서 모든 조각을 맞추고 계신다
우리가 보지 못하고 느끼지 못할 때 가장 크게 역사하신다

23 시험의 목적 231

공기의 저항이 없으면 독수리는 날 수 없고 물의 저항이 없으면 배가 뜰 수 없다

24 잘 풀리지 않을 때도 하나님을 신뢰하라 238

우리는 선한 싸움을 싸우면서 점점 강해진다
고난은 우리 등을 떠밀어 하나님이 정하신 목적지로 이끈다

1 2 3
4 5 6
7

베푸는 삶을 살라 244

25 베푸는 즐거움 246

우리가 남에게 베풀면 하나님이 우리에게 그대로 갚아 주신다
정말 멋지지 않은가!

26 하나님의 친절과 자비를 실천하라 254

아무 걱정하지 말고 선한 일에만 힘쓰라
공정하신 하나님은 우리 행동뿐 아니라 동기까지도 헤아리신다

27 연민의 마음을 열라 261

언제나 마음의 소리에 귀를 기울이고 있으라
하나님의 뜻이라고 판단되면 즉시 사랑을 표현하라

28 씨앗을 뿌리는 것이 우선이다 272

어려운 상황은 씨앗을 뿌릴 수 있는 좋은 기회다
씨앗이야말로 어려움을 극복할 수 있는 열쇠이기 때문이다

29 씨 뿌리기와 자라기 279

베푸는 행위는 보험에 드는 것과 비슷하다
베푸는 일은 하나님의 은혜를 저장해 놓는 것과 같다

1 2 3
4 5 6
7

나는 언제나 행복하기를 선택했다 288

30 행복은 감정이 아닌 선택이다 290

최고의 인생을 살고 싶다면 열정과 소망을 버리지 말라
어떤 상황에서도 기쁨과 행복을 빼앗기지 말라

31 뛰어난 사람, 진실한 사람 304

우리가 살아가고 일하고 시간을 엄수하는 모습에서
사람들은 하나님의 모습을 찾고 발견한다

32 이 세상 누구보다 행복하라 311

눈과 가슴과 얼굴에 열정을 가득 품고 살라
상상도 할 수 없는 놀라운 일이 벌어질 것이다

추 천 사

긍정적 사고방식만 있어도 반은 성공입니다

김영길(한동대학교 총장)

"성공은 미래 완료형이 아니라 현재 진행형이다. 이 책에는 '일상'과 '지금'을 대하는 하나님의 긍정적인 시각이 담겨 있다. 저자는 성공이란 '무엇을 이루느냐'가 아니라 '내가 누구인지' 아는 것에서 비롯된다고 말한다. 하나님의 자녀로서 정체성을 가진 사람이 생각과 믿음의 틀과 한계를 깨고, 능력과 사랑의 잠재력을 발휘할 것이다. 행복은 가까이에 있다. 하나님의 사랑과 여유가 묻어나는 이 책이 한국 사회의 터닝 포인트가 되기를 바란다.

정용철(월간 좋은생각 발행인)

"좋은 책을 읽으면 긴장과 흥분과 도전의식이 일어납니다. 하지만 최고의 책을 읽으면 이상하게 마음이 편안해지면서 차근차근 생각하게 되고 언젠가는 그렇게 행하게 됩니다. 「긍정의 힘」을 읽으면서 내게 찾아온 것은 기쁨과 감사와 평화였습니다. 외로운 나를 혼자 두지 않으시고 좋은 생각, 긍정의 힘으로 날마다 조금씩 발전하기를 바라시는 하나님의 사랑과 신뢰의 음성이 들려 왔습니다."

정필도(수영로교회 목사)

"미국 차세대 지도자로 새롭게 떠오른 조엘 오스틴 목사님은 "하나님이 주시는 긍정의 힘을 믿는다면 누구나 최고의 삶을 살 수 있다!"는 실로 강력하고 희망찬 도전을 우리에게 던져 주고 있습니다. 이 책을 통해서 한국 교회의 모든 지도자들과 성도들도 하나님이 주신 긍정의 힘으로 삶의 모든 어려움을 최상의 성공으로 변화시키는 놀라운 축복을 경험하게 될 것입니다."

나겸일(주안장로교회 목사)

"인간은 장애물을 만나면 두려워한다. 그러나 장애물 뒤에 계신 하나님을 바라볼 수 있는 힘이 있다면 그것은 오히려 하나님을 깊이 만나는 절호의 기회가 된다. 장애물을 하나님이 주신 기회로 볼 수 있는 힘, 그것이 바로 긍정의 힘이다. 조엘 오스틴은 감사와 기쁨을 통해 주어진 삶을 최고의 인생으로 바꾸는 비결을 이 책에서 명확하게 제시하고 있다."

최성규(한기총 대표회장, 인천순복음교회 담임목사)

"「긍정의 힘」 제목을 읽는 순간 속에서 힘이 솟는 것을 느꼈다. 성경 66권을 농축한 것 같다. 성령의 능력이 나타나는 것 같다. 「긍정의 힘」은 위로부터 임하는 천국 비타민이다. 지친 현대인들에게 큰 힘과 용기가 될 것이다."

홍정욱(헤럴드미디어 대표이사 · 발행인)

"조엘 오스틴 목사의 「긍정의 힘」은 일반적인 성공학 서적, 자기계발서와는 달리 하나님 안에서 힘 있게 살아가는 삶의 방식을 보여 줍니다. 하나님의 말씀에 근거하여 매 장마다 제시하는 긍정적 사고의 지침을 따라가다 보면 어느새 내 안에 자신감이 충만해지는 것을 느낄 수 있을 것입니다. 장 마다 제시되는 주옥 같은 말씀들은 따로 기록하여 암기하고 싶을 만큼 귀하며, 수많은 일상적인 사 례들은 주변에 힘들어하는 이웃에게 힘을 주는 데 사용할 수 있습니다.

많은 분들이 이 귀한 책을 통해 긍정의 힘을 믿고 하나님이 주신 최고의 삶, 풍성한 삶을 누리시길 기도합니다."

김성묵 장로(아버지학교 국제운동본부장)

"인생을 바꾸는 일은 어렵다. 그러나 생각을 바꾸는 일은 그리 어렵지 않다. 변하고 싶은가? 지금 위 기 가운데 있는가? 최고의 삶을 꿈꾸고 있는가? 그렇다면 이 책을 읽으라. 긍정의 힘이 당신의 생 각을 바꾸고, 결국은 인생을 바꿀 것이다."

박성민(CCC 대표)

"성경은 '이 세대 본받기를 거부하며' 오히려 하나님 중심으로의 '가치 있는 것들' 만을 생각하며 살 것을 요구한다 (롬 12:2; 빌 4:8). 긍정적 사고방식만 있어도 반은 성공한다는데, 하나님의 신실 하신 말씀에 근거한 긍정적이며 적극적인 삶의 자세는 믿는 이들 모두를 향한 성공과 행복의 온전 한 비결이다. 이 책은 잘 숙성된 김치가 우리의 미각을 자극하듯, 깊은 맛을 담아 그 비결을 전하고 있다."

손인춘((주)인성내츄럴 대표이사)

"그저 그런 자기 개발서가 아니다! 신앙과 현실의 괴리감 없이, 이처럼 사람을 행복해지게 만드는 책은 처음이다!"

김은호(오륜교회 담임목사)

"저자 조엘의 메시지속에는 불가능을 가능으로, 불행을 행복으로, 절망을 소망으로, 부정을 긍정으 로 변화시키는 놀라운 비결이 담겨져 있다. 책장을 넘기는 순간부터 마음의 출렁거림을 경험하며 문제 해결의 실마리를 포착할 수 있을 것이다. 모든 이들, 특히 실패와 좌절의 악순환을 끊고자 애 쓰는 이들에게 꼭 필요한 책이다.

유재필(순복음노원교회 당회장 목사)

"절망과 좌절이 화두인 오늘날, 강단에서 설교해야 할 하나님의 말씀은 '희망과 긍정' 이다. 조엘 오 스틴이 전하는 '하나님이 주시는 긍정의 힘' 이야말로 이 시대를 이끌어 가는 하나님의 말씀이다. 보이지는 않지만 바라는 것들의 증거와 실상을 멋지게 현실화시키는 절대긍정의 말과 생각 속으로 우리를 인도해 줄 가이드의 역할을 충분히 해 줄 수 있는 책이라 생각한다. 특히, 걱정과 근심이라 는 인간적 속성을 거슬러 개인과 가정과 교회를 변화시키고 부흥시킬 수 있는 귀한 촉매가 될 것이 라 확신하며 이 책을 추천한다."

서 문

"미래는 바로 여러분의 것입니다!"

졸업식과 신입사원 환영회, 결혼식장에서 자주 들리는 희망의 메시지다. 당연한 얘기겠지만 열정적으로 인생을 쟁취하고 미래를 소유하는 사람이 있는가 하면 그렇지 못한 사람도 많다.

꿈을 이루고 성공하고 행복을 쟁취하는 비결은 '오늘'을 온전히 사는 것이다. 최선을 다해 오늘을 살 때 더 나은 내일이 찾아온다. 누구나 할 수 있다. 어떤 상황에 처해 있든 어떤 고난을 겪고 있든 상관없다. 누구라도 지금 당장 최선의 삶을 누릴 수 있다!

그러나 부정적인 측면에 초점을 맞춘 채, 자신을 약하고 자격이 없는 사람으로 생각하며 살아가는 인생이 얼마나 많은가! 그들은 자존감이 약하다. 자신이 행복할 수 없는 이유와 조건을 귀신같이 찾아낸다. 이런 저런 이유를 내세우면서 행복한 삶을 먼 미래로 미루는 사람도 있다.

- 언젠가 내 인생도 풀릴 거야.
- 언젠가 일이 좀 한가해지면 가족과 즐거운 시간을 보낼 수 있을 거야.
- 언젠가 돈을 많이 벌어 청구서 처리에 관해 걱정하지 않을 날이

올 거야.

- 언젠가 건강을 회복할 거야.
- 언젠가 하나님과 좋은 관계를 맺고 하나님의 복을 더 많이 누리게 될 거야.

그러나 '언젠가'는 결코 찾아오지 않는다. 우리에게는 오직 오늘뿐이다. 과거는 바꿀 수 없고 미래는 어떤 모습일지 알 수 없다. 우리가 능력을 발휘할 수 있는 시간은 바로 오늘뿐이다.

이 책은 오늘을 온전히 살기 위한 구체적인 방법을 알려 준다. 책장을 넘기는 순간부터 더 나은 삶을 살기 위한, 간단하지만 심오한 일곱 단계가 펼쳐질 것이다. 누구나 이 일곱 단계를 통해 삶을 개선할 수 있다. 우리 가족과 친구, 동역자뿐 아니라 내 자신의 삶 속에서 그 효과를 이미 확인했다. 당신이 이 책의 일곱 단계를 적용하면 전보다 더 큰 행복을 얻으리라 믿어 의심치 않는다. 오늘 하루나 한 주가 아니라 평생 동안 말할 수 없는 기쁨과 평안과 열정이 당신과 함께할 것이다!

앞으로 우리는 다음 일곱 단계를 거칠 것이다.

1. 비전을 키우라.
2. 건강한 자아상을 키우라.
3. 생각과 말의 힘을 발견하라.
4. 과거의 망령에서 벗어나라.
5. 역경을 통해 강점을 찾으라.
6. 베푸는 삶을 살라.
7. 행복하기를 선택하라.

각 단계별로 실질적인 제안과 조언을 제시했다. 긍정적인 생활방식을 유지하고 밝은 미래를 꿈꾸는 데 도움이 될 것이다.

이전에 큰 고난이나 시련을 겪은 사람도 있을 것이고, 떠올리기조차 싫은 슬픔을 경험한 사람도 있을 것이다. 하지만 오늘은 새로운 날이다! 앞으로 소개할 원칙을 따르면 '지금 당장' 행복과 만족이 찾아올 것이다.

아무쪼록 당신이 '그럭저럭 하루를 버티는' 태도에서 벗어나, 평범함을 넘어 자신의 잠재력을 극한까지 발휘하길 바란다. 그러려면 당신의 발목을 잡고 있는 부정적인 태도를 벗어던지고 더 큰 비전을 품어야 한다. 더 많은 일을 행하고 더 큰 즐거움을 누리며 더 대단한 사람이 된 자신을 상상하라. 바로 이것이 오늘을 온전히 사는 비결이다.

잠재력을 극한까지 발휘할 준비가 되었는가?

자, 이제 시작이다!

바로 오늘부터 최선의 삶을 살아내자!

Your
Best
Life
Now

1부 나는 비전을 키우는 사람이다

1 비전을 키우라

2 기대 수준을 높이라

3 하나님의 창고는 보화로 가득하다

4 과거의 장벽을 깨라

5 은혜 속에서 성장하라

6 은혜를 사모하라

YOUR BEST **!** LIFE NOW

1_ 비전을 키우라

마음에 품지 않은 복은 절대 현실로 나타나지 않는다
마음으로 믿지 않으면 좋은 일은 결코 일어나지 않는다

언젠가 아내와 함께 하와이로 휴가를 떠났던 한 남자의 이야기를 들은 적이 있다. 그는 나름대로 큰 성공을 거두었지만 이제는 한계에 이르렀다고 생각하여 성장을 멈춘 상태다. 어느 날 한 친구가 그 부부를 차에 태우고 섬 곳곳의 멋진 풍경을 보여 주었다. 얼마쯤 가다가 그들은 차를 멈추고 언덕 위의 눈부신 집 한 채를 넋 놓고 바라보았다. 멀리 바다가 내려다보이고 푸르른 야자수와 아름다운 화초가 가득한 집은 마치 한 폭의 그림 같았다.

아름답고 평화로운 그 집을 뚫어져라 쳐다보던 남자는 문득 아내와 친구에게 말했다. "나 같은 사람은 저런 집을 꿈도 꿀 수 없겠지?"

순간 그의 마음에서 뭔가가 속삭였다. '두말하면 잔소리지. 넌 안

돼. 너는 저렇게 멋진 곳에서 절대 살 수 없어.'

깜짝 놀란 그는 스스로에게 되물었다. '아니, 왜지?'

'상상하지 않는 한, 마음으로 보지 않는 한, 그런 멋진 일은 결코 네게 일어나지 않아.'

그는 평범한 생각과 태도가 자신을 평범한 사람으로 만들었다는 사실을 깨달았다. 그리고 그때부터 자신의 잠재력을, 나아가 하나님의 온전한 능력을 믿기로 결심했다.

이 사람뿐 아니라 누구나 마찬가지다. 마음에 품지 않은 복은 절대 현실로 나타나지 않는다. 마음으로 믿지 않으면 좋은 일은 결코 일어나지 않는다. 우리의 적은 마음 속에 있다. 하나님의 자원이나 우리의 재능이 부족해서 성공하지 못하는가? 아니다. 하나님이 주신 복을 제대로 누리지 못하는 원인은 바로 우리의 잘못된 생각이다.

'난 이미 막다른 골목에 다다랐어. 이게 내 한계야. 내가 그렇지 뭐. 나 같은 것이 어떻게 그런 대단한 사람이 될 수 있겠어? 이제 난 글렀어.'

슬프지만 맞는 소리다. 당신이 생각을 바꾸기 전까지는 말이다. 잠재력을 최대로 발휘하려면 가장 먼저 '큰 비전'을 품어야 하는 이유가 여기에 있다. 지금 당장 최선의 삶을 살려면, 먼저 믿음의 눈으로 삶을 바라봐야 한다. 높은 단계로 도약하는 자신의 모습을 상상하라. 부부 관계가 회복되고 가정이 번창하는 모습을, 꿈이 이루어지는 순간을 상상하라. 마음에 품고 굳게 믿어야 꿈은 이루어진다.

원하는 모습을 그리라

마음에 품는다는 것은 마음속에 원하는 삶의 이미지를 그리는 것이다. 우리는 여기서 멈추지 말고 이 이미지를 자신의 일부로 삼아야 한다. 생각과 대화, 깊은 잠재의식, 행동을 비롯해서 자기 존재의 모든 부분에 이 이미지를 심어야 한다.

패배와 실패의 이미지를 그리는 사람은 실패자의 인생을 살게 된다. 그러나 승리와 성공, 건강, 풍요로움, 기쁨, 평화, 행복의 이미지를 떠올리는 사람은 아무리 큰 장애물이 있더라도 반드시 그런 인생을 살게 된다.

우리는 이미 한계에 도달했다는 고정관념에 사로잡혀 허우적대는 경우가 많다. 믿음의 나래를 펴고 더 큰 미래를 보지 못한다. 하지만 하나님은 우리가 끊임없이 더 높은 단계로 자라나길 원하신다. 하나님의 지혜를 주시고 올바른 결정을 내리도록 도와주신다. 막대한 부와 승진의 기회, 참신한 아이디어, 창의력을 주고자 하신다.

하나님은 지금 이 순간이 우리 인생 최고의 순간이 되기를 바라신다. 그러니 부정적인 생각과 패배감 속에서 허우적댈 필요가 없다. ‘많이 배우지도 못한 내가 이 정도 했으면 됐지.’ ‘내 몸이야 뭐 항상 이렇게 골골거리지.’ ‘난 여기까진가 봐.’ ‘이게 내 한계야.’

이런 비좁은 생각을 떨쳐버리고 하나님의 복, 예컨대 승진과 놀라운 성장을 기대하면 하나님의 측량할 수 없는 은혜가 찾아온다. 하나님은 마음에 커다란 그릇을 마련한 사람에게만 복을 넘치도록 부어 주신다.

머리와 가슴으로 하나님의 은혜를 상상해야 실제로 그것을 받을 수 있다.

1부_ 나는 비전을 키우는 사람이다 | **17**

낡은 가죽부대를 버리라

수세기 전에는 통이 아닌 가죽부대에 포도주를 저장했다. 동물 가죽을 충분히 말리면 포도주 용기 모양으로 만들 수 있다. 새 가죽부대는 부드럽고 유연성이 있지만 오래될수록 탄력이 사라져서 휘어지지 않고 딱딱하게 굳어서 늘어나지 않는다. 그래서 낡은 가죽부대에 새 포도주를 넣으면 부대가 터져 포도주는 모두 땅바닥에 쏟아진다.

예수님은 가죽부대의 비유를 들어 제자들의 비전을 키워 주셨다. "새 포도주를 낡은 가죽부대에 넣지 아니하나니"(마 9:17). 좁은 태도로는 폭넓은 삶을 살 수 없다는 뜻이다. 우리는 틈만 나면 옛 방식과 생각의 틀에 갇힌다. 그런 우리에게 하나님은 새로운 일을 하라고 말씀하신다. 그러나 변하지 않으면, 원대한 비전을 품지 않으면, 하나님이 주시는 기회를 놓칠 수밖에 없다.

이 책을 읽고 있다는 사실만으로 당신은 높은 단계로 나아갈 준비가 되어 있다. 잠재력을 최대로 발휘하려는 의지가 있다. 하나님도 놀라운 은혜를 당신에게 베풀고자 하신다. 당신의 인생을 '새 포도주'로 채워 주려 하신다. 문제는 당신이다. 낡은 가죽부대를 버릴 용기가 있는가? 큰 생각을 품기로 결심했는가? 원대한 비전을 품고, 앞을 가로막는 낡고 부정적인 태도를 버리겠는가?

내 친구 스티브는 가정이 깨지기 직전이 되어서야 나를 찾아왔다. "조엘, 내가 이 모양 이 꼴이 된 지는 오래 되었다네. 내겐 도무지 좋은 일이 일어나지 않아. 우리 가정은 이미 갈 때까지 갔고, 회복되긴 어려울 것 같아."

나는 그에게 생각을 바꾸라고 말했다. "그런 생각만 하니 하나님이 부어 주시는 놀라운 복을 어찌 받겠나? 그런 어리석은 태도는 복의 흐름을 막는다네. 자네의 발목을 붙잡고 있는 부정적이고 파괴적인 생각에서 벗어나게나. 생각을 바꾸지 않는 한 인생은 바뀌지 않아."

우리 부부는 신혼 초에 동네를 거닐다가 공사가 거의 끝나가는 아름다운 집을 보았다. 문이 열려 있기에 집안으로 들어가 둘러보았다. 동화에나 나올 것 같은 아름다운 집이었다. 커다란 2층 건물에 천장이 높았고 창문은 대문처럼 커서 그림 같은 뒤뜰의 풍경이 한눈에 들어왔다. 가슴이 두근거릴 정도로 멋진 집이었다.

아내는 그 집에서 나온 후에도 자꾸 뒤돌아보며 말했다.

"여보, 우리도 저렇게 아름다운 집에서 살 날이 올 거예요." 그때 우리는 무척 허름한 집에서 살고 있었다. 집안에는 제대로 닫히는 문이 하나도 없었다. 그것도 우리 전 재산을 쏟아 부어서 간신히 산 것이었다. 그런 우리가, 방금 본 것 같은 멋진 집에 살 수 있을까? 도대체 언제? 아무래도 불가능해 보였다. 당시 우리의 은행 잔고와 내 수입으로는 그림의 떡에 불과했다.

'위대한 신앙의 사람' 이라고 자처하던 내 입에서는 갈망이 아닌 절망의 목소리가 흘러나왔다.

"여보, 너무 허황된 꿈을 꾸는구려. 우리가 어떻게 저런 집을 살 수 있겠소?"

하지만 아내의 믿음은 나를 훨씬 능가했다. 아내는 포기하지 않았고, 우리는 그 집 앞에서 30분이나 선 채로 논쟁을 벌였다. 아내는 꿈이 이루어질 수밖에 없는 온갖 이유를 댔고, 나는 불가능할 수밖에 없는 온갖 이유를 댔다.

"조엘, 그렇지 않아요. 마음속 깊은 곳에서 반드시 이 소망이 이루어질 거라는 느낌이 들어요."

나는 아내의 기대를 산산조각내고 싶지 않아 나중에 다시 이야기하자고 했다. 하지만 아내의 고집을 누가 말리랴! 이후 몇 달 동안 아내가 끊임없이 믿음과 승리에 관한 말을 하는 바람에 나는 결국 항복하고 말았다. 우리도 그런 우아한 집에서 살 수 있다는 아내의 믿음이 점점 내 마음을 움직였다. 나는 좁은 생각을 버리고 아내의 생각에 동화되기 시작했다. '하나님이 반드시 이루어 주실 거야!' 나는 끊임없이 확신하며 말했다.

몇 년 후에 우리는 낡은 집을 팔았다. 그리고 다른 땅을 사서 우리가 꿈에 그리던 그런 집을 지었다. 꿈이 이루어지는 순간이었다. 먼저 마음에 품지 않았다면, 아내가 내게 큰 비전을 심어 주지 않았다면, 그 집은 절대로 탄생하지 못했으리라.

"나는 우리 부모님만큼 성공했어. 우리 식구 중에 누구에게도 뒤지지 않는다고. 이 정도면 충분하지 않나?"

이렇게 말하는 스티브에게 나는 대답했다. "과거에 갇혀 있지 말게. 하나님은 자네가 부모님을 훨씬 능가하길 바라시네. 물론 자네 부모님이 열심히 일하는 멋진 분이셨다는 건 나도 잘 아네. 그렇지만 현실 안주의 함정에 빠져선 안 되네. 그저 그런 평범한 삶을 살지 않기로 결단하게. 매일 아침을 이런 태도로 시작하면 어떻겠나? '위대한 일을 할 거야. 사회에서 성공하고 열정적으로 남을 섬길 거야. 기존의 틀을 깨고 더 높은 단계로 도약할 거야.'"

나는 아이들에게 항상 이렇게 말해 준다. "너희는 아빠보다 멋진 삶을 살게 될 거야. 너희는 잠재력이 많거든. 꼭 위대한 일을 이룰 거야."

아이들에게 교만을 심어 주려는 것이 아니다. 나는 아이들이 큰 비전을 품기를 바란다. 어렸을 때부터 커다란 가능성을 보기 원한다. 하나님의 은혜를 넘치도록 받고 리더가 되고 무슨 일에든 빛을 발하길 소망한다. 아이들이 마음에 큰 비전을 품으면 언젠가 하나님이 현실 속에서 그대로 이루어 주시리라.

제 아무리 엄청난 가문에 속한 사람이라도 하나님은 그가 더 발전하길 바라신다. 우리 아버지는 평생 위대한 일을 이루었다. 하지만 나는 아버지 수준에서 만족할 생각이 조금도 없다. 차려진 밥상만 받아먹어서야 되겠는가? 나는 내 발걸음을 재촉하여 새로운 경지에 이르고 싶다.

낡은 가죽부대는 버리자. 생각을 바꾸자. 과거의 틀에서 벗어나 하나님이 우리 삶 속에서 행하실 크신 일을 기대하자.

"너희가 그것을 알지 못하겠느냐?"

하나님은 우리 마음 밭에 끊임없이 새로운 씨앗을 뿌리고 계신다. 우리 맘속에서 낡아빠진 생각을 뽑아내고 끊임없이 창조적 생각의 씨앗을 뿌리신다. 단, 이 씨앗은 믿음의 토양 위에서만 뿌리를 내리고 싹을 틔우며 자라날 수 있다.

내 아내가 그 아름다운 집을 포기했다면 어떻게 되었을까?

"여보, 당신 말이 맞아요. 아직은 그 집을 살 여력이 없어요. 우리 능력 밖이지요."

아마도 아직까지 기초가 휜 낡은 집 신세를 면치 못하고 있을 게다. 다행히도 아내는 하나님이 주시는 큰 비전을 품었다. 하나님은 우리에게 새로운 단계로 나아가라고 끊임없이 말씀하신다. 놀라운 성과를 거두고 기쁨 속에 살고 있는 사람을 보거든 이렇게 다짐하라.

1부_ 나는 비전을 키우는 사람이다 **21**

'하나님, 저도 그에 못지않게 축복해 주실 줄 믿습니다. 멋진 가정을 이루고 행복을 누릴 줄 믿습니다. 저도 그런 높은 단계로 나아갈 줄 확신합니다.'

우리 마음속에는 뿌리를 내리려는 씨앗이 있다. 그것은 하나님이 주시는 비전이다. 하나님은 엄청난 소망과 기대의 씨앗으로 우리를 채워 주신다. 이 씨앗은 무럭무럭 자라서 엄청난 열매를 맺기만 기다리고 있다. 오늘은 우리의 날이다. 오랫동안 병마에 시달린 사람은 오늘이야말로 건강을 회복할 때다. 온갖 나쁜 습관에 중독된 지 오래라면 이제 자유를 얻을 때다. 산더미처럼 쌓인 빚에 눌려 지쳤는가? 걱정 마시라. 지금 해방이 다가오고 있다. 이제부터는 성장이다. 하나님과 협력하기만 하면 바로 지금이 우리 인생에서 가장 멋진 순간이 될 것이다. 믿는 순간, 하나님은 측량할 수 없을 만큼 풍성한 은혜를 부어 주신다.

하나님은 "보라, 내가 새 일을 행하리니 이제 나타낼 것이라 너희가 그것을 알지 못하겠느냐?"(사 43:19)라고 말씀하신다. 하나님은 우리 삶을 통해 새로운 일을 행하시기 위해 언제나 만반의 준비를 하고 계신다. 단, 조건이 있다. "너희가 그것을 알지 못하겠느냐?" 이 말은 이렇게 바꿀 수 있다. "마음에 충분한 그릇을 준비해 놓았느냐? 성장을 믿느냐? 직장에서 두각을 나타낼 줄 믿느냐? 뛰어난 리더와 훌륭한 부모가 되리라 확신하느냐?" 커다란 비전을 품으라는 말씀이다.

의심의 토양 위에서는 하나님이 주신 기회의 씨앗이 뿌리를 내리지 못한다.

하나님은 동정녀 마리아를 포함해서 성경 속의 위대한 인물들에게 하셨던 말씀을 우리에게도 똑같이 하고 계신다. 일을 성사시키는 것은 우리의 힘이나 지혜가 아니다. 하나님은 성령으로 크신 일을 이루겠다고 말씀하셨다. 지극히 높으신 하나님의 권능이 우리에게 임하시면 놀라운 일이 나타난다. 하나님이 함께하시면 우리에게 패배란 없다. 하나님은 길이 없는 곳에 길을 만드시며, 그분이 문을 여시면 아무도 닫을 수 없다. 적당한 때에 우리를 적당한 장소로 이끄시며, 이해할 수 없는 방법으로 우리 삶의 방향을 바꾸신다. 믿는 자에게는 능치 못할 일이 없다.

당신은 씨앗이 뿌리를 내릴 줄 믿는가? 천사는 마리아에게 남자와 관계하지 않고서 임신할 것이라고 말했다. 하나님은 초자연적인 방법으로 일을 이루신다. 은행에서 대출받지 못해도 상관없다. 제대로 배우지 못했어도 괜찮다. 우리의 과거야 어쨌든 하나님이 말씀하시면 능치 못할 일이 없다. 주위에서 아무리 불가능하다고 말해도 하나님이 함께하시면 모든 일이 가능하다.

낡은 가죽부대는 버리자. 좁은 생각을 버리고 하나님의 크신 생각을 품자. 성장과 풍요로움, 차고 넘치는 복을 생각하자.

몇 년 전, 한 유명한 골프 선수가 사우디아라비아 왕의 초대를 받았다. 왕은 자신의 전용 비행기를 미국까지 보내 그를 데려왔다. 둘은 며칠 동안 골프를 즐기며 즐거운 시간을 보냈다. 골프 선수가 돌아갈 때가 되자, 왕은 비행기에 오르려는 그를 세워 놓고 물었다.

"귀중한 시간을 내서 저를 찾아 주셨으니 선물을 드리고 싶습니다. 원하는 것은 무엇이든지 말씀하십시오."

"아닙니다. 이렇게 환대해 주신 것으로 충분합니다. 제가 무엇을 더 바라겠습니까?"

그러나 왕은 고집을 꺾지 않았다. "아닙니다. 꼭 선물을 드리고 싶

1부_ 나는 비전을 키우는 사람이다 **23**

습니다. 그래야 선생님이 이 여행을 평생 기억하실 테니까요."

골프 선수는 왕의 고집을 꺾을 수 없다는 걸 알았다. "그렇다면 골프채가 좋겠습니다."

고국으로 돌아오는 내내, 골퍼는 왕이 어떤 골프채를 보낼까 궁금해서 견딜 수 없었다. '내 이름을 새긴 순금 골프채? 다이아몬드와 보석이 여기 저기 박혀 있는 골프채? 세계 최고 갑부인 사우디아라비아 왕이 보내는 선물은 얼마나 대단할까?'

집에 돌아온 골퍼는 날마다 우편함을 확인했지만 골프채는 좀처럼 도착하지 않았다. 마침내 몇 주 후에 사우디아라비아 왕이 서명한 편지가 도착했다. 아니, 기대하던 골프채는 어디 가고 달랑 편지 한 장이라니! 그는 실망하면서 봉투를 열었다. 그 안에는 무엇이 있었을까? 놀랍게도 안에는 미국에 있는 커다란 골프 코스를 선물로 주는 기증서가 들어있었다!

왕의 생각은 우리와 차원이 다르다. 우리가 섬기는 하나님은 왕 중의 왕이시다. 우리는 지극히 높으신 하나님을 섬긴다. 그렇기에 우리 인생을 향하신 하나님의 꿈은 우리의 상상보다 훨씬 크고 넓다. 그런 하나님의 자녀인 우리가 큰 꿈을 꾸지 말라는 법은 없다.

2_ 기대 수준을 높이라

하나님이 당신을 위해 놀라운 선물을 준비하고 계신다
자리를 박차고 일어나 열정 속에서 매일 아침을 맞으라

우리 인생은 꿈보다는 '기대'를 따라간다. 기대한 만큼 이룬다. 긍정적 생각을 품은 인생은 긍정적인 방향으로 흘러간다. 부정적 생각에 사로잡혀 있는 인생은 꼬이게 마련이다. 패배와 실패, 삼류인생을 기대하면 잠재의식은 우리를 그쪽으로 몰아가, 평범한 수준 이상의 어떤 시도도 못하게 만든다. 그렇기 때문에 비전을 확장하려면 기대 수준을 높여야 한다. 삶의 변화는 바로 생각의 변화에서 출발한다.

성공하는 마음가짐

무엇보다도 성공하는 마음가짐이 중요하다. 물론 이 마음가짐은 저절로 생기지 않는다. 매일 복을 기대하는 태도로 살겠다는 결단이 필요하다.

아침에 눈을 뜨자마자 가장 먼저 해야 할 일은 우리 마음을 올바른 방향에 맞추는 것이다. 희망찬 말로 하루를 시작하라. "오늘은 멋진 날이 될 거야. 하나님이 내 발걸음을 인도해 주실 테니까. 하나님의 은혜가 나를 감싸고 있어. 하나님의 선하심과 인자하심이 나를 따르고 있어. 오늘 하루가 정말 기대되는군!" 믿음과 기대로 하루를 시작하고, 밖에 나가서도 좋은 일을 기대하는 습관을 가지라. 상황이 내게 좋은 쪽으로 바뀌기를, 사람들이 만사를 제쳐두고 나를 도와주기를, 시간과 장소가 내 편이 되기를 기대할 때 실제로 그런 일이 일어난다.

상황이 내게 유리한 쪽으로 바뀌기를 기대하라.

오늘 중요한 프레젠테이션을 해야 한다고 치자. 이번 계약은 회사의 사활이 걸려 있는 만큼 반드시 성사시켜야 한다. 마음 한 구석에서 의심의 목소리가 들려오더라도 절대 넘어가지 말라. '사실, 가망 없잖아? 너 오늘 제대로 하지 못할 거야. 별로 기대하지 않는 게 좋을걸. 그래야 덜 실망할 테니까.'

마음의 거짓 소리에 귀 기울이지 말라. 하나님은 커다란 소망을 품으라고 말씀하신다. 소망이 없는 믿음이란 존재하지 않는다. 믿음은 바라는 것들의 실상이다(히 11:1). 소망의 또 다른 이름은 '높은 기대'다. 아침에 눈을 뜨자마자 하나님의 은혜를 기대해야 한다. 기대는 기회의 문을 열고 사회적 성공을 가져다주며 인생의 난관을 뛰어넘게 해주는 원동력이다.

하나님은 기대한 만큼의 복을 주신다.

기대하지 않은 좋은 일이 일어날 확률은 영(0)에 가깝다. 기대하지 않으면 상황은 나아지지 않는다. 늘 똑같은 수준을 기대하는 사람은 영원히 제자리를 맴돈다. 기대가 삶의 한계를 긋는다. 예수님은 "너희 믿음대로 되리라"(마 9:29)고 말씀하셨다. "네 믿음이 기대한 만큼 주겠다"는 뜻이다.

늘 최악의 상황만 기대하는 사람들이 있다. 자신의 어려운 처지를 너무나 '잘 아는' 그들은 항상 축 쳐진 어깨로 불평불만만 늘어놓는다. "하나님, 왜 저만 요 모양 요 꼴로 놔두시는 겁니까? 정말 불공평하십니다." 이들의 미래는 기대한 그대로다.

❖스스로 만든 감옥에서 벗어나라!

"네게 미래란 없어!" 감옥에 갇혀 있는 장기수들 사이에 유행하는 말이란다. 마지막 남은 작은 희망조차 앗아 버리는 가혹한 말이다. "네 아내는 곧 이혼을 요구하고 네게서 도망갈 거야. 자녀들도 너를 부끄럽게 여기고 피할 거야. 아무것도 바뀌지 않아. 넌 마땅히 받아야 할 벌을 받고 있어. 네게 미래란 없어."

그런데 '바깥에' 살면서도 스스로 만든 절망이란 감옥에 갇혀 있는 사람이 의외로 많다. '더는 뭘 기대할 수 있겠어? 상황은 더 나아지지 않아. 설치지 말고 조용히 현실을 받아들이라고.'

아니다! 우리는 감옥을 부수고 나올 수 있다! 문은 열려 있다. 단지, 좋은 삶을 기대하고 하나님이 주시는 멋진 미래를 믿기만 하면 된다. 좋은 일이 다가오고 있다!

믿음의 눈으로 보라

'믿음의 눈'으로 행복하고 건강하고 온전한 자신의 모습을 보기 시작해야 한다. 미래가 암울해 보여도, 낙심하고 절망하고 싶은 유혹이 들어도, 소망의 하나님께 기도함으로써 힘을 얻으라는 말이다.

"하나님이 만물을 다스리심을 믿습니다. 불가능하게 보이는 도전이 눈앞에 있어도 오늘은 상황이 바뀌리라 믿습니다. 바로 오늘, 하나님이 우리 부부의 관계를 회복시켜 주실 줄 믿습니다. 바로 오늘, 집 나갔던 제 아들이 돌아올 겁니다. 바로 오늘부터 제 사업이 번창할 것입니다. 바로 오늘, 주님이 기적을 보여 주실 줄 확신합니다." 이렇게 기도한 후에 아름다운 복의 열매를 끝까지 믿고 바라보라. 그렇게 하려면 기대하는 습관을 기르고 희망찬 생각을 고수하겠다는 의식적 결단이 있어야 한다.

바로 오늘, 기적을 보여 주시리라 확신하라.

"내가 아무리 용써 봐야 뭔 소용이 있겠어?" 잠깐! 용써서 소용 있을지 누가 아는가? 희망을 품어서 최소한 손해 볼 건 없지 않은가?

40대 후반인 브라이언은 세상이 무너지고 무거운 짐이 어깨를 짓누르는 상황에 빠졌다. 사업은 부도났고 가정은 박살났으며 몸도 갈수록 나빠졌다. 이전에는 엄청 잘나갔던 적도 있었다. 그러나 지금은 기쁨도 평안도 열정도 없었다. 죽지 못해 산다는 표현이 딱 어울렸다.

어느 날 브라이언을 진심으로 사랑하는 친구가 말했다. "사랑하는 친구, 부정적인 면에서 눈을 거두게. 잃어버린 것을 보지 말고 남은 것을 보게." 그는 브라이언이 한 걸음 더 나아가길 원했다. "상황이 좋은 쪽으로 바뀌고 있다는 것을 믿게. 자네는 그런 복을 받을 만하다네. 무엇보다도 하나님이 당신을 깊이 사랑하시니까."

친구의 말에 브라이언의 정신이 깨어났다. 그는 친구의 조언을 서서히, 하지만 분명히 삶에 적용하기 시작했다. 브라이언은 삶의 패턴을 새롭게 했다. 매일 아침에 자리에서 일어나기 전에 감사한 이유를 열개씩 쓰고 틈만 나면 그것을 묵상했다. 그의 이런 습관은 하루 이틀에 끝나지 않고 몇 달 동안 지속되었다.

브라이언은 마음의 프로그램을 다시 짜고 있었던 것이다. 그는 낡고 부정적인 습관을 깨버리고 믿음의 태도를 기르기 시작했다.

몇 달이 지나지 않아 상황이 호전되기 시작했다. 먼저 기쁨이 돌아왔고, 건강과 활력이 그 뒤를 따랐다. 곧 일도 다시 시작하게 되었고 끊어졌던 많은 관계가 회복되었다. 무엇보다도 브라이언은 삶을 되찾았다! 그가 부정적인 마음가짐에서 벗어날 수 있었던 것은 기대 수준을 높였기 때문이다. 높은 기대를 품는 순간부터 잃어버린 것이나 과거의 실수, 실패가 눈에 보이지 않고 하나님의 선하심이 그를 지배하기 시작했다. 브라이언의 마음은 희망과 믿음과 승리로 가득 찼고, 상황이 나아지리라는 기대와 비전이 그를 움직였다. 그러자 인생의 방향도 180도 바뀌었다.

기대 없이 절망스런 말만 늘어놓는 사람이 얼마나 많은가!

"내게 무슨 좋은 일이 일어나겠어?"

"결혼? 꿈에서나 가능하겠지. 십 년 동안 데이트 한 번 못해 봤어."

"차라리 신용 불량자가 되는 게 낫겠어. 빚과 청구서가 산더미처럼 쌓여 있으니 다른 길이 없잖아."

"나는 행복이란 단어와 거리가 멀어. 난 인생의 고통을 너무 많이 맛보았어."

무슨 일이 있더라도 이런 말은 입에 담지 말라. 마음에 기대하는 대

1부 _ 나는 비전을 키우는 사람이다 **29**

로 행동이 나타나기 때문이다. 항상 승리와 풍요로움, 축복과 희망을 생각하라. 긍정적이고 순수하고 멋진 생각을 품으라.

구약 성경에 등장하는 선지자 엘리야는 평생 수많은 기적을 행했다. 제자 엘리사는 그런 기적의 현장을 어김없이 따라다녔다. 임종이 가까운 엘리야가 무엇을 원하는지 묻자 엘리사는 거침없이 대답했다. "선생님보다 두 배로 큰 영감을 원합니다. 선생님보다 두 배 강하고 두 배 많이 복받길 원합니다. 두 배로 많은 기적을 행하기 원합니다."

엘리야는 방자한 제자를 꾸짖지 않았다. "엘리사야, 정말 어려운 걸 요구하는구나. 하지만 내가 네 곁을 떠날 때 네가 나를 보게 되면 네 소원이 이루어질 것이다. 그렇지 않으면 네 소원이 이루어지지 않을 것이다." 엘리야의 말을 다시 해석하면 이렇다. "하나님이 보게 허락하셔야 네 소원이 이루어질 것이다." 하지만 엘리야의 의도를 이렇게 짐작할 수 있다. "네가 보는 그대로 될 것이다. 네가 가슴과 머리로 미래를 바라보고, '영적인 눈'으로 하나님의 말씀이라는 화면에 나타난 미래를 보면, 그 미래는 네 삶 속에서 현실로 이루어질 것이다."

하나님은 우리가 '영적인 눈'으로 무엇을 보는지에 깊은 관심을 갖고 계신다. 그래서 성경에서 일곱 번이나 "무엇이 보이느냐?"고 물으신다. 하나님은 지금 우리에게도 그렇게 물으신다. 성공한 인생을 꿈꾸는 사람은 새로운 단계로 도약한다. 고개를 푹 숙인 채 저 높은 하늘이 아닌 땅만 바라보는 인생은 점점 구렁텅이로 빠져든다. 결국 하나님이 우리 안에, 그리고 우리를 통해 행하시려는 놀라운 일이 방해를 받는다. 이는 영적 원리이고 심리학적 사실이다. 우리는 마음으로 보는 곳을 향해 나아간다. 따라서 마음으로 보지 못하는 일이 실제로 일어날 가능성은 거의 없다.

당신은 어떤가? 마음으로 어떤 미래를 보는가? 지금보다 강하고 행복하고 건강한 자신의 모습이 보이는가? 하나님의 복으로 가득한 미래가 보이는가? 마음으로 본 복은 반드시 우리를 찾아오게 되어 있다.

몇 년 전 내 친구인 빌과 신디는 다른 도시로 이사했다. 당시 빌은 가정을 꾸리기 위해 두 가지 일을 했고 신디는 집에서 자녀들을 돌봤다. 그런데도 그들은 겨우 먹고사는 형편이었다. 실패감에 젖어 모든 걸 포기하고 고향으로 돌아가고 싶은 생각이 굴뚝 같았다. 그런데도 그 부부는 포기하지 않았고, 매우 독특한 방법으로 난관을 돌파했다.

빌이 퇴근하면 부부는 비좁은 아파트 안에 앉아 신세타령을 늘어놓았을까? 아니, 그들은 그렇게 행동하지 않았다. 놀랍게도 그들은, 빌이 퇴근하면 둘 다 멋지게 차려 입고, 차를 타고 그 도시의 최고급 호텔로 향했다. 호텔 주차비는 너무 비쌌기 때문에 약간 떨어진 거리에 주차하고 호텔까지 걸어갔다. 그리고 화려한 호텔 안의 우아한 로비에 앉아 꿈을 꾸었다고 했다. 훗날 빌은 이렇게 말했다. "성공의 분위기를 느껴 보고 싶었어. 희망을 가질 수 있는 곳에 가고 싶었지. 그 호텔 로비에서 성공을 꿈꿀 수 있었어."

부부는 희망이 보이는 곳에서 비전을 키웠던 것이다. 현재의 상황을 넘어 희망찬 미래를 바라보았다. 그러자 마음속에서 믿음이 자라기 시작했다. 신디는 말했다. "우리는 그 로비에 앉아서 몇 시간이나 이야기하고 꿈을 꾸었어요. 그곳을 떠날 때는 믿음과 비전이 새로워진 걸 느낄 수 있었지요."

당신도 환경을 바꾸라. 신세 한탄만 하고 앉아 있지 말라. 정말 내 인생이 나아질까 하는 걱정일랑 저 멀리 던져 버리라. 그리고 꿈꿀 수 있는 곳을 찾으라. 교회일 수도 있고 강변 혹은 공원일 수도 있다. 믿

1부_ 나는 비전을 키우는 사람이다 **31**

음의 수준을 한 단계 끌어올릴 수 있는 곳 말이다. 부정적인 환경을 떠나 승리의 분위기가 넘치는 곳으로 가라. 절망이 아닌 희망이 있는 곳을 찾으라. 새로운 단계로 나아가기 위한 힘을 얻을 수 있는 곳이 어딘가? 좋은 일이 일어나기 전에 먼저 그 일을 마음에 그리라.

꿈꿀 수 있는 곳을 찾으라

지혜로운 자와 사귀면 지혜를 얻는 것처럼, 성공한 사람과 함께하면 오래지 않아 성공을 얻게 된다. 성공한 사람의 비전은 전염성이 강해서 우리 마음속으로 금세 파고든다. 승리의 분위기에 머물면 오래지 않아 승리의 이미지를 얻는다. 또 믿음의 사람과 어울리면 오래지 않아 믿음으로 충만하게 된다. 암탉과 함께 모이를 쪼고 있는 한, 독수리와 함께 하늘 높이 날아오를 수는 없다.

당신에게 기대 수준을 높이라고, 복 받는 자신의 모습을 보라고 말하고 싶다. 하나님의 복과 은혜를 기대하라. 성장과 승진을 기대하라. 하나님이 당신을 위해 놀라운 선물을 준비하고 계시니 자리를 박차고 일어나 열정 속에서 매일 아침을 맞으라. 혹시 상황이 당신 뜻대로 흘러가지 않더라도 주저앉지 말라. 올바른 방향을 마음에 새기고 그 방향으로 끝까지 나아가라.

우리의 할 일은 믿음과 기대 속에 살면서 꾸준히 하나님의 선하심을 갈망하는 것이다. 그럴 때 하나님은 전혀 생각지도 못한 곳으로 우리를 이끄시고 감히 상상조차 하기 어려운 수준의 삶을 우리에게 허락하신다. 하나님은 우리를 위해 좋은 선물을 창고에 수북이 쌓아 두고 계신다! 이제부터 그 선물을 찾는 방법을 알아보자.

3_ 하나님의 창고는 보화로 가득하다

우리 속에서 용솟음치는 열정의 크기에 따라
하나님이 행하시는 일의 크기도 달라진다

토드는 옛날부터 컴퓨터 소프트웨어 회사를 창업하고 싶었다. 그러나 에이미와 결혼하면서 가정을 꾸려야 했기에 돈을 벌 수 있는 평범한 직업을 택했다. 그러다 아이까지 태어나자 생활은 더욱 빠듯해지고, 꿈이나 비전 같은 것은 어느덧 잊혀져 갔다.

처음에는 별 문제 없는 듯했다. 그러나 오래지 않아, 부부는 돈과 미래에 관한 이야기를 나눌 때마다, 말로 표현하지만 않았을 뿐 내면 깊은 곳에서 끓어오르는 분노를 느끼기 시작했다. 그런데 막상 가장 친한 친구와 함께 유수한 기업의 소프트웨어를 개발할 기회가 생겼을 때, 토드는 모호한 반응을 보였다. "난 안 될 것 같아. 그쪽 분야와 연을 끊은 지 너무 오래되었어."

친구는 자기 귀를 의심했다. "이봐, 토드! 제정신이야? 이게 얼마나 좋은 기회인 줄 알아? 자네 회사를 차려 모기업에 소프트웨어를 납품할 수도 있다고. 로열티로 받는 돈도 꽤 될 거야. 그런데도 이 기회를 놓칠 셈인가?"

"그래. 난 모험을 할 처지가 못돼. 지금 다니는 회사는 월급이 많지 않아도 안정적이거든. 현재에 만족하고 사는 게 나을 것 같아."

토드처럼 현재에 안주한 나머지 인생의 중요한 기회를 놓치는 사람이 얼마나 많은가! 하나님이 새로운 세계를 보여 주시는데도 도무지 나은 삶을 기대하지 않는다. 그저 은혜의 바다로 한 걸음만 내딛으면 되는데, 아쉽게도 하나님의 은혜를 외면하고 만다. 조금만 마음을 열고 하나님이 행하고자 하시는 새로운 일을 받아들이기만 하면 될 것을, 도대체 왜? 놀라운 기회가 나타날 때 그것을 꽉 붙잡고 믿음으로 나아가지 않고 고개를 가로젓는 사람이 많다. "나랑은 상관없어. 설마 그렇게 좋은 일이 나 같은 사람에게 일어나겠어?"

작은 믿음과 기대를 가진 사람은 작은 복밖에 받지 못한다.

따라서 하나님의 기묘한 일을 원한다면 먼저 그에 합당한 믿음을 품어야 한다. 당신도 토드처럼 생각하고 있지는 않은가? '그냥 여기서 하던 일을 하는 게 좋겠어. 그리 넉넉하진 않아도 안정적이거든.'

좁은 잣대로 하나님을 판단하지 말라. 하나님이 또 다른 기회나 더 좋은 직장을 주시려는지 누가 아는가? 하나님이 우리 삶에 개입하여 상사를 내보내고 그 자리를 우리에게 주실지 모른다. 어쩌면 회사를 통째로 우리에게 주실지 모른다. 그래서 기대 수준을 높인 후에, 큰 비전을 품기 위해 두 번째로 해야 할 일은 '하나님이 우리를 위한 선물을 창고에 가득 쌓아놓고 계심'을 믿는 것이다!

시골에서 흔히 볼 수 있는 조그마한 우물에서 태어난 작은 개구리는 대대로 이 우물에서 살면서 마음껏 헤엄치고 놀았다. 더할 나위 없이 만족스런 삶이었다. '이보다 더 좋은 삶은 없을 거야. 내게 부족한 것은 하나도 없어.'

그러던 어느 날이었다. 고개를 들어보니 우물 꼭대기에서 한 줄기 빛이 흘러 들어왔다. 개구리는 문득 호기심이 일었다. '저 위에는 뭐가 있을까?' 개구리는 우물 벽을 타고 천천히 기어올랐다. 그리고 꼭대기에 이르러 조심스레 주위를 둘러보았다. 이럴 수가! 제일 먼저 눈에 들어온 것은 연못이었다. 도무지 믿어지지 않았다. 연못은 자신이 살던 우물보다 수백 배나 크지 않은가! 과감히 앞으로 더 나아갔더니 이번에는 커다란 호수가 보였다. 개구리는 놀라움에 입을 떡 벌리고 호수를 바라보았다. 이제 개구리는 더 큰 희망을 품고 바다까지 나아갔다. 세상에, 사방이 온통 물 천지였다. 개구리는 엄청난 충격을 받았다. 자기가 얼마나 비좁은 생각 속에서 살아왔는지 한심하기까지 했다. 하나님이 준비하신 복에 비하면 자기가 우물 안에서 누렸던 모든 즐거움은 양동이 속의 물 한 방울에 지나지 않았다.

우리 삶을 향하신 하나님의 비전은 우리가 생각한 것보다 훨씬 크고 광대하다. 하나님이 예비한 모든 것을 보여 주시면 놀라 자빠질 사람이 한둘이 아닐 것이다. 그런데도 우리는 작은 개구리처럼 살 때가 많다. 자신의 조그만 우물에 갇혀 시시한 것에 만족하며 사는 사람이 얼마나 많은가. 우리는 낮은 수준의 삶과 비좁은 사고방식의 틀에서 좀처럼 벗어나지 못한다. 하나님이 오래 전부터 우리를 위한 선물을 수북이 쌓아 놓고 계신 것도 모르고 말이다.

지금보다 한 발짝만 더 나아가라. 조금만 더 큰 꿈을 꾸라. 우물 밖을 바라보라. 하나님은 우리가 큰물에서 놀기를 바라신다.

❖우리가 하나님의 역사를 방해하고 있지는 않은가?

하나님이 비전을 심어 주시거나 기회의 문을 열어 주실 때, 당신은 믿음을 갖고 과감히 나아가는가? 멋진 열매를 기대하면서 자신 있게 발걸음을 내딛는가? 하나님이 인도하시면 능치 못할 일이 없을 줄 믿는가? 아니면 두려운 마음에 뒷걸음치는가?

"내겐 너무 벅찬 일이야. 나는 자격이 없어. 나는 능력이 없어. 나는 절대 할 수 없어."

하나님은 우리 안에서 새로운 일을 행하겠다고 말씀하신다. 단, 우리도 해야 할 일이 있다. 비좁은 틀에서 빠져나오라. 지금 당장 큰 생각을 품으라!

아주 조그만 성공에 안주하는 사람이 의외로 많다. "내 짧은 가방 끈으로는 여기가 한계야."

"내 능력으로 사회에서 이만큼 성공했으면 대단한 거야.""그래, 여기까지야. 지금보다 잘되기는 힘들어."

이런 말을 왜 해야 하나? 우리가 의지할 곳은 직장이 아니라 하나님 이시다. 하나님의 지혜와 보화는 끝이 없다! 하나님은 우리에게 발명이나 책, 노래, 영화에 관한 영감을 부어 주신다. 우리에게 꿈도 주신다. 하나님이 주시는 한 조각의 영감은 우리 인생의 방향을 완전히 바꿔 놓을 수 있다. 하나님의 능력은 우리의 상황에 전혀 영향을 받지 않는다. 우리가 믿기만 하면, 하나님을 우리 생각 속에 가두지만 않는다면 그분은 무한한 능력을 펼치신다.

36 | 긍정의 힘

저주의 사슬을 끊으라

"우리 부모님은 가난하셨어. 조부모님도 역시 가난하셨지. 우리 가문에는 뛰어난 사람이 한 명도 없었어. 그러니 나라고 별 수 있겠어?" 우리는 자주 현재 상태에 안주한다. 그리고 우리가 평범할 수밖에 없는 이유를 과거의 상황에서 찾는다. 그러면서 고개를 떨군다.

이런 신세 한탄은 그만하자. 하나님은 앞으로 나아가시는 분이다. 하나님은 우리에게 부모님보다 멀리 나아가라고 말씀하신다. 우리가 틀을 깨고 나오는 첫 열매가 되기를 원하신다. 좋지 않은 환경에서 자랐다고 한탄할 필요 없다. 주위에 온통 근심하고 실망하고 좌절한 가족과 친척만 가득해도 상관없다.

물론 불우한 양육 환경을 핑계 삼아 그 자리에 주저앉고 싶은 유혹이 들 줄 안다. 하지만 그보다 가문의 뿌리를 송두리째 바꿔 놓는 사람이 되는 건 어떨까? 우리 자손에게 절망의 유산을 물려주지 말자. 악순환을 자손 대대로 이어가서야 쓰겠는가? 우리 대부터라도 저주를 풀고 가문의 수준을 한 단계 끌어올려야 한다. 오늘 우리가 내리는 결정은 먼 미래의 우리 아이들에게까지 영향을 미친다.

우리 아버지는 찢어지게 가난한 집에서 자라셨다. 조부모님이 목화 농장을 운영하시다가 대공황 때 전 재산을 날리셨기 때문이다. 할머니는 하루에 14-15시간씩 남의 집 빨래를 하면서 돈을 버셨는데, 뼈저린 고생 끝에 손에 쥐는 일당은 일 달러도 되지 않았다. 그분들은 배불리 드시지도 못한 채 수많은 세월을 고생만 하셨고, 아버지는 구멍난 바지와 신발을 신고 굶주린 배를 움켜쥔 채 학교에 간 적이 한두 번이 아니었다.

물론 우리 조부모님과 부모님은 모두 좋은 분이셨다. 하지만 우리

1부_ 나는 비전을 키우는 사람이다 **37**

가문에는 이렇다 할 성공을 거둔 사람이 한 명도 없었다. 우리 가문은 오랫동안 가난과 패배의 저주 속에 살아왔다. 그러던 와중에 아버지는 17세에 주님을 영접했고, 하나님은 아버지의 마음에 복음 전파의 뜻을 심어 주셨다.

누가 봐도 가능성은 희박했다. 초라한 마을의 보잘것없는 가정에서 태어난 아버지가 그런 큰일을? 돈도 없고 배운 것도 없었다. 당연히 희망도 미래도 없었다. 하지만 하나님은 상황이나 가정환경의 영향을 받지 않으신다. 하나님을 막는 유일한 장애물은 바로 우리의 불신과 의심이다.

아버지는 복음 전파의 꿈을 가슴 깊이 품으셨다. 언젠가 실패와 평범함이라는 벽을 뛰어넘겠다는 희망에 불탔다. 그러자 주위의 모든 사람이 기다렸다는 듯이 부정적인 말을 한마디씩 던졌다. "존, 자네 혼자서는 어림도 없어. 그냥 여기서 우리와 함께 목화나 따자고. 우리가 아는 게 이것밖에 더 있는가? 그냥 여기에 남아 있는 게 안전해."

그때 아버지가 그런 허튼소리를 귀담아 듣지 않으셔서 얼마나 다행인지 모른다. 아버지는 현재에 만족하실 수 없었다. 패배와 평범함이라는 굴레가 지긋지긋해서 견딜 수 없었다. 아버지는 자신의 좁은 생각으로 하나님을 바라보지 않으셨고, 하나님이 예비해 두신 엄청난 보화를 기대하셨다. 아버지가 오직 꿈만 바라보고 믿음으로 나아가자, 과거의 장애물을 과감히 뛰어넘자, 우리 가족을 그토록 괴롭히던 가난의 저주가 드디어 풀렸다. 지금 나와 내 형제자매들, 우리 아이들은 단 한 사람의 믿음 덕분에 하나님의 선하심을 충만하게 경험하고 있다. 나는 이 복이 나의 손자, 손자의 손자까지 이어지리라 확신한다. 더 많은 일을 하고 더 많은 것을 얻고 더 위대한 인물이 될 것이다.

오늘 우리가 내리는 결정은 먼 미래의 우리 아이들에게까지 영향을 미친다.

나는 좋은 가정에서 태어나 자라는 복을 받았다. 우리 조부모님은 배울 점이 많은 분이셨고, 아버지와 어머니는 전 세계 수많은 사람들의 삶을 변화시키셨다. 이런 부모님을 진심으로 존경하긴 하지만 나는 부모님이 이룩한 유산을 물려받는 데서 만족하고 싶지 않다. 부모님이 해오시던 일을 그대로 답습할 생각이 전혀 없다. 하나님은 새로운 세대가 이전 세대보다 더 발전하길 원하신다. 세대가 바뀔 때마다 더 큰 복을 받고, 하나님의 사랑과 선하심과 영향력을 더 많이 누리는 것이 하나님의 뜻이다. 하나님은 우리가 현재에 머물기를 절대 원하시지 않는다.

1999년에 아버지가 하나님 곁으로 떠나고 내가 휴스턴 레이크우드 교회의 담임목사가 되었다. 그 당시 틈만 나면 사람들이 나를 찾아와 말했다. "목사님, 정말로 목회를 계속하실 수 있겠습니까? 아버님이 쌓아올리신 탑을 자칫 무너뜨리기라도 하면 어쩌시려고요? 아버님을 따라가시려면 보통 힘들지 않을 겁니다."

나를 걱정해 주는 마음은 충분히 이해할 수 있었다. 또 우리 아버지를 사랑하셔서 하신 말씀이니 고맙게 생각해야 마땅하다. 그분들의 말씀대로 우리 아버지는 위대한 리더셨다. 사실, 레이크우드만큼 큰 교회는 창립자가 떠난 후 오래지 않아 무너지는 경우가 허다했다. 그래서 레이크우드 지역의 언론은 우리의 성공 가능성을 크게 낮춰 보도했다. 하지만 내겐 걱정할 이유가 하나도 없었다.

나는 아버지를 따라갈 생각이 없었다. 오직 내 꿈을 좇아 나아가면 그만이었다. 나는 하나님이 창조하신 내 본모습을 찾고자 했다. 내가

1부_ 나는 비전을 키우는 사람이다 | **39**

처음 리더가 되었을 때 가끔 이런 질문을 받았다.

"목사님, 스스로 아버지만큼 하실 수 있다고 생각하십니까?"

나는 거만하게 굴지는 않았으나 항상 똑같은 말로 응수했다. "나는 내가 우리 아버지보다 더 많은 일을 행하리라 믿습니다." 이것이 우리 하나님의 뜻이다. 하나님은 전진하는 분이시다. 내가 아버지의 그늘에 가리거나 아버지와 똑같은 수준에 머문다면 아버지는 분명히 실망하시고 슬퍼하실 것이다. 우리 아버지는 가족을 이끌고 무에서 시작하여 지금의 위치에 이르셨다. 막 목회를 시작하셨을 때는 심지어 성경에 관해서도 잘 알지 못하셨다. 게다가 가족 중에 성경을 가르치는 교사는커녕 교회를 다니는 사람조차 없었다. 처음 강단에 오르신 아버지는 처음부터 끝까지 삼손에 관해 설교하셨다. 그런데 설교 끝 무렵에 자신이 삼손을 줄곧 '타잔'으로 불렀다는 사실을 깨닫고는 깜짝 놀라셨다고 한다.

그러나 아버지는 점차 나아지셨고, 그 덕분에 나는 아버지보다 훨씬 좋은 조건에서 인생을 시작할 수 있었다. 내가 아버지께 얻은 영감과 경험, 지혜는 그 무엇보다도 소중하다. 하지만 나는 내가 아버지보다 훨씬 큰일을 이루리라 확신한다. 이것은 교만이 아니라 믿음이다. 물론 내 아들도 틀림없이 나보다 더 큰 인물이 될 것이다. 그리고 언젠가 내 손자는 우리 모두를 합친 것보다 더 큰일을 이루리라.

우리 교회 성도인 필리스는 그런 굴레를 벗어난 사람 중 하나다. 필리스는 16세 때 임신하는 바람에 고등학교를 다닐 수 없었다. 꿈은 산산조각이 나고 억장이 무너졌다. 그래도 그녀는 아이를 키우며 살기 위해 조그만 방을 하나 마련했다. 하지만 어린 그녀에게 세상은 만만한 곳이 아니었다. 가까스로 구호품에 의지해야만 입에 풀칠이나 할

40 | 긍정의 힘

정도였다. 결국은 사회 복지 시설에 몸을 의탁해야만 했다. 가난과 절망감에 찌든 필리스는 미래가 없는 하루살이나 다름없었다.

그러나 필리스는 하류 인생을 거부했다. "이제는 그만. 이런 삶을 내 아이들에게 물려주지 않겠어. 하나님이 내게 주신 복을 온전히 누리고야 말겠어. 하나님이 원하시는 사람이 될 거야." 그녀는 과거의 망령을 훌훌 털고, 더 크고 놀라운 일을 믿기 시작했다. 그러자 하나님의 형용할 수 없는 복을 기대하는 마음이 솟아나기 시작했다. 과거의 패배감은 사라지고, '할 수 있다'는 마음가짐이 빈자리를 채웠다. 아무리 어려운 시련이 다가와도 필리스에게 포기란 없었다. 끝없이 노력하고 또 노력했다. 노력하는 자를 하나님이 가만히 놔두시겠는가.

필리스는 하나님의 은혜로 학교 식당에서 식권 받는 일을 하게 되었다. 비록 최소 임금밖에 받지 못했으나 그녀는 하나님께 감사했다. 그러나 필리스는 거기서 만족하지 않았다. 하나님이 자신을 위해 더 좋은 선물을 예비해 놓고 계심을 알았기 때문이다. 필리스는 더 멋진 인생을 꿈꾸었다. 그녀는 현실에 안주하지 않고 다시 학교에 들어가기로 했고, 마침내 고등학교 졸업장을 손에 쥐었다. 그녀가 이제 만족했을까? 천만에!

이제는 대학에 가고 싶었다. 필리스는 낮에는 학교 식당에서 종일 일했고 밤에는 대학 수업을 들었다. 그렇게 4년 만에 영예로운 대학 졸업장을 얻게 되었다. 하지만 필리스의 꿈은 여기서 끝이 아니었다. 그녀는 내친 김에 다시 학교로 돌아가 결국 박사 학위까지 따냈다.

요즈음 그런 노력의 열매가 나타나기 시작했다. 이제 그녀는 더 이상 복지 시설 신세가 아니다. 그녀는 자신이 식권을 걷던 학교와 같은 학군에 있는 다른 학교의 교장 선생님이 되었다. 아울러 그녀의 가족을 옭아매던 가난의 저주도 완전히 풀렸다. "목사님, 저는 복지 시설에 의탁하는 사람에서 그 시설에 기부할 수 있는 사람이 되었어요."

우리도 얼마든지 놀라운 일을 이룰 수 있다. 그러려면 우선 평범한 현실에서 떠나야 한다. 현실에 만족하는 태도를 버려야 한다. 하나님은 우리를 위해 더 큰 선물을 예비해 놓고 계신다. 훨씬 더 큰 선물을 말이다. 큰 꿈을 꾸고 큰 비전을 품으라. 기대와 설레임 속에서 살라. 하나님이 위대한 일을 행하실 수 있게끔 마음에 큰 그릇을 준비하라. 오늘보다 더 좋은 내일이 우리에게 다가오고 있다. 물론 하나님은 우리가 구하거나 기대한 것보다 더 큰 일을 행하고자 하신다. 하지만 우리 속에서 용솟음치는 열정의 크기에 따라 하나님이 행하시는 일의 크기도 달라진다는 사실을 명심하라. 자신의 마음을 한바탕 휘저어라. 자기만족에서 벗어나고 과거의 영광을 초월하라.

하나님은 더 좋은 선물을 예비해 놓고 계신다. 단, 이 선물을 받으려면 먼저 과거의 장벽을 깨야 한다. 무슨 말이냐고? 지금부터 설명해 보겠다. 기대하시라!

4_ 과거의 장벽을 깨라

마음속의 견고한 진을 부수라
이제 새로운 비전을 품고 새로운 단계로 나아갈 때다

자기 마음에 있는 장벽은 누구도 깨뜨리지 못한다. 어떤 일을 할 수 없다고 생각하면 절대 할 수 없는 법이다. 그러므로 가장 무서운 적은 마음에 있는 셈이다. 마음속에서 패한 사람은 현실에서도 여지없이 패한다. 마음으로 믿지 않으면 꿈은 절대 이루어지지 않는다는 말이다. 스스로 충분한 능력이 있다고 생각하지 않는 한, 새로운 지평을 여는 일은 헛된 꿈이 되어 버린다. 장벽은 바로 마음에 있다.

성경은 이 장벽을 '견고한 진'이라고 말한다. 우리가 패배라는 감옥에 갇혀 있는 것은 그릇된 생각 때문이다. 그렇기 때문에 희망과 믿음, 승리 같은 긍정적인 것들을 마음에 품는 일이 중요하다.

누군가 우리에게 부정적인 말을 던지기도 한다. 소위 전문가라는 사람들이 우리의 자신감을 꺾으려 할 수도 있다. 그들에게 속지 말라. 하나님이 우리와 함께하시면 누가 감히 우리를 대적하랴? 마음속에서 과거의 장벽을 뚫고 믿음이라는 새로운 땅으로 나아가라. 이 장벽을 부수는 순간, 우리 삶이 변하고 나아가 우리 자손의 삶이 밝아진다.

과거의 장벽을 깨지 못한 결과는 다람쥐 쳇바퀴 도는 신세로 전락하는 것이다. 하나님의 인도하심을 따라 애굽을 떠났던 히브리 백성이 바로 그랬다. 그들은 수백 년 동안 노예로 살던 애굽에서 풀려나 약속의 땅을 향해 길을 떠났다. 그런데 약속의 땅까지 11일밖에 걸리지 않는 거리가 히브리 백성에겐 40년이란 기나긴 세월이 걸렸다. 이유가 뭐였을까? 왜 히브리 백성은 한두 번도 아니고 몇 번씩이나 똑같은 산 주위를 맴돌면서 광야를 헤맬 수밖에 없었나?

하나님은 젖과 꿀이 흐르는 땅을 예비해 놓으셨다. 엄청난 풍요와 완벽한 자유가 있는 땅이었다. 하지만 하나님의 백성이 너무 오랫동안 압제자의 그늘에 있었다는 것이 문제였다. 평생 이용당하고 부당한 대우를 받고 살아온 히브리 백성은 하나님이 행하시려는 새로운 일을 도무지 이해할 수도 마음으로 받아들일 여유도 없었다. 그래서 복을 기대하며 믿음으로 나아가기보다는 연약하고 소극적인 마음가짐에 머물렀다. 항상 문제만 바라보고 불평하며, 자신들과 목표 사이에 있는 장애물에 질려서 안절부절못했다.

마침내 노예근성에서 빠져나오라는 하나님의 말씀이 들렸다. "너희가 이 산에 거한 지 오래니"(신 1:6). 나는 하나님이 우리에게도 같은 말씀을 하고 계신다고 믿는다. 우리는 현재에 머문 지 오래되었다. 이제는 과거의 상처나 고통, 실패에서 벗어나 새로운 길을 떠날 때다. 더 큰 복을 믿고 나아갈 때다. 눈앞에 성장과 초자연적인 복이 우리를 기다리고 있다. 하지만 우리가 굴레에서 맴돌며 매년 똑같은 일만 되풀이한다면 그런 놀라운 일은 일어나지 않는다. 그래서 새로운 비전을 얻기 위한 세 번째 열쇠는 '과거의 장벽을 부수는 것'이다.

오늘은 새로운 날이다

과거에 어떤 일을 겪었는지, 얼마나 많은 실패를 경험했는지는 중요하지 않다. 어떤 사람이나 사건 때문에 번번이 앞길이 가로막혔어도 상관없다. 과거야 어쨌든 오늘은 새로운 날이다. 오늘 하나님은 우리를 통해 새로운 일을 행하고자 하신다. 하나님이 우리를 위해 큰 계획을 세워 놓고 계시니 과거의 잣대로 미래를 판단하지 말라.

어렸을 적 누군가에게 학대받았는가? 아니면 누군가에게 버림받았는가? 누군가에게 크게 당한 적이 있는가? 어떤 경우든 과거의 상처에 연연하면 하나님의 놀라운 미래가 펼쳐지는 데 큰 걸림돌이 된다.

하나님은 우리가 받은 고통과 상처, 온갖 학대와 슬픔을 빠짐없이 기억하셨다가 때가 되면 두 배나 큰 기쁨과 평화와 행복으로 갚아 주신다. 이것이 우리를 향한 하나님의 뜻이다. 그렇다고 우리는 가만히 앉아서 기다리기만 해선 안 된다. 우리가 해야 할 일은 바로 좋은 일을 기대하는 것이다. 마음의 나침반을 올바른 방향에 맞추라. 패배자의 마음을 갖고 승리자의 삶을 기대하는 것은 어불성설이다. 부정적인 생각으로 꽉 차 있으면서 왜 인생이 풀리지 않느냐고 의아해하는 것만큼 어리석은 일도 없다.

우리가 먼저 생각을 바꿔야 하나님이 우리 인생을 바꿔 주신다.

하나님은 공정하시다. 우리가 정당한 대우를 받지 못하고 있을 때,

우리가 똑바로 사는데도 계속해서 나쁜 일만 생길 때, 하나님은 모두 알고 계신다. 누군가 진실로 대하는 우리를 속이고 우리의 것을 빼앗아갈 때도 하나님은 보고 계신다. 우리가 이용당할 때도, 우리가 왼편 뺨을 대면서 모욕을 참아 넘길 때도, 하나님은 곁에서 지켜보고 계신다. 우리가 자신의 잘못이 아님에도 상대를 용서하고 관계를 바로잡으려고 애쓰는 모든 현장에 하나님이 계신다. 그 무엇도 하나님의 눈을 피해갈 수 없다. 하나님의 기록 장치는 쉼 없이 돌아가고 있다. 하나님은 우리 인생의 모든 악을 복으로 바꿔 주겠다고 약속하셨다.

단, 조건이 있다. 생각을 바꾸겠는가? 하나님의 능력이 무한하다는 것을 인정하겠는가? 크고 놀라운 일을 행하시는 하나님을 믿겠는가?

변화는 마음에서 시작된다. 우리가 먼저 생각을 바꿔야 하나님이 우리 인생을 바꿔 주신다. 가난과 무력함만 생각하는 인생에 하나님의 풍성함이 들어갈 틈은 없다. 비좁은 마음을 가진 사람들은 자그마한 생각과 믿음, 기대를 품고서도 왜 자신에게는 큰일이 일어나지 않는지 의아해한다. 패배의 원인이 자신의 생각에 있음을 모르는 어리석은 사람들이다.

우리는 종종 기대 수준을 너무 낮게 잡는다.

"결혼 생활이 썩 맘에 드는 건 아니지만 그럭저럭 견딜 만해. 얼마나 더 행복한 결혼 생활을 바라겠어?"

"건강이 그리 좋지는 않지만 그래도 아침에 자리에서 일어날 수 있으니 얼마나 다행인지 몰라."

"주머니가 두둑하지는 않지만 뭐, 그래도 그럭저럭 먹고 살 만해."

이것은 하나님이 뜻하시는 인생이 아니다. 하나님은 우리가 멋진 승리의 삶을 살기 바라시지 근근히 살아가기를 바라진 않으신다.

46 | 긍정의 힘

언젠가 한 남자가 내게 말했다. "하나님이 때가 되면 알아서 복을 주시겠죠. 하나님은 높으신 분이잖아요? 그런 분에게 감히 이러쿵저러쿵 조를 수 있겠습니까? 그저 하나님이 주시는 대로 받고 살래요."

불행하게도, 이는 하나님의 방법과 정반대다. 하나님은 믿음에 따라 역사하신다. 먼저 믿어야 받을 수 있다. 하나님이 움직이실 때까지 기다려왔다면 헛수고를 한 셈이다. 하나님이 우리가 먼저 믿음의 크기를 더하기를 기다리고 계신다. 마음에 충분한 그릇을 마련한 후에야 하나님의 초자연적인 복이 찾아온다는 사실을 명심하라.

하나님이 사용하시는 단어에 주목해 보자. 하나님은 "넓히고 널리 펴며 길게 하라"고 말씀하신다. 항상 하나님이 더 큰 복을 주시리라 기대하라. 혹시 스스로는 부족한 게 없더라도 나만 생각해서는 안 된다. 나만 잘 사는 게 아니라 남까지 도울 수 있으려면 더 큰 복을 받아야 하지 않겠는가?

과거의 그늘에 너무 오래 머물렀다. 과거의 산에 거한 지 너무 오래되었다. 이제는 길을 떠날 때다. 가만히 앉아서 그저 그런 삶에 만족하는 소극적인 사람이 되지 말라. 하나님은 우리가 앞장서서 우리 가문의 어두운 마음 자세를 말끔히 씻어내라고 말씀하신다. 누구보다도 먼저 새로운 지평을 여는 사람이 되라고 재촉하신다. 패배감에 젖은 태도를 다음 세대까지 물려주지 말라.

실패는 실패를 낳는다

20년 전, 내 고향 텍사스에는 감옥이 12개쯤 있었다. 그러던 것이 요즘에는 140개 이상으로 늘었고, 앞으로 감옥을 더 신설할 계획이라고 한다. 감옥마다 패배감에 젖어 만사를 포기한 죄수들로 가득하다. 텍사스 지역에 수감된 죄수 중 85%의 부모나 가까운 친척이 수감된 적이 있었다. 비록 누구나 자기 행동에 책임을 져야 하지만 환경이 범죄자를 만든다는 사실도 무시할 수는 없다. 학대당한 아이들은 대개 부모가 되어서 자기 자식을 학대한다. 부모가 이혼한 가정의 아이들은 결혼 생활에 실패할 확률이 꽤 높다. 실패는 실패를 낳는다.

최근에 한 남자가 내 사무실로 찾아와 조언을 구했다. 세 번째 이혼을 고려하는 사람이었다. 잠시 이야기를 나눈 후에 내가 물었다.

"혹시 당신 집안에 이혼한 사람이 있습니까?"

"있다마다요. 우리 어머니가 네 번 이혼했고, 아버지가 얼마 전에 여섯 번째 부인과 끝났지요."

그의 집안에는 이혼과 패배의 전통이 대대로 이어져 내려오고 있었다. 우리는 함께 기도했고, 결국 그 남자는 단호한 결정을 내렸다.

"여기서 끝을 내야겠어요. 나만큼은 함부로 이혼하는 어리석음을 범하지 않겠어요." 그는 집으로 돌아가 아내와의 관계 회복을 위해 꾸준히 노력했고, 결국 그 부부는 가문의 이혼 전통에 종지부를 찍었다.

때로 두세 세대 이상 문제가 곪아온 경우도 있다. 그 문제는 알코올 중독일 수도 약물중독이나 가난, 우울증, 분노, 자존감 결여일 수도 있다. 어떤 문제가 있든 우리에겐 악의 뿌리를 뽑아낼 수 있는 능력이 있다. 가슴을 당당하게 펴고 선포하라. "하나님의 도움만 있으면 악의 흐름을 끊을 수 있어. 나는 하나님을 믿고 내 자신의 행동에 책임을 질 거야. 새로운 지평을 열 거라고."

하나님이 분명 도와주시지만 가문의 저주를 풀려면 변하려는 의지와 노력이 있어야 한다. 억지로 기도 한 번 하는 것으로는 부족하다.

우리의 생각을 바꾸고 하나님의 크신 일을 기대하는 습관을 길러야 한다. 다음과 같은 태도를 기르자. '우리 가문이 과거에 어떤 패배를 겪었는지는 중요하지 않아. 오늘은 새로운 날이야. 우리는 누구보다도 큰 성공을 거둘 거야. 우리가 과거에 어떤 시련을 겪었는지는 상관 없어. 우리는 빌려줄지언정 꾸는 가정이 되지 않겠어. 장애물이 아무리 커도 겁나지 않아. 우리 안에 계시는 분은 세상의 누구보다도 강하시니까. 우리는 더는 패배자가 아니야. 승자라고. 앞으로 우리에겐 복만 있지 저주는 없어.'

하나님께 용기를 달라고 기도하라

"하지만 우리 가문에는 성공한 사람이 한 명도 없잖아. 나라고 별수 있겠어?" 이렇게 말하는 사람도 있을 것이다.

가문이 대대로 보잘것없는 것은 하나님의 말씀을 진정으로 받아들인 사람이 없는 탓이기 쉽다. 이런 장벽을 깨부수라. 오늘은 새로운 날이고 하나님은 새로운 일을 행하고자 하신다. 더 큰 비전을 품고 믿음의 분량을 더하라. 우리는 최고가 될 수 있다. 우리로 인해 가문의 수준이 한 단계 높아질 수 있다. 믿기만 하면 능치 못할 일이 없다.

하나님은 당신이 과거의 산에 거한 지 오래라고 말씀하신다. 이제 새로운 비전을 품고 새로운 단계로 나아갈 때다. 과거의 장벽을 뛰어넘고 마음속의 '견고한 진'을 부수라. 먼저 생각을 바꿔야 한다는 점을 명심하라. 가문의 누가 무슨 일을 했든지 간에, 당신이 그것 때문에 포기할 이유는 없다. 가문에 새로운 지평을 열고 자손 대대로 좋은 영향을 끼치는 자가 되기로 결심하라.

1부_ 나는 비전을 키우는 사람이다 | **49**

YOUR BEST LIFE NOW

5_ 은혜 속에서 성장하라

매일 아침 일어나 하나님의 은혜를 선포하라
이미 은혜를 받았노라고 과감하게 선포하라

나는 평생, 하루도
빠짐없이 하나님의 은혜를 느끼며 살아왔다. 옛날 꼬마였던 나와 형
제들이 학교에 가기 전마다 어머니는 간절히 기도하셨다. "아버지, 아
버지와 천사들이 우리 아이들을 지켜 주시니 참으로 감사합니다. 아
버지의 은혜로운 손길이 항상 우리 아이들에게 미칠 줄 믿습니다."

그때부터 줄곧 나는 특별대우를 기대하게 되었다. 이기주의자가 됐
다는 말은 아니다. 나는 다른 사람들의 도움을 기대하기 시작했다. 내
마음에는 항상 자부심이 있었다. '나는 지극히 높으신 하나님의 자녀
야. 내 아버지는 온 우주를 창조하셨어. 나는 특별해. 그러니 다른 사
람이 일하는 손을 멈추고 달려와 나를 도와줄 거야.'

내 말을 오해하지 않았으면 좋겠다. 우리는 절대 오만해서는 안 된

다. 남보다 낫다는 자만은 금물이다. 다른 사람이 우리에게 빚을 져서 우리를 도와줘야 하는 것도 아니다. 단지 하나님의 자녀로서 자신감과 대단함을 가지고 복을 기대하며 살라는 말이다. 우리가 종종 특별 대우를 받는 것은 바로 하늘에 계신 우리 아버지가 만왕의 왕이시고 그분의 영광과 존귀가 우리에게 비추기 때문이다.

좀 이상하게 들릴지 모르지만, 우리가 은혜를 사모하고 하나님의 선하심을 선포하면 사람들이 자기 일을 팽개치고 찾아와 우리를 돕는 놀라운 일이 벌어진다. 그들은 자신들이 왜 그런 행동을 하는지 이해하지 못할 수 있지만 우리는 안다. 하나님의 은혜 때문이다.

젊은 나이에 꽤 성공한 사업가가 나를 찾아와 기도해 달라고 했다. 자신의 이력에 큰 보탬이 될 만한 기회가 생겼는데 면접을 통과하기가 여간 어렵지 않다는 것이었다. 한 대기업에서 핵심 인사가 퇴직하면서 생긴 자리에 그가 지원했는데 곧 면접이 있을 예정이었다. 그 사업가 말고도 내로라 하는 수많은 인재들이 면접을 보기 위해 온다고 했다. 그의 말대로라면 지원자의 대부분이 그보다 훨씬 경험이 많고 자격 요건도 좋았기 때문에 걱정이 될 만도 했다. 최소한 이력서상으로는 그들을 이기는 게 불가능했다. 하지만 이런 상황에서도 그는 여러 번의 예비 면접을 통과했고, 며칠 뒤에 최종 면접만 남은 상태였다.

기도 후에 나는 이렇게 격려했다. "매일 아침 일어나 하나님의 은혜를 선포하세요. 겉으로 보이는 상황이 어떻든 간에 당신이 하나님의 은혜를 이미 받았노라고 과감하게 선포하세요. 또 하루의 삶을 살아가는 동안에도 이렇게 선포하세요. '하나님의 은혜로 이 회사의 관심이 내게 쏠리고 있어. 내 모습이 남들보다 돋보일 게 분명해.' 밤낮으로 이렇게 선포하고, 변치 않는 믿음으로 그 자리를 기대하세요."

1부_ 나는 비전을 키우는 사람이다 **51**

몇 달 후에 교회에서 그를 만났다. 그의 얼굴에는 미소가 가득했다. 최종 면접에 통과했다는 것이다. 나중에 그에게서 회사 중역들과의 면접이 어떠했는지 들어보니, 정말 놀라운 일이 있었다. "제가 면접장에 들어가자 모든 중역이 머리를 긁적이는 게 아니겠어요? 그리고는 이렇게 말했어요. '왜 우리가 당신을 고용하는지 우리 자신들도 잘 모르겠습니다. 당신의 조건이 가장 좋은 것은 아니거든요. 경험이 가장 많은 것도 아니고 이력서의 내용이 가장 화려한 것도 아니에요. 하지만 우리는 왠지 모르게 당신이 맘에 듭니다. 뭐라고 딱 꼬집어 말할 수는 없지만 당신을 가장 돋보이게 만드는 뭔가가 있군요.'"

이것이 하나님의 은혜다.

하나님의 은혜를 선포하라

하나님의 은혜를 기대하고 선포하라. 매일 아침에 집을 나서기 전에 이렇게 말하라. "하나님 아버지, 제게 은혜를 주셔서 감사합니다. 하나님의 은혜로 기회의 문이 열리고 있습니다. 성공이 제게 다가오고 남들이 자청해서 저를 도울 줄 믿습니다." 그리고 나서 자신 있게 밖으로 나가 좋은 일이 일어나길 기대하며 살라. 좀처럼 열리지 않는 기회의 문이 특별히 우리를 위해 열리길 기대하라. 우리에게는 뭔가 특별한 게 있다. 그것은 바로 하나님의 은혜다.

잠자리에 들어서도 하나님에게 감사하고 우리 삶을 통해 나타날 하나님의 은혜와 선하심을 선포하라. 은혜가 필요한 때마다 우리가 해야 할 일은 그것을 선포하는 일이다. 굳이 방송에 출연하여 온 세상에 알릴 필요까지는 없다. 조용히 속삭여도 괜찮다. 목소리의 크기는 전혀 중요하지 않다. 정작 중요한 것은 믿음의 크기다. 심지어 하찮은 일에서 하나님의 은혜를 선포했다고 해서 하나님이 우리를 나무라시는 일은 없다. 오히려 하나님은 우리가 모든 일에서 하나님의 은혜를 선포하길 원하신다. 식당에 자리가 없는데 시간이 별로 없어서 최대한 빨리 식사를 하고 가야 한다고 하자. 이때도 은혜를 선포하라.

"아버지, 이 식당 주인을 통해 제게 은혜를 베푸시니 참으로 감사합니다. 주인이 최대한 빨리 제게 자리를 내줄 줄 믿습니다."

붐비는 주차장에서 주차 공간을 찾을 때도 은혜를 선포하라.

"아버지, 아버지의 은혜로 좋은 공간을 찾게 될 줄 믿습니다."

그런데 혹시 하나님의 은혜를 선포했는데도 좋은 주차 공간이 나타나지 않으면 어떻게 할까? 이때는 차에서 내려 걸으며 하나님의 은혜를 음미하라. 한 걸음을 내딛을 때마다 걸을 수 있는 튼튼한 다리와 건강을 주심에 감사하라. 하나님은 자신을 사랑하는 자의 삶을 위하여 모든 것을 선으로 이루신다.

얼마 전에 나와 아내는 두 아이를 차에 태우고 휴스턴 시내 근처의 공원으로 소풍을 갔다. 그런데 공원은 온통 사람과 자동차 천지였다. 공교롭게도 봄 소풍이 한창인 때였던 것이다.

처음에는 주차 공간을 찾을 가망성이 도저히 보이지 않았다. 네다섯 대의 차가 주차장을 돌면서 자리가 나기만 기다리고 있었다. 나는 지금이 가족에게 하나님의 은혜를 자랑할 절호의 기회라 여기고 이렇게 말했다. "아빠를 잘 보렴. 아빠가 곧 앞 열에 주차할 거야. 느낌이 오거든. 아빠가 어디에 있든지 하나님의 은혜가 따라다닌단다."

나는 호언장담을 하면서 계속 앞으로 나아갔다. 그런데 놀랍게도 우리가 앞 열을 지나갈 때 바로 앞에서 주차해 있던 차가 빠져나갔다.

1부_ 나는 비전을 키우는 사람이다 **53**

그 차가 마치 우리를 기다리고 있었던 것처럼 완벽한 타이밍에 빠져나간 덕분에 우리 차는 속도도 줄일 필요 없이 빈 자리에 곧바로 주차할 수 있었다. 더군다나 주차장 내에서도 가장 좋은 자리였다.

나는 아내에게 농담을 던졌다. "여보, 내 몸에 손을 대봐. 그러면 당신도 내 복을 조금 얻을 수 있을 거야. 나 혼자 누리기는 너무 아까워."

그리고 몸을 돌려 작은 아이를 보며 말했다. "조나단, 아빠를 만져보렴. 너도 내 복이 필요할 거야. 어서 가져가렴."

조나단이 눈을 깜박이며 말했다. "아빠, 정말 이상해요."

물론 삶이 항상 우리 뜻대로 풀리는 것은 아니다. 항상 가장 좋은 자리를 차지할 수는 없는 법이다. 몇 달 전에도 차에 사람을 가득 채우고 붐비는 주차장에 들어선 적이 있었다. 그때도 나는 자동차 액셀을 밟으며 차 안의 사람들에게 말했다. "저는 하나님의 은혜를 받았거든요. 잘 보세요. 우리는 가장 좋은 곳에 주차하게 될 거예요."

하지만 이번에는 자리가 나지 않았다. 우리 차는 15분 동안이나 주차장 안을 맴돌아야 했다. 그러나 원하는 바를 이루지 못했다 하더라도 나는 하나님의 은혜를 조금도 의심하지 않는다. 하나님이 언제나 내 편이심을 알기 때문이다. 하나님은 언제나 내게 유익한 방향으로 역사하신다. 사고를 예방하시려고 나를 지체시키실 수도 나의 격려가 꼭 필요한 사람을 만나게 하시려고 그러실 수도 있다. 원하던 일이 이루어지든 그렇지 않든 상관없이 항상 하나님의 은혜를 기대하라.

은혜를 사모하는 마음으로 살라. 매일 아침에 하나님의 은혜를 기대하고 선포하라. 수동적인 태도에서 벗어나라.

우리가 먼저 은혜 받을 그릇이 되어야 하나님은 은혜를 차고 넘치도록 부어 주신다.

6_ 은혜를 사모하라

우리가 은혜를 사모하면 어디를 바라보나
우리를 도우려는 사람들로 가득하다

하나님은 큰 문제만이 아니라 삶의 모든 측면에서 도움을 주고자 하신다. 은혜를 사모하는 마음으로 살면 일상 속에서 하나님의 선하심이 눈에 보이기 시작한다. 시장과 야구장, 쇼핑몰, 직장, 가정 등 우리가 늘 거하는 곳에서 하나님이 예전부터 역사하고 계셨음을 깨닫게 된다. 차가 꽉 막힌 도로에서 옆 차선이 잘 빠진다고 하자. 도대체 틈이 없어서 끼어들지 못하고 있는데 갑자기 누군가가 아무런 이유 없이 속도를 줄이고 들어오라고 손짓한다. 이것이 하나님의 은혜다.

정말 바쁜 일이 있는데 식료품 상점의 계산대 앞에 줄이 끝이 보이지 않는다. 그런데 다른 직원이 어깨를 살짝 치며 자기를 따라오라고 한다. "이쪽으로 오세요. 지금부터 여기서도 계산을 할 거예요." 이것이 우리를 도우시는 하나님의 은혜다. 하나님의 은혜가 임하면 예기치 않은 곳에서 특별한 도움의 손길이 찾아온다.

점심을 먹으러 밖에 나갔다가 그토록 만나고 싶던 사람을 '순전히 우연으로' 만나기도 한다. 이 사람은 우리가 존경하거나 조언을 구하려는 대상일 수도, 사업상 거래를 트기 위해 만나고 싶었으나 좀체 기회가 닿지 않았던 사람일 수도 있다. 이것은 우연이 아니다. 적당한 때에 우리를 적당한 곳으로 인도하시는 하나님의 은혜 덕분이다.

이런 일이 벌어지면 하나님께 감사하라. 하나님의 은혜를 당연한 것으로 받아들이지 말고 감사의 표현을 하라.

"아버지, 은혜를 주셔서 감사합니다. 도와주셔서 고맙습니다."

하나님의 은혜를 당연하게 받아들이지 말라

우리가 은혜를 사모하면 어디를 가나 우리에게 유리한 쪽으로 상황이 바뀐다. 어디를 바라보나 우리에게 호의를 베풀려는 사람 천지다. 어떤 식으로든 우리를 도우려는 사람들로 가득하다. 그들 대부분은 그 이유를 알지 못한다. 하지만 우리는 안다. 많은 군중 속에서 우리를 빛나게 만드는 것이 하나님의 은혜 덕분임을.

언젠가 비행기가 막 이륙하기 직전이었다. 갑자기 기내 확성기에서 내 이름을 부르는 소리가 들렸다. 처음에는 어리둥절했다. 그저 내가 보안 검사 장소에 뭔가를 두고 왔거나 뭔가가 잘못되었는가보다 하고만 생각했다. 잠시 후에 승무원이 다가와 내게 조용히 말했다.

"저와 함께 가시지요. 일등석에 자리를 마련해 놓았습니다."

당연히 주위 사람들이 의아한 눈초리로 나를 쳐다보았다. '왜 저 사

람만 일등석으로 데려가는 거야? 도대체 무슨 일이야?'

나는 비행기의 뒤쪽 끝에서 앞쪽 끝까지 승무원을 따라가 지정해준 '일등석'에 앉았다. 그리고 잠시 후에 물었다. "왜 저를…?"

"이등석이 하나 필요했거든요. 그래서 일등석으로 옮길 행운의 주인공을 컴퓨터로 추첨했는데 선생님이 당첨되셨습니다."

나는 하늘에 계신 우리 아버지께서 내게 은혜를 베푸셨음을 알아차렸다. 수많은 사람 중에서 내가 뽑힌 것은 바로 하나님의 은혜 덕분이었다. 우리가 은혜를 사모하는 마음으로 살면 이런 일은 '자연스레' 일어난다. 그러므로 늘 하나님의 은혜를 선포하는 습관을 가지라. 우리 자신의 삶뿐 아니라 우리의 사업체와 그 직원들, 우리의 아이들과 아내, 친척에게도 하나님의 은혜가 임하길 기도하라.

판매 일을 하는 사람이라면 하루도 빠짐없이 좋은 고객 관계를 선포해야 한다. "아버지, 제 고객들이 저를 믿고 저와 거래하게 해주시니 감사합니다." 부동산 일을 하는 사람은 자기 부동산에 대한 하나님의 은혜를 선포해야 한다. "아버지, 이 건물이 팔릴 줄 믿고 감사합니다. 아버지의 은혜가 저를 적당한 사람에게로 인도하실 줄 믿습니다. 아버지의 은혜로 인해 이 집을 찾는 사람이 꼭 있을 겁니다." 당장은 원하는 만큼의 복을 누리지 못하고 있더라도 꾸준히, 자주 선포하라. 말로 표현하는 데 인색하지 말고 더욱 열심히 선포하라. 큰 소리로 외칠 필요는 없다. 혼자만 들리게 입 안으로 말해도 괜찮다. 더 큰 은혜를 사모할수록 하나님은 더 큰 은혜를 부어·주신다.

자기 삶의 모든 영역에 대해 하나님의 은혜를 선포하라.

하나님의 은혜가 임하면 사람들이 우리를 특별대우하고, 우리를 위해 규정을 바꾸며, 전에는 한번도 하지 않았던 이례적인 일을 하게 된다. 몇 년 전에 해외 여행을 위해 공항에서 수속을 밟고 있을 때, 나는 비싼 카메라를 가져왔는데 그것만은 화물칸에 싣고 싶지 않았다. 그래서 수속 카운터에 있는 직원에게 카메라를 들고 탑승할 방법이 없는지 물었다.

"죄송합니다만 그럴 수 없습니다. 규정이 워낙 엄해서요. 앞좌석 밑이나 머리 위 짐칸에 넣을 수 없는 짐은 화물칸에 실어야 합니다."

무슨 말인지 충분히 이해가 갔다. 직원은 규칙을 따르고 있을 뿐이었다. 그래도 하나님의 은혜만 있으면 특별대우가 가능하리라는 사실을 알기에 나는 정중하게 다시 물었다. "제 카메라를 들고 탑승하는 문제에 관해 다른 관계자분과 이야기해도 되겠습니까?"

그녀의 대답은 확고했다. "죄송합니다. 그러셔도 소용이 없습니다. 그 카메라를 들고 탑승할 방법은 전혀 없습니다."

그때 기장 복장을 한 사람이 내게 다가왔다. 나는 그를 알지도 전에 본 적도 없었는데, 그는 곧바로 내 앞으로 걸어와 물었다.

"뭘 도와드릴까요?"

"제 카메라를 들고 타고 싶어서요. 화물칸에 뒀다가 혹시 부서지기라도 하면 큰일이거든요."

"어디로 가시는 길입니까?"

"인도 뉴델리요. 친구를 만나러 갑니다."

"그러십니까? 그건 제가 책임지는 항공편입니다. 탑승하실 때 카메라를 제게 가져오십시오. 제 조종석 뒤에 두겠습니다."

카운터에 있는 직원이 나를 뚫어져라 쳐다보며 고개를 갸웃거렸다. 나는 미소를 지으며 말했다.

"죄송해요, 아가씨. 이것이 하나님의 은혜랍니다."

하나님의 은혜는 다른 사람으로 하여금 잠시 자기 일을 제쳐두고 우리를 돕게 만든다. 하나님의 은혜로 우리는 특별대우를 받는다. 생각해 보라. 그 기장이 붐비는 공항 한복판에서 왜 하필 내게 다가왔을까? 공항에는 15-20개의 개찰구가 있었고 수백 명의 승객이 줄을 서 있었다. 그 기장이 나를 선택한 이유는 뭘까?

바로 하나님의 은혜 덕분이다.

내가 특별대우를 받은 것은 내가 유명한 목사의 아들이어서가 아니라 내가 하나님의 자녀이기 때문이다! 하나님은 당신에게도 똑같은 은혜를 베풀기 원하신다.

우리 교회의 한 여자 성도는 사고를 당했지만 의료 보험의 혜택 없이 응급 수술을 받아야 했다. 결국 그녀는 병원에 27,000달러를 빚지게 되었다. 그녀는 매달 조금씩 빚을 갚기 시작했다. 남편 없이 혼자서 가정을 꾸려가는 그녀가 빚을 갚기란 이만저만 힘들지 않았다. 하지만 그녀는 좌절하지 않았다. 인생이 괴롭다는 둥 병원의 처사가 너무 가혹하다는 둥의 하소연이나 하며 돌아다니는 데 시간을 허비하지 않았다. 대신에 믿음과 기대를 품고 끊임없이 하나님의 은혜를 선포했다. 그녀의 눈에는 하나님의 선하심밖에 보이지 않았다.

크리스마스 직전에 그녀는 편지 한 통을 받았다. 병원에서 온 그 편지에는 놀라운 내용이 들어 있었다. "매년 저희 병원은 몇 가정을 뽑아서 행운을 주고 있습니다. 금년에는 귀하가 행운의 주인공입니다. 귀하의 빚 27,000달러를 탕감하기로 했음을 알려드립니다." 놀라운 소식은 이게 다가 아니었다. "그뿐 아니라 귀하가 이미 갚은 몇 천 달러까지도 되돌려드립니다."

이것이 하나님의 은혜다.

아직까지도 이렇게 말하는 사람이 있을지 모르겠다. "목사님, 제가 얼마나 운이 없는지 모르셔서 하시는 말씀이에요. 제가 무슨 실수를 저질렀는지 모르시죠? 저는 정말 많은 잘못을 저질렀답니다. 저 같은 사람은 하나님의 복을 기대할 자격도 없어요."

맞는 말이다. 이런 생각을 바꾸지 않는 한 놀라운 일은 절대 일어나지 않는다. 우리는 은혜를 사모하는 마음을 가져야 한다. 차고 넘치는 하나님의 복을, 우리 삶 속에서 늘 새로운 모습으로 나타나는 하나님의 선하심을 기대하라. 우리는 누구나 잘못을 저질렀고 따라서 용서를 구해야 한다. 용서를 구한 다음에는 앞으로 나아가야 한다. 우리 삶속에 복을 부어 주시고 우리를 통해 놀라운 일을 행하시려는 하나님을 믿고 나아가라.

새로운 출발

이스라엘의 2대 왕 다윗은 간음에다 부하를 일부러 죽음으로 내모는 등, 많은 실수를 저질렀다. 그러나 회개하고 용서를 구하는 그에게 하나님은 자비를 내리시고 새로운 출발을 허락하셨다. 성경은 다윗을 "하나님의 마음에 맞는(합한) 사람"이라고 말한다. 다윗은 과거의 실수에 머물지 않고 은혜를 사모하며 살았다. 이런 삶의 태도는 그의 글에서도 잘 드러난다. "나의 평생에 선하심과 인자하심이 정녕 나를 따르리니"(시 23:6). 한때가 아니라 평생 동안 하나님의 선하심과 인자하심을 기대했다는 점을 주목하라. 나는 「메시지 성경(The Message)」의 번역이 더 맘에 든다. "하나님의 선하심과 인자하심은 내가 어디를 가든지 쫓아다닌다." 그러니까 다윗은 "나는 하나님의 선하심으로부터 도망칠 수 없다!"라는 사실을 잘 알고 있었다.

입에 겨우 풀칠만 하고 사느니 하나님의 선하심이 우리를 쫓아다니길 기대하는 편이 낫지 않겠는가? 그럭저럭 사는 삶보다는 차고 넘치는 하나님의 복을 기대하라.

"은혜를 받으면 좋기야 좋지. 하지만 나는 문제가 너무 많아. 지금은 한창 어려울 때고 내 삶은 꼬여도 한참 꼬였어."

하나님은 이런 고통에서 우리를 건져 주시고 고비를 오히려 기회로 바꿔 주신다. 그래서 다윗은 "하나님의 은혜가 나의 적들로 나를 이기지 못하게 만든다"고 말했다. 성경에는 어려운 순간에 하나님의 은혜를 입고 승리한 사람들의 이야기가 가득하다.

노아는 인생의 최대 위기를 맞아서 어떤 모습을 보였는가? 온 세상이 홍수로 멸망할 때가 가까워 하나님은 거대한 배를 짓고 동물들을 모으는 엄청난 일을 노아에게 맡기셨다. 노아에게도 포기하고픈 유혹이 있었을 게 분명하다. 하지만 하나님은 노아를 사랑하셔서, 새로운 은혜와 초자연적인 능력을 그에게 주셨다. 하나님의 도우심으로 노아 자신과 가족과 동물을 구원할 배는 한 치의 오차도 없이 완벽하게 완성되었다.

룻은 또 어떤가? 남편은 죽고 극심한 가뭄까지 찾아오는 바람에 룻과 시어머니 나오미는 굶어죽을 판이었다. 그러나 룻은 좌절하지 않고 매일 밭에 나가 떨어진 곡식을 주웠다. 성경은 룻이 그런 고난의 한가운데서 밭의 소유자에게 은혜를 입었다고 말한다. 소유자가 일꾼들에게 일러 룻을 위해 곡식을 충분히 흘리라고 했던 것이다. 여기서도 고난의 순간에 찾아오는 하나님의 은혜를 발견할 수 있다. 오래지 않아 룻과 나오미의 상황은 180도 바뀌어 가난 대신 풍요가 찾아왔다.

요셉도 고난 속에서 하나님의 은혜를 입은 대표적인 인물이다. 요

1부 _ 나는 비전을 키우는 사람이다 | **61**

셉은 어렸을 적에 애굽으로 팔려가 고난받고 이용당했다. 그러나 남들에게 어떤 일을 당하든 어느 곳에 가든 간에 요셉은 변함없이 복을 누렸다. 심지어 보디발의 아내 때문에 강간 미수범으로 몰려 감옥에 갇혔을 때도 복은 그를 떠나지 않았다. 결국 하나님의 은혜로 풀려난 그는 애굽의 모든 농사 문제를 관장하는 책임자가 되었다.

많은 이야기에서 하나님의 은혜는 시련 속에서 찾아온다. 그러니까 홍수 속에서, 가뭄의 한복판에서, 학대 속에서 은혜가 나타났다. 그러므로 고통스런 순간을 지날 때, 이를테면 요셉처럼 부당한 대우를 당할 때나 룻처럼 재정적으로 흔들릴 때나 노아처럼 세계적인 위기에 봉착했을 때도 절대 낙심하거나 포기하지 말라. 그런 때일수록 오히려 은혜를 사모하라. 하나님의 은혜를 선포하고 기대할 때 아무리 혹독한 시련의 광야에서도 은혜의 꽃은 피어나는 법이다.

▌세상 그 무엇이 쓰러뜨릴 수 있을까?

욥을 보라. 욥은 보통 사람은 견디기 힘든 시련을 여러 번이나 겪었다. 일 년도 채 안되어 가족과 사업, 건강을 모조리 잃었으니 오죽 괴로웠겠는가? 몸에는 온통 부스럼이 퍼져 극심한 고통으로 신음했다. 하지만 어둠 속에서도 욥은 믿음을 잃지 않았다. "생명과 은혜를 내게 주시고"(욥 10:12).

욥기는 총 42장으로 되어 있고 욥이 위의 고백을 드린 곳은 10장이다. 그런데 42장까지 욥은 병과 고통에서 해방되지 못했다. 그러나 가장 어둡고 절망적인 상황 속에서 욥은 처음부터 끝까지 하나님만 바라보았다. "생명과 은혜를 내게 주시고." 이것이 진정한 믿음이다!

"하나님, 저는 겉으로 보이는 상황에 신경 쓰지 않습니다. 당장은 괴롭지만 하나님께서는 선하신 분이심을 잘 압니다. 하나님의 은혜로 이 괴로움이 곧 기쁨으로 바뀔 겁니다." 욥은 늘 이렇게 고백했다.

하나님이 욥에게 전보다 두 배나 큰 복을 주신 것이 너무도 당연하지 않은가? 이런 믿음의 사람을 어떤 적이 무너뜨릴 수 있겠는가? 가장 암울한 순간에도 믿음을 잃지 않고 하나님의 은혜를 선포하는 사람을 이 세상에 그 무엇이 쓰러뜨릴 수 있겠는가? 현재의 상황이 아무리 회복 불가능해 보여도 하나님의 은혜를 과소평가하지 말라. 하나님의 손짓 한 번이면 인생의 모든 것이 제자리를 찾아간다.

성경은 "다가오는 하나님의 은혜를 끝까지 소망하라"고 말한다. 끝까지 포기하지 말라는 말이다. 계속해서 믿고 기대하고 선포하라. 항상 은혜를 소망하는 맘으로 살면 하나님은 반드시 복을 주겠다고 약속하신다. 주님께 소망을 둘 때 곧 은혜를 부어 주시겠다고 말씀하신다. 당장 회복의 기미가 보이지 않고 사방에 절망스런 일뿐이라도 기대하고 믿기만 하면 하나님의 은혜는 반드시 나타난다. 하나님의 은혜가 나타나기만 하면 회복은 순식간이다. 하나님의 은혜는 문제의 잿더미 속에서 금세 해답의 싹을 틔운다. 하나님의 은혜가 우리를 두르고 있으면 그 어떤 적도 감히 우리의 털끝 하나 건드릴 수 없다. 그러므로 상황에 상관없이 단호히 선포하라. "하나님, 놀라운 복이 제게 오고 있음을 믿습니다."

2001년에 우리는 기존의 방송국 외에도 새로운 방송국 한 군데와 방송 계약을 맺기로 했다. 나는 우리 측 대리인에게 방송국에 연락하여 주일 11시 시간대를 확보할 수 있는지 확인해 달라고 요청했다.

그가 말했다. "목사님, 그건 힘듭니다. 거긴 공영 방송국이라고요.

그 시간대는 황금 시간대라서 절대 넘겨주지 않을 거예요."

"성경에 구하지 않기에 받지 못한다고 하지 않았습니까? 그러니 일단 시도해 보세요."

결국 대리인은 방송국으로 날아가 그곳의 중역들과 만났지만 결과는 예상대로였다. "안 됩니다. 그 시간은 황금 시간대라서 넘겨드릴 수 없습니다. 그러지 말고 다른 시간대를 말씀해 보세요."

나는 이 소식을 듣고 말했다. "알았습니다. 어쨌든 우리는 계속해서 하나님의 은혜를 믿읍시다." 그리고 날마다 이렇게 선포했다. "아버지, 놀라운 은혜를 부어 주시니 감사합니다. 모두 열 수 없다고 말했던 문이 하나님의 은혜로 지금 열리고 있습니다. 그 방송국이 우리를 특별 대우하도록 은혜를 내려주시니 감사합니다." 몇 달이 지나도 응답은 나타나지 않았다. 하지만 나는 낙심하거나 포기하지 않았고 오직 믿음의 눈으로만 상황을 바라보았다. 내가 포기하지 않으면 하나님이 약속하신 놀라운 은혜가 반드시 나타나리라고 확신했다. 눈에는 보이지 않았으나 하나님의 은혜가 이미 다가오고 있음이 분명했다.

반 년이 지나자 대리인에게 전화가 왔다. "무슨 일이 벌어지고 있는 게 틀림없어요. 방송국에서 나를 다시 만나자는 연락이 왔습니다."

"잘 됐군요. 그런데 제 마음이 바뀌었어요. 이젠 11시가 아니라 10시 시간대를 요청하세요. 최고의 시간대에 방송하고 싶습니다."

그러자 대리인이 웃음을 터뜨렸다. "목사님, 농담하시는 거죠? 그게 무슨 뜻인지 아십니까?"

"잘 들어보세요. 저는 하나님의 은혜를 받았습니다. 하나님이 문을 여시면 아무도 닫을 수 없습니다. 그러니 자신감을 가지고 방송국에 찾아가세요. 하나님의 은혜가 당신을 따라다닐 겁니다."

그가 다시 웃으며 말했다. "잘 알겠습니다. 그렇게 하지요."

그가 방송국 관계자들을 만나고 나서 다시 연락을 해 왔다.

"목사님, 최선을 다했지만 거절당했습니다."

"괜찮습니다. 우리는 그냥 끝까지 믿으면 됩니다. 분명 하나님의 은혜가 다가오고 있습니다. 우리가 포기하지 않으면 틀림없이 하나님의 은혜가 길을 열어 주실 겁니다."

그로부터 약 한 달 후에 대리인에게 전화가 왔다. 그는 몹시 들떠 있었다. "목사님, 도저히 믿지 못할 일이 벌어졌습니다! 방금 방송국 소유주에게서 전화가 왔습니다. 판매 책임자가 아닌 소유주 말입니다! 공항에서 전화한다며 이렇게 말하더군요. '당신이 저희 방송국의 일요일 밤 시간대에 관심을 가지고 계시다고 들었습니다. 저는 그 젊은 목사를 무척 좋아합니다. 그래서 특별히 그 시간대를 비워 놓았습니다. 원하시는 때에 언제라도 방송을 시작하세요' 라고요."

이것이 하나님의 은혜다. 그러니 절대 하나님의 은혜를 포기하지 말라. 이런 은혜가 우리에게 있음을 온전히 이해하면 자신감 있는 삶이 펼쳐진다. 그럴 때 감히 요구하지 못할 은혜를 사모하는 삶이 가능해진다. 고난도 더는 고난으로만 보이지 않는다. 내면 깊은 곳에서 하나님의 특별 대우를 느끼게 된다. 그 결과, 누구보다도 훌륭한 삶을 살면서 하나님의 은혜를 넘치도록 체험하게 된다.

YOUR BEST**!**LIFE NOW

Your
Best
Life
Now

2부 나는 건강한 자아상을 일군다

7 자신을 누구라고 생각하는가?

8 자신의 가치를 제대로 알라

9 믿음대로 될지어다

10 성공하는 마음 자세를 가지라

11 있는 그대로 자신을 사랑하라

7_ 자신을 누구라고 생각하는가?

'메뚜기 정신'을 버리고 '할 수 있다'는 마음을 품으라
약점을 보지 말고 하나님을 바라보라

어느 모로 보나 칼리의 인생은 꼬여 있었다. 칼리는 뚱뚱하고 한쪽 다리마저 약간 짧아서 절뚝거렸다. 더군다나 남성 중심의 직장에서 유일한 여직원이어서 매일 편견과 싸워야 자기 몫을 챙길 수 있었다. 칼리의 외모나 절뚝이는 모습을 보고 비웃는 사람도 있었다. 어떤 이는 그녀의 등 뒤에서 비웃기도 했고, 어떤 이는 그녀의 얼굴도 보기 싫어했다. 하지만 그녀는 조금도 신경 쓰지 않았다. 자신을 잘 알고 있었고 하는 일에도 자신이 있었기 때문이다. 그녀는 자신을 깔아뭉개려는 사람에게 오히려 문제가 있다고 생각했다. "그들은 정서적으로 장애가 있어." 그녀는 자신을 비웃는 사람을 오히려 불쌍하게 여겼다.

많은 난관에도 불구하고 칼리는 승진에 승진을 거듭하여 마침내 회

사의 CEO이자 자기 분야에서 누구나 인정하는 전문가가 되었다. 도대체 그 비결이 뭘까?

칼리의 비결은 놀랄 정도로 긍정적인 자아상이었다. 독실한 크리스천인 칼리는 자신이 하나님의 형상을 따라 지음 받은 독특하고 소중한 존재임을 굳게 믿었다. 그래서 남의 인정을 받으려고도, 상사나 동료의 칭찬에서 위안을 찾으려고 하지도 않았다. 밝고 친절하고, 똑 부러지고 누구보다도 유능한 칼리의 입가에는 언제나 미소가 매달려 있었다. 그런 그녀의 모습에 의아해하며 고개를 젓는 사람도 있었지만 이에 아랑곳없이 칼리는 순간 순간을 온전하게 살았다!

건강한 자아상을 확립하라

최선의 삶을 살기 위한 두 번째 단계는 건강한 자아상을 확립하는 것이다. 사람이 정해 놓은 변덕스럽고 거짓된 기준이 아니라 하나님이 들려주시는 말씀에 따라 자아상을 개발하는 것이다. 자신을 어떻게 보고 어떻게 느끼는지에 따라 성공의 크기가, 아니 성공의 여부가 판가름 난다.

자기존중은 마음 깊은 곳에서 자기 자신에 대해 느끼는 감정이다. 다시 말해, 자신이 어떤 사람인지, 자신이 얼마나 중요하고 가치가 있는지에 대한 자신의 의견 또는 판단이다. "나는 나 자신이 좋아" 혹은 "나는 내가 싫어"와 같은 말이 자기존중과 관련 있다. 이와 비슷하게 자아상은 일종의 자화상(self-portrait)이라 할 수 있다. 스스로 자신을 그린 그림인 셈이다. 그런데 흥미로운 사실은 자아상이 자신의 진정한 모습보다는 자신에 대한 '시각'을 반영한다는 점이다. 당신은 스스로 누구라고 생각하는가?

두말할 필요 없이 건강한 자아상은 개인의 성공과 행복을 결정하는 핵심요소 중 하나다. 자기개념이 그토록 중요한 이유는 우리가 스스로 생각하는 대로 말하고 행동하고 반응한다는 데 있다. 심리학적 증거에 따르면, 우리의 행동은 자아상과 깊이 연결되어 있다. 물론 부정적인 자아상을 가진 사람이 큰 거래를 따내거나 사람들의 마음을 휘어잡거나 회사 운동회 야구시합에서 장외홈런을 터뜨리기도 한다. 반면 건강한 자아상을 가진 사람도 때때로 실패를 경험한다. 하지만 장기적으로 보면 자화상은 현실로 그대로 이루어지는 법이다.

우리는 마음에 품은 이미지 이상으로 성공할 수 없다.

'나는 자격이 없어. 하찮은 존재라고. 매력이라곤 눈곱만큼도 없어. 나는 약하고 부족한 사람이야.' 이런 생각은 행동으로 그대로 나타난다. 자기가치가 낮은 사람은 스스로를 사랑과 인정을 받을 가치가 없는 패자이자 낙오자로 여긴다.

"나는 제대로 할 줄 아는 게 하나도 없어."

"왜 하필 나야?"

"나는 대단한 사람이 될 수 없어."

자아상이 약한 사람의 대화 속에는 늘 이런 문구가 따라다닌다. 반면 하나님과 같은 시각으로 자신을 바라보는 사람은 만족한 삶을 살아간다. 자신이 하나님의 형상을 따라 창조되었고 하나님이 자신에게 영화와 존귀로 관을 씌우셨음을 분명히 알기 때문이다. 하나님이 자기를 사랑하고 좋아하심을 알기에 자신감이 있다! 그래서 언제나 당당하게 말한다. "하나님 아버지, 저를 지금의 모습으로 창조해 주셔서 감사합니다. 저를 위한 목적과 계획이 있으심을 믿습니다. 저는 제가 지구상의 누구와도 다른 유일한 존재인 줄 압니다. 아버지께서는 저를 위해 좋은 것을 예비해 놓았다고 말씀하셨습니다. 지금 당장 그것을 찾아보려 합니다!"

자아상은 육체의 일부분이 아니라 우리의 행동을 통제하는 무의식 속의 '관리인'이다. 마치 자동차의 자동속도조절장치와 같은 기능을 담당한다. 속도를 시속 100킬로미터에 맞춰놓으면 도로 상황에 따라 차의 속도가 늘거나 줄어도 자동속도조절장치는 항상 원래의 속도를 회복시켜 준다. 마찬가지로 인생길에서 우리가 자칫 지나친 속도를 내더라도 자아상은 우리를 본궤도로 이끌어 준다. 물론 우리가 뒤로 처질 때도 정상 상태를 회복시켜 준다.

어디에서 자존감을 얻을 수 있을까? 아이러니하게도 남의 말, 이를테면 부모나 친구의 생각이 나의 자아상을 결정하기도 한다. 그런가 하면 자신이 만든 이미지로부터 자아상이 생기기도 한다. 자기 성격이나 외모, 능력, 업적에 따라 자기 맘대로 자화상을 그려 버리는 것이다. 모든 사람은 나름대로 자신에 대한 이미지를 갖고 있다. 문제는 자아상이 하나님의 음성과 정확히 일치해 있느냐는 것이다.

하나님은 우리를 용사로 보신다. 우리의 잠재력을 우리 자신보다도 더 굳게 믿고 계신다! 우리를 위한 큰 계획이 있으시다는 하나님의 음성이 들리지 않는가? 그런데 자아상이 약한 탓에 우리는 늘 김빠지는 소리만 해댄다. "하나님, 저는 할 수 없습니다. 저는 그저 평범한 사람일 뿐이에요. 저 말고 능력이 많고 배운 것도 많은 다른 사람을 찾으세요. 저에겐 그런 능력이 없어요."

구약 시대에 기드온이란 친구가 꼭 그런 모습이었다. 어느 날 천사가 기드온을 찾아와 말했다. "큰 용사여, 여호와께서 너와 함께 계시도다." 믿든 말든 하나님은 우리 역시 이런 눈으로 바라보신다. 하나님이 보시기엔 우리도 불굴의 용기와 힘과 잠재력을 소유한 용사다.

"목사님, 하나님은 저만큼은 그렇게 생각하지 않으실 거예요. 저는 용사가 아니에요. 용기도 없고 강하지도 않아요. 저를 놀리시는 건가요? 기드온이 저랑 같아요? 기드온은 자신감과 결단력이 있는 위대한 리더니까 하나님이 그런 엄청난 말씀을 하신 거죠."

정말 그럴까? 당시 이스라엘은 우상을 섬기는 악한 미디안에게 국토를 유린당하고 있었다. 천사가 기드온을 통해 이스라엘 백성을 구원하시겠다는 하나님의 뜻을 전하자 기드온의 본래 모습이 드러났다. "저 같은 것이 어떻게 이스라엘 백성을 구하겠습니까? 저의 집안은 므낫세 지파 중에서도 가장 보잘것없습니다. 저는 그런 제 아버지 집에서 가장 못난 사람이고요."

어디서 많이 듣던 소리 아닌가? 바로 우리의 입에서 끊임없이 튀어나오는 말이다.

중요한 사실은 기드온이 자신을 보는 시각과 하나님의 시각이 전혀 달랐다는 것이다. 기드온은 스스로 자격이 없다고 생각한 나머지 두려움이 앞섰으나 하나님은 여전히 그를 강하고 용감한 자로 대하셨다. 기드온은 스스로 약하다고 생각했으나 하나님은 그를 강한 자로 보셨다. 기드온의 눈에 자신은 부족하고 결단력이 없는 존재였지만, 하나님이 보시는 그는 이스라엘 백성을 전투에서 승리로 이끌 수 있는 유능하고 대담한 리더였다. 결국 기드온은 하나님이 원하시는 일을 해냈다!

하나님은 우리도 용사로 보신다. 우리 스스로 생각하기엔 그렇지 않아도 우리에 대한 하나님의 이미지는 조금도 변하지 않는다. 하나님은 언제나 성경에서 말씀하신 그대로 우리를 바라보신다. 때로 우리는 스스로 자격이 없고 결단성도 없으며 약한 존재라고 생각한다. 나 한 몸 챙기기도 바쁜 하찮은 존재라고 자기를 비하한다. 그러나 누가 뭐래도 우리는 하나님 앞에서 뛰어난 용사다!

▌ 자아상을 바꾸라

누구나 자아상을 바꿀 수 있다. 그 방법은 이렇다. 먼저, 하나님의 의견에 동의하라. 하나님이 우리를 강하고 용감한 사람으로, 큰 영광과 용기가 있는 남녀로 보신다는 사실을 명심하라. 하나님은 우리를 왕보다도 큰 자로 여기신다. 이런 하나님의 시각으로 자신을 바라보라. 변명 따위는 이제 그만하고 믿음으로 나아가 하나님이 명령하신 일을 행하라.

혹시 약점만 보거나 자신감이 없어서 온전한 삶을 나중으로 미루고 있지는 않은가? 직장에서 리더 자리를 받아들일 수 없다고, 교회에서 리더로서 사역할 수 없다고 변명하고 있지는 않은가? 지역사회에서 봉사할 수 없다고, 곤궁에 빠진 친구를 도울 수 없다고 말하고 있지는 않은가? 명심하라. 하나님은 기드온에게 자격이 없다고 말씀하시지도 않았지만 기드온이 책임을 회피하도록 놔두지도 않으셨다. 우리는 스스로 부족하다고 생각하여 하나님이 큰 능력을 잠시나마 보지 못할 수 있다. 그런데도 하나님은 우리를 사용하고 계신다. 하나님이 완벽한 사람만 사용하려 하신다면 누가 감히 하나님 앞에 설 수 있겠는가?

약점을 보지 말고 하나님만 바라보라.

하나님은 나나 당신처럼 약점투성이인 보통 사람을 사용하여 놀라

2부_ 나는 건강한 자아상을 일군다 | **73**

운 일을 행하고자 하신다. 사도 바울은 "우리가 약할 때 하나님이 강하시다"라고 말했다. 말씀에 따르면 하나님은 항상 우리를 승리로 이끄신다. 우리를 항상 승리로 이끄시는 것이 하나님의 뜻이다. 하나님은 우리에게서 승리한 삶을 기대하신다. "나는 보잘것없어"라는 태도와 "나는 티끌처럼 약한 벌레에 불과해"라는 마음 자세에 머무는 사람을 하나님은 기뻐하시지 않는다. 이런 사람은 하나님과 성경의 사상과 정반대로 자아상을 만들어 가고 있는 것이다.

부정적인 시각과 낮은 자존감을 주입시켜 우리에게서 하나님의 큰 은혜를 빼앗으려는 사람들과 어울리거나 그들의 태도에 물들지 않도록 조심하라. 하나님의 초자연적인 도우심으로 결국 모세는 히브리 백성 2백만 명 이상을 애굽의 노예 상태에서 구해냈다. 그 후 히브리 백성은 광야를 넘어 젖과 꿀이 흐르는 가나안 땅의 국경에 도착했다. 그렇게 그들은 약속의 땅, 즉 하나님이 마련해 주신 '유토피아'를 눈앞에 바라보며 장막을 쳤다. 하나님은 이미 그의 백성에게 엄청난 부와 장밋빛 미래를 약속하셨다. 문제는 단 하나뿐이었다. 그 유토피아에 사람이 살고 있다는 것이었다.

힘든 싸움이 되리라 예상한 모세는 전투에 앞서 적을 알고 지형을 파악하기 위해 12명의 정탐꾼을 가나안 땅으로 보냈다. 6주 후에 정탐꾼들이 정보를 입수하여 돌아왔다.

일단 그들 모두의 입에서 반가운 소식이 나왔다.

"우리가 듣던 대로 정말 훌륭한 땅입니다."

그러자 온 무리가 입을 모아 대답했다. "아멘!"

정탐꾼들의 말이 계속 이어졌다. "정말 젖과 꿀이 흐르는 땅입니다. 이 포도송이와 석류를 보십시오. 우리가 본 과일 중에서 가장 크고 맛이 좋습니다. 그뿐입니까? 여기 꿀도 맛보세요. 맛이 기가 막힙니다."

이번에도 모두 입을 모아 기뻐했다. "아멘!"

그런데 마지막 소식이 영 떨떠름했다. "하지만 그 땅에는 거인들이 있더군요. 그들에 비하면 우리는 메뚜기 떼에 지나지 않습니다."

모든 사람의 입에서 탄성이 흘러나왔다. "오, 저런!"

계속해서 정탐꾼 열 명이. "젖과 꿀이 흐르는 땅이지만 우리에겐 그림의 떡일 뿐입니다. 우리는 그런 거인들을 물리칠 수는 없어요. 너무 크고 강하다고요. 스스로 보기에도 우리는 메뚜기에 불과했습니다." 여기에서 "스스로 보기에도"에 주목하자. 그들 앞에 놓인 적과 장애물에 비해 그들의 자아상은 너무나 작고 초라했다. 그들은 적이 몰려오기도 전에 스스로 무력하게 쓰러지는 불쌍한 메뚜기 떼와 똑같았다.

이 열 명이 부정적인 보고를 한 이유는 겉으로 보이는 상황에만 초점을 맞췄기 때문이다. 이래서는 전쟁이 시작되기도 전에 이미 패한 셈이었다. 하지만 나머지 두 정탐꾼, 여호수아와 갈렙의 보고는 완전히 달랐다. 분명히 정탐하고 온 땅은 똑같았는데 여호수아와 갈렙은 마치 다른 땅을 다녀온 것처럼 말했다.

"모세, 우리는 충분히 그 땅을 차지할 수 있습니다. 물론 거기에 무시무시한 거인들이 사는 것은 사실입니다. 하지만 하나님은 그들보다 훨씬 크십니다. 하나님이 계시기에 우리는 할 수 있습니다. 어서 가서 그 땅을 차지합시다."

이 얼마나 위대한 믿음인가? 우리는 여호수아와 갈렙 같은 사람이 되어야 한다. 우리도 할 수 있다. 우리가 강해서가 아니라 우리 하나님이 지극히 강하시기 때문이다. 아무리 큰 고난과 시련이 닥쳐와도 우리에겐 하나님이 계시니 그것들을 극복하고도 남을 자신감과 능력이 있다.

여호수아와 갈렙이 현실을 파악 못하는 바보였을까? 그렇지 않다. 그들은 다른 정탐꾼들과 마찬가지로 사실은 사실로 인정했다. 그러나 그 사실을 바라보는 태도는 완전히 달랐다. 하나님을 신뢰하는 그들은 강력한 자아상이 있었기에 자신들을 짓밟히기 직전의 메뚜기로 보지 않았다. 남들이 뭐라 해도 그들은 스스로 보기에 하나님의 인도하심과 능력을 입은 하나님의 사람이었다. 그래서 의심에 빠진 자들과 똑같은 곳을 다녀왔음에도 완전히 다른 결론을 내렸다.

하나님은 흔하디 흔한 '메뚜기'를 사용하지 않으신다. 하나님은 그분의 명령을 실천할 '능력'과 자세를 갖춘 적극적인 사람을 원하신다.

불행히도 애굽에서 나온 그 많던 사람 중에서 오직 여호수아와 갈렙만 하나님이 예비하신 땅에 들어갔다. (모세와 아론을 제외한) 나머지는 하나님의 분노를 샀다. 하나님의 명예를 실추시킨 그들은 남은 평생을 광야에서 헤매다가 거기서 안타까운 죽음을 맞았다. 믿음과 자존감의 부족이 하나님이 예비하신 풍성한 미래를 그들에게서 빼앗아간 것이다.

하나님은 이미 히브리 백성에게 승리를 약속하셨다. 그런데도 연약한 자아상 때문에 그들은 약속의 땅을 밟지 못하고 죽음을 맞았다. 그들이 약속을 성취하지 못한 것은 순전히 그들의 시각 때문이었다.

우리는 우리 자신을 어떻게 보는가? 성공한 사람으로, 건강하고 활기차고 행복한 사람으로 보는가? 하나님을 위해 쓰임을 받는 사람으로 생각하는가? 스스로 하나님이 원하는 일을 행할 '충분한 능력'이 있는 사람으로 여기는가? 하나님과 그 크신 능력 안에서 스스로 강하다고 확신하는가? 아니면 자신을 하찮은 '메뚜기'로 보는가?

우리는 부정적인 생각을 던져 버리고 하나님과 마찬가지로 우리 자신을 승자이자 불굴의 용사로 바라봐야 한다. 하나님은 우리를 '충분한 능력'의 소유자로 보신다. 상황을 좋은 방향으로 되돌리고 싶다면 먼저 '믿음의 눈'으로 새로운 미래를 꿈꾸어야 한다. 스스로를 행복하고 성공한 사람으로 보는 시각이야말로 인생의 거친 파도를 헤쳐 나가기 위한 열쇠다.

하나님과 마찬가지로 자신을 승자이자 불굴의 용사로 바라보라.

우리는 목표 없이 아무렇게나 인생을 떠도는 무의미한 존재가 아니다. 하나님은 우리 삶에 대해 특별한 목적을 가지고 계신다. 불행과 낙심, 외로움, 병마, 패배 속에서 허덕이라고 하나님이 우리를 창조하신 게 아니다. 인생의 고난에 이리 치이고 저리 치여서 자신도 모르게 패배에 익숙해진 사람도 있을 것이다. 잘못된 생각에 빠져 하나님이 원하시는 것보다 훨씬 못한 삶을 당연하게 받아들여온 사람도 있다. 하나님이 원하시던 자아상은 이내 일그러진 지 오래다. 환경이라는 거울에 비친 자신의 모습, 그러니까 부모님이나 친구의 상처 주는 말과 행동, 의견을 통해 자신의 모습을 바라보니 기괴하게 일그러져 있다. 나쁜 쪽으로 왜곡된 자아상을 품고 살아왔다. 이런 그릇된 이미지를 받아들일 때 낙심과 가난, 아니 그보다 훨씬 무서운 파괴의 힘이 우리를 파멸로 이끈다. 정신 똑바로 차리지 않으면 그런 깨진 거울에 보이는 우리의 모습이 정말로 현실이 되어 버린다. 그러면 하나님의 복과 승리는 우리랑 상관없는 일이 되어 버린다. 죽을 때까지 인생의 쳇바퀴 속에서 맴도는 신세로 전락하고 마는 것이다.

마음을 잘 다스리고 생각을 통제하여 하나님의 선하심 속에 거하라. 항상 작은 생각과 믿음과 기대를 품는 한 우리에게 돌아오는 것은 작은 복뿐이다. 열 명의 정탐꾼처럼 눈에 보이는 약점과 실패와 불가능만 생각하면 결국 '메뚜기 정신'이 우리 속에 뿌리 내릴 것이다.

언젠가 한 젊은이가 내게 이렇게 말했다. "목사님, 우리 부모님은 가난하셨고 조부모님은 그보다 더 가난했어요. 원래 집안이 이 모양인데 저라고 크게 달라지겠어요?"

이것이 메뚜기 정신이다.

나는 그 젊은이에게 그런 정신에서 벗어나라고 격려했다. "그렇지 않아요. 먼저 가난한 정신을 깨버리고 부정적인 자아상을 바꿔야 합니다. 과거가 당신의 운명을 결정하거나 당신의 자아상을 망치도록 내버려두지 마세요. 하나님이 보시는 대로 자신을 보십시오. 하나님이 예비하신 놀라운 일을 경험하는 자신의 모습을 상상하십시오."

우리 아버지는 가난하기 짝이 없는 집안에서 자라셨다. 그러나 17세 때 아버지는 하나님을 마음에 영접했고 수년 후에 아버지는 내게 이런 말씀을 하셨다. "맹세하건대, 지금부터 우리 아이들과 가족이 나처럼 가난과 부족함 속에 살도록 내버려두지 않겠다." 그리고는 자신을 새로운 시각으로 바라보기 시작하셨다. 배움은커녕 희망도 미래도 없는 가난한 농부의 자식이 아니라, 지극히 높으신 하나님의 자녀라는 자부심을 품으셨다. 그리고 성경 속에서 자신을 향한 하나님의 말씀을 찾기 시작하셨다.

성경에 나타난 하나님은 우리 아버지를 향한 크고 놀라운 계획을 갖고 계셨다. 시간이 흐를수록 아버지는 하나님의 자녀가 어떤 존재인지, 그에게 어떤 권리가 있는지 점점 더 깊이 알아 가셨다. 그리고 하나님의 눈으로 자신을 바라보는 순간, 놀라운 성장을 주시는 하나님이 눈에 들어왔다. 이런 믿음을 마음에 간직한 아버지는 현재의 절망을 딛고, 우리 가문을 옭아매던 가난의 저주를 끊으셨다. 이 모든 일은 아버지가 하나님의 시각을 받아들인 순간부터 시작되었다. 예배 시간마다 성경책을 들고 말씀하시는 아버지를 보면 언제나 놀라운 믿음이 엿보였다. "이것은 내 성경입니다. 나는 이 성경에서 말씀하시는 그런 사람입니다. 성경에서 말씀하시는 복이 바로 제게 있습니다."

하나님이 얼마나 큰 복을 주시려는지 제대로 알면 놀라지 않을 사람이 없다. 하나님은 우리 삶 속에서도 놀라운 일을 이루고자 하신다. 하나님은 우리 안에 엄청난 잠재력과 재능을 숨겨 놓으셨다. 하지만 하나님의 시각으로 자신을 보고 믿음으로 나아가며 하나님이 주신 꿈과 소망에 따라 행동하는 사람, 다시 말해 하나님의 쓰임을 받을 준비가 된 사람만이 그 잠재력을 분출할 수 있다.

어떤가? 마구 열정이 솟지 않는가? 이제 하나님의 눈을 통해 자신이 보이기 시작하는가? 메뚜기 정신이 이제 지긋지긋한가? 물론 우리 앞에는 언제라도 커다란 장애물이 나타날 수 있다. 그러나 하나님은 그 어떤 장애물보다도 큰 분이시다. 그러므로 '할 수 있다'는 마음을 품으라. 하나님은 우리를 용사로 창조하셨다. 그런 믿음으로 자신을 바라보고 그 믿음을 끊임없이 성장시키라. 하나님은 우리를 위해 차고 넘치는 복을 예비해 놓으셨다!

8_ 자신의 가치를 제대로 알라

돈은 구겨져도 돈이다. 내가 실수하고 넘어져도
하나님은 내 가치를 변함없이 인정하신다

언젠가 아버지는 친구 제시 아저씨와 함께 고등학교 미식축구 경기를 관람하셨다. 제시 아저씨의 아들 제프는 수비였기 때문에 공을 잡는 일이 거의 없었다. 그런데 한 번은 제프 앞에 볼이 떨어졌다. 제프는 잽싸게 달려가 볼을 잡았는데 그 다음이 문제였다. 왼쪽과 오른쪽으로 반 발짝씩 발을 움직이면서 사방을 둘러보며 틈을 찾았지만 도무지 공간이 없었다. 급기야 우물쭈물하는 그에게 상대편 선수가 열 명쯤 달려들더니 제프를 깔아뭉갰다. 제프는 공을 들고 한 발짝도 나아가지 못했다.

오랫동안 어색한 시간이 흐르는 가운데 아버지는 조용히 앉아 경기장을 지켜보았다. 결국 심판이 나서서 제프를 올라타고 있는 선수들을 끌어내렸다. 아버지는 제시가 안쓰러워 견딜 수 없었다. 뭔가 위로의 말을 하긴 해야겠는데 워낙 제프의 경기 내용이 엉망이라 마땅한 말이 떠오르지 않았다. 그때 제시가 갑자기 아버지의 어깨를 툭 쳤다. 제프가 발을 딛고 일어서는 모습을 바라보며 고개를 끄덕이는 제시의 얼굴에는 함박웃음이 피어 있었다. "존, 제프가 두 걸음 디딘 것을 봤나?" 다른 사람들이 자기 아들을 넘어뜨렸다는 사실보다는 아들의 두 걸음을 보고 기뻐하는 사람은 오직 아버지밖에 없을 것이다!

하나님은 우리의 두 걸음을 보신다

하늘에 계신 아버지도 우리를 이렇게 보신다. 우리가 쓰러 넘어지는 순간이나 실수하는 순간은 보지 않으신다. 우리의 두 걸음을 보시고 우리가 잘한 일을 보신다. 최고의 순간을 기대하시는 것이다. 우리는 자주 실수한다. 해서는 안 될 행동도 한다. 이때는 하나님과 우리가 상처를 준 사람에게 용서를 구해야 하지만, 언제까지 자책하며 죄책감 속에 빠져 있어서는 곤란하다. 우리는 항상 앞으로 나아가며 자신감 있게 고개를 들고 살아야 한다. 우리는 '완성되어 가는 작품'이기 때문이다. 하나님은 우리가 잘한 일 두 가지를 보신다.

하나님의 방식으로 자신을 보려면, 어떤 실수를 하든지 자신의 내재 가치(intrinsic value)를 제대로 알아야 한다. 자신의 내재 가치를 판단할 때는 자신이 얼마나 많은 성과를 거두었는지, 남이 나를 어떻게 대하는지, 내가 얼마나 인기가 있고 성공했는지를 기준으로 삼지 말아야 한다. 오직 우리가 지극히 높으신 하나님의 아들이라는 사실에 근거하여 자신의 가치를 평가해야 한다. 하나님의 유일무이한 창조물인 우리는 다른 누구도 줄 수 없는 것을 세상에 줄 수 있다.

2부_ 나는 건강한 자아상을 일군다 **81**

하나님이 창조하신 그대로 자신을 받아들이고 기뻐하는 일이 중요하다. 삶을 제대로 누리고 싶다면 현재 자신의 모습이 맘에 들어야 한다. 그런데도 자신에게 지나치게 엄격한 나머지 온갖 죄의식에 사로잡혀 있는 사람이 많다. 이들은 당연히 행복을 모르며 마음에 불만으로 가득 차 있다. 자기 자신을 사랑할 줄 모른다. 자신을 사랑할 줄 모르는 사람은 남도 사랑하지 못한다. 그러므로 남을 사랑하기 위한 출발점은 하나님이 창조하신 그대로 자신을 사랑하는 것이다.

하나님이 창조하신 그대로 자신을 사랑하라.

이 세상에 완벽한 사람은 없다. 누구에게나 흠이 있다. 진정한 자유를 얻으려면 많은 '흠'에도 불구하고 자신을 존중할 줄 알아야 한다.

항상 자신을 비하하는 사람이 있다. "나는 너무 느려. 나쁜 이 습관을 왜 버리지 못하는지, 나는 정말 한심해. 나는 매력이 없어."

자신에게 심하게 굴지 말라! 물론 누구나 자기 인생에 마음에 들지 않는 구석이 있기 마련이다. 고쳐야 할 나쁜 습관도 있을 것이다. 하지만 명심할 것은 하나님은 아직 우리를 완성하지 않으셨다는 사실이다. 하나님은 아직 우리를 바꾸시는 과정에 있다.

포기하고 싶은 유혹이 들 때마다 우리의 미래가 점점 빛나간다는 하나님의 말씀을 되새기라. 갈 길이 너무 많이 남아서 포기하고 싶을 때는 지금까지 얼마나 많은 길을 걸어왔는지 돌아보라. 우리의 뜻대로 되지 않을 때조차 과거보다 얼마나 발전했는지 생각하며 하나님께 감사하라.

하나님이 보시는 우리의 가치는 절대 변하지 않는다. 우리가 잘못을 저지르는 순간 하나님이 커다란 붓을 꺼내 생명책에서 우리의 이름을 지우시고 "저 놈은 어쩔 수 없군. 내 일에 쓰기엔 적합하지 않은

놈이야"라고 말씀하실까? 천만에! 하나님은 용서의 하나님이시며 두 번째 기회를 주는 분이시다. 우리가 아무리 많이 실망을 시켜드려도 하나님이 보시는 우리의 가치는 항상 처음과 똑같다.

내가 당신에게 빳빳한 새 지폐를 주면 받겠는가? 싫다는 사람은 별로 없을 것이다. 내가 그 지폐를 구겨서 아주 지저분하게 만들었다고 하자. 이런 지폐라도 받을 생각이 있는가? 당연하다.

내가 그 지폐를 주차장으로 가져가 땅바닥에 던지고 그림을 거의 알아볼 수 없을 정도로 짓밟았어도 받겠는가? 얼핏 봐서는 이게 돈인지 분간할 수 없을 지경이 되었는데도 여전히 받을 생각이 있는가?

물론이다. 왜일까? 아무리 지저분하게 만들었어도 여전히 가치가 있기 때문이다. 지폐는 여전히 그 가치가 있다. 아무리 낡아도 아무리 모양이 흉해졌어도 돈의 내재 가치는 사라지지 않는다.

하나님은 우리 각자를 이 돈처럼 보신다. 우리는 누구나 난관에 부딪히고 시련을 겪는다. 때로는 구겨지고 더러워진 지폐 같은 심정이 들기도 한다. 하지만 지폐가 여전히 가치 있듯이, 우리도 여전히 소중한 존재다. 우주의 창조주가 우리에게 가치를 주셨으니 어느 누구도 우리에게서 그것을 앗아갈 수 없다.

다른 사람이나 조직이나 환경 때문에 우리의 가치를 평가절하하지 말라. 누군가에게 학대받고 이용당한 쓰디쓴 아픔이 있는가? 좋은 친구가 아무런 이유 없이 등을 돌리는 바람에 외톨이가 된 기분인가? 어렸을 적에 학대당한 후 죄책감과 수치 속에 살아왔는가? 과거의 일어난 모든 나쁜 일이 자신의 잘못 때문인 것 같은가? 그래서 스스로 상심과 고통, 죄책감, 자기비하 속에 살아 마땅한 사람이라 여기는가?

모두 헛되고 잘못된 생각이다.

하나님은 우리의 가치를 잘 아신다

어릴 적에 큰 학대를 당한 스티브란 젊은이와 이야기한 적이 있다. 스티브의 부모는 절대 성공할 수 없다는 식으로 항상 그의 기를 꺾어 놓았다. 날이면 날마다 파괴적인 말이 스티브의 생각과 잠재의식을 파고들면서 자아상과 자기가치는 점점 파괴되었다. 나중에 스티브에게 들어보니, 문제의 원인은 부모가 딸을 원했던 것이었다. 스티브가 태어나자 부모는 딸이 아니라서 크게 실망했고, 결국 그는 17년이 지나도록 엄청난 죄책감과 수치 속에서 살게 되었다. 무엇에 대한 죄책감이었을까? 스티브는 자신이 태어났다는 사실 자체가 너무나 죄스러웠다. 가족이 불화하고 부모가 행복하지 못한 것이 모두 자기 탓만 같았다. 그래서 심각한 비행도 많이 저질렀다.

나는 그런 스티브에게 용기를 심어 주고 싶었다. "스티브, 다른 사람의 대우 때문에 자네의 자존감과 자기가치를 내던지지 말게. 이 세상의 모든 사람이 자네를 버려도 하나님만은 자네를 받아주신다고 성경에서 말하고 있지 않은가?"

순간 스티브의 눈에서 희망의 불꽃이 스치고 지나갔다. 나는 계속해서 그에게 용기를 주었다. "'내 부모는 나를 버렸으나 여호와는 나를 영접하시리이다.' 이 말씀은 내가 좋아하는 시편 27편 10절이라네. 하나님은 너를 절대 버리시지 않아. 언제나 널 영접해 주신단다. 그러니 다른 사람이 자네를 버려도 너는 자신을 버려서는 안 돼." 스티브가 내 말을 이해하기까지는 시간이 걸렸지만, 현재 그는 행복하고 생산적인 삶을 향해 한 걸음씩 나아가고 있다.

틈만 나면 우리를 깔아뭉개고 비난하며 단점만 지적하는 사람과 함께 살거나 일하고 있어 가슴이 답답한가? 그런 허튼소리는 한 귀로 들고 한 귀로 흘려보내라. 우리가 전능하신 하나님의 형상을 따라 지음을 받았다는 사실을 항상 되새기라. 하나님이 우리에게 영화와 존귀로 관을 씌우셨으며 우리는 하나님의 걸작품임을 잊지 말라. 우리의 가치가 떨어졌다고 속이는 말에 마음의 틈을 조금도 내주지 말라.

희망은 언제나 우리 곁에 있다! 하나님은 우리에게 자기가치를 회복하라고 말씀하신다. 다윗은 "나를 기가 막힐 웅덩이와 수렁에서 끌어 올리시고 내 발을 반석 위에 두시고 새 노래를 내 입에 두셨도다"라고 기록했다. 하나님은 우리 마음에 새로운 희망의 노래를 두고자 하신다. 우리가 상상하는 것보다 훨씬 많이 우리를 사랑하시며 우리의 무너진 꿈을 아름다운 꿈으로 바꿔 주신다.

최근 *The Tale of Three Trees*(세 나무 이야기)라는 멋진 책을 읽었다. 올리브나무와 떡갈나무, 소나무의 원대한 꿈을 이야기하고 있는 동화다. 이들 나무는 각자 특별한 존재가 되겠다는 큰 꿈을 품고 있었다. 올리브나무는 정교하고 화려한 보석 상자가 되어 그 안에 온갖 보물을 담는 꿈을 꾸었다. 어느 날 나무꾼이 숲의 수많은 나무 중에서 그 올리브나무를 선택하여 베었다. 올리브나무는 아름다운 보석 상자가 될 기대에 부풀었지만, 더럽고 냄새나는 짐승의 먹이를 담는 구유가 되었다. 가슴이 무너져 내리고 꿈이 산산조각 났다. 자신은 가치가 없고 천한 존재라는 느낌이 들었다.

떡갈나무도 위대한 왕을 싣고 바다를 건널 거대한 배의 일부가 되겠다는 꿈에 부풀어 있었다. 그래서 나무꾼이 자신을 베었을 때 흥분을 감추지 못했다. 그러나 시간이 갈수록 나무꾼이 자신으로 조그만 낚싯배를 만들고 있음을 알았다. 떡갈나무는 슬픔의 눈물을 흘렸다.

높은 산의 꼭대기에 사는 소나무의 유일한 꿈은 언제까지나 높은 곳에 버티고 서서 사람들에게 하나님의 위대한 창조 섭리를 일깨워 주는 것이었다. 그런데 순식간에 번개가 치더니 소나무를 쓰러뜨리면서 그 꿈을 빼앗아 버렸다. 얼마 후에 나무꾼이 쓰러진 소나무를 가져다가 쓰레기 더미에 던져 버렸다.

세 나무는 모두 자신의 가치를 상실했다는 생각에 크게 실망했다. 세 나무의 꿈은 모두 사라졌다. 하지만 하나님은 다른 계획을 갖고 계셨다. 오랜 세월이 흘러 마리아와 요셉이 아이를 낳을 곳을 찾지 못해 헤매고 있었다. 그들은 마침내 마구간을 발견했고, 아기 예수가 태어나자 구유에 누였다. 이 구유는 바로 그 올리브나무로 만든 것이었다. 올리브나무는 귀중한 보석을 담고 싶었으나 하나님은 더 좋은 계획을 갖고 계셨다. 올리브나무는 이 세상에서 가장 귀한 보물인 하나님의 아들을 담게 되었다.

시간이 흐를수록 예수님은 키와 지혜가 자라가셨다. 어느 날 예수님은 호수 건너편으로 건너가기 위해 크고 멋진 배가 아닌, 작고 초라한 낚싯배를 선택하셨다. 이 낚싯배는 그 떡갈나무로 만든 것이었다. 떡갈나무는 위대한 왕을 태우고 바다를 건너고 싶었으나 하나님은 더 좋은 계획이 있으셨다. 이제 떡갈나무는 만왕의 왕을 태우게 되었다.

또 몇 년이 흘렀다. 몇몇 로마 병사들이 그 소나무가 버려진 쓰레기 더미에서 뭔가를 부지런히 찾고 있었다. 이에 소나무는 곧 땔감 신세가 되겠거니 생각했다. 하지만 놀랍게도 병사들은 소나무를 작은 두 조각으로 쪼개 십자가를 만들었다. 그리하여 그 소나무에 예수님이 매달리시게 되었다. 이 소나무는 오늘날까지도 사람들에게 하나님의 사랑과 연민을 보여 주고 있다.

이 이야기의 핵심은 이렇다. 세 나무는 모두 자신의 가치를 상실했다고, 여기서 다 끝났다고 생각했다. 그러나 결국 이 나무들은 이 세상에서 가장 놀라운 이야기의 중요한 부분이 되었다.

하나님은 우리의 가치와 잠재력을 아신다. 우리는 지금 일어나고 있는 일을 다 알지 못한다. 하지만 하나님이 우리 삶을 다스리시고 위대한 계획과 목적을 가지고 계시니 고개를 높이 들라. 우리가 원하는 그대로 인생이 펼쳐지지 않더라도 성경은 하나님의 방법이 우리의 방법보다 훨씬 더 좋고 뛰어나다고 말한다. 심지어 다른 모든 사람이 우리를 거부해도 하나님이 우리 앞에서 그 전능하신 팔을 넓게 펴고 계심을 명심하라. 하나님은 언제나 우리를 영접하시고 우리의 가치를 인정해 주신다. 하나님의 눈에는 항상 우리의 두 걸음이 보이신다! 우리는 하나님의 소중한 자녀다.

우리가 어떤 삶을 살았든지, 얼마나 많은 실망을 경험했든지, 하나님이 보시기에 우리의 가치는 항상 처음과 똑같다. 하나님이 보시기에 언제나 우리는 눈에 넣어도 아프지 않을 만큼 귀한 존재다. 하나님이 우리를 절대 포기하지 않으시니 스스로 포기하지 말라.

9_ 믿음대로 될지어다

우리 인생에 기적을 일으키는 원동력은
남의 믿음이 아닌 자신의 믿음이다

우리의 생각과 기대는 우리의 삶에 막대한 영향력을 발휘한다. 우리의 인생이 꼭 노력한 대로 이루는 것은 아니나 우리가 기대한 것 이상으로 얻기 어렵다는 사실만큼은 틀림이 없다. 그런데 불행히도 이 원칙은 긍정적인 측면보다 부정적인 측면에서 더 강하게 작용한다.

▎우리는 믿는 대로 얻는다

몸집이 크고 힘이 센 닉은 조차장(철도에서 객차나 화차를 연결·분리하며 조절하는 곳)에서 오랫동안 일했다. 그는 항상 정시에 출근하고 믿을 만하며 열심히 일하는 데다 동료 관계까지 좋아서 나무랄 데 없는 직원이었다.

그런데 그에게는 큰 문제점이 하나 있었다. 항상 부정적인 태도에 빠져 있다는 것이었다. 그는 매우 비관적인 사람이었다. 언제나 최악의 상황을 상상하면서 두려워했고 언제 불행이 닥쳐올지 모른다며 안절부절못했다.

어느 여름날 저녁, 한 직원의 생일을 축하하기 위해 퇴근 시간을 한 시간 앞당겼다. 시간이 되어 모든 승무원이 파티 준비를 위해 집으로 갔지만 닉은 보수를 위해 조차장으로 들어온 냉동 열차 안에 사고로 갇히게 되었다. 이 냉동 열차는 비어 있었고 다른 열차에 연결되어 있지 않았다.

자신이 냉동열차 안에 갇혔다고 깨달은 순간 닉은 공포에 사로잡혔다. 그는 팔과 주먹에 피멍이 들 정도로 문을 두드리고 소리를 질렀지만 동료들은 이미 모두 퇴근한 후였다. 그 사실을 아는지 모르는지 닉은 목이 쉴 때까지 외치고 또 외쳤다.

그러다가 문득 자신이 냉동 열차 안에 있다는 사실을 기억했다. 그렇다면 안의 온도는 영하 30℃ 정도, 아니면 그보다 더 낮을 것이 분명했다. '도대체 어떻게 해야 하지? 여기서 나가지 못하면 분명 얼어 죽고 말 거야. 이 추운 곳에서 밤새 견딜 수는 없어.' 생각하면 할수록 점점 더 추워졌다. 문이 꽉 닫혀 숨쉬기가 곤란하고 빠져나갈 방법도 없는 상황에서 그는 바닥에 주저앉았다. 그리고 추위 아니면 질식으로 죽음이 찾아오기만 넋 놓고 기다렸다.

그러다가 자신의 상황을 기록해야겠다는 생각이 들었다. 그래서 셔츠 주머니를 뒤졌더니 펜이 한 자루 있었고 구석에 낡은 마분지 한 장이 보였다. 거의 주체할 수 없을 정도로 몸을 떠는 와중에도 그는 긴박한 상황을 적어 내려갔다. "너무 춥다. 몸이 마비된다. 빨리 나가지 않으면 아마도 이것이 내 마지막 글이 될 것이다."

그의 말처럼 그 글은 닉의 마지막 자취가 되었다.

다음날 아침에 출근한 승무원들이 냉동 열차의 문을 열었을 때 닉은 구석에 쪼그린 채 죽어 있었다. 부검 결과 동사였다.

그런데 경찰 조사에 따르면 닉이 갇혀 있던 냉동열차는 전원이 켜 있지 않았다! 사실 냉동열차는 꽤 오랫동안 고장이 나 있었고 닉이 죽을 때 역시 기능이 정지된 상태였다. 따라서 닉이 얼어 죽던 날 밤에 냉동 열차 안의 온도는 보통 실내 온도보다 약간 낮을 뿐이었다. 닉은 냉동 열차가 가동하고 있다고 믿은 나머지 추위를 느끼고 몸이 얼어붙었다. 스스로 죽음을 기대한 것이다. 닉은 생존 가능성이 없다고 확신했다. 오직 최악의 상황만 그의 눈에 들어왔다. 이젠 꼼짝없이 죽었다고 생각하는 순간, 즉 마음속 전투에서 패한 순간 현실의 몸도 서서히 죽어가기 시작했다.

닉이 두려워했던 일은 현실에서 그대로 나타났다. "인생은 스스로 이루어지는 예언"이라는 옛말이 그에게 그대로 적용되었다. 우리 인생도 마찬가지다. 요즘에도 닉처럼 늘 최악의 상황과 패배, 실패, 그저 그런 삶을 기대하는 사람이 많다. 대개 이들은 기대한 만큼 거두며 믿는 대로 된다.

▌밝은 미래를 믿으라

누구나 밝은 미래를 믿을 수 있다. 건전한 자아상만 있으면 지금보다 더 멋진 미래를 믿고 인생의 모든 영역에서 점점 자라나는 자신을 상상할 수 있다. 인생의 풍랑을 만나도 영원히 바다가 잠잠해지지 않으리라 기대할 필요는 없다. 풍랑이 걷히고 밝은 해가 뜰 것을 기대하라. 하나님이 초자연적인 능력으로 풍랑을 잠잠케 하시리라. 사업이 주춤해도 파산을 기대하고 실패를 준비하지 말라. 고객을 보내달라고 하나님께 기도하고 기대하는 사람이야말로 진정한 하나님의 자녀다.

쉽게 포기하는 사람은 닉과 똑같은 어리석음을 범하고 있는 것이다. 우리가 무너지는 근본 원인은 자신의 잘못된 생각이므로 생각의 전환이 매우 중요하다. 이제부터는 실패를 기대하지 말고 성공을 믿고 기대하는 게 어떨까?

시련의 순간이야말로 자아상이 진가를 발휘하는 때다. 우리는 마음에 품고 있는 자아상 이상으로 성장할 수 없으므로 언제나 하나님의 눈으로 우리 자신을 봐야 한다. 불행하고 약하고 초라한 사람으로 자신을 생각하는 사람은 자신도 모르게 그런 인생을 만들어 나간다. 밝은 미래로 나아가려면 먼저 시각을 바꿔야 한다. 의심이 아니라 믿음을 품어야 한다.

분명 하나님이 도움을 주시지만 우리가 그 도움을 받아들이기로 선택해야 한다는 점을 명심하라. 인생의 부정적 측면만 보기로 선택하면, 할 수 없는 일과 부족한 면만 바라보기로 선택하는 것은 실패를 선택하는 것이다. 적과 공모하여 성문을 열어 주고 파괴적 생각과 말, 행동, 태도를 삶의 주인으로 끌어들이는 것이다.

반대로, 하나님의 시각을 받아들여 가능성에 초점을 맞출 때 하나님은 그 믿음을 보시고 우리 인생에서 놀라운 역사를 행하신다. 믿음만 있으면 얼마든지 장애물을 극복하고 날마다 더 큰 승리를 맛볼 수 있다. 모든 것이 우리의 시각에 달려 있다. 우리는 문제점만 바라보고 있는가, 아니면 도와주시는 하나님께 시선을 고정하고 있는가?

2부_ 나는 건강한 자아상을 일군다 | **91**

신약 성경에 두 소경에 관한 기록이 있다. 예수님의 소식을 들은 두 소경의 마음에 믿음이 자라나기 시작했다. '하나님이 우리를 고쳐 주실 거야. 우리에게도 더 나은 미래에 대한 소망이 있다고.' 희망을 품은 두 소경은 외치기 시작했다.

"다윗의 자손 예수여, 우리를 불쌍히 여기서서 고쳐 주세요!"

예수님은 이들의 외침을 듣고 걸음을 멈추셨다. 그리고 이들에게 매우 흥미로운 질문을 던지셨다. "내가 능히 이 일 할 줄을 믿느냐?" (마 9:28). 예수님은 그들이 원하는 것을 아셨으나 그들에게 진정한 믿음이 있는지 확인하고자 하셨다. 다행히도 두 소경은 바위처럼 단단한 믿음으로 대답했다. "주님, 그렇습니다. 주님이 저희를 고쳐 주시리라 조금의 의심도 없이 확신합니다. 주님께는 능력이 있습니다. 저희는 주님을 믿고 신뢰합니다."

"예수께서 저희 눈을 만지시며 가라사대 너희 믿음대로 되라 하신대 그 눈들이 밝아진지라"(마 9:29-30). 두 소경은 하나님이 자신들을 위해 특별한 일을 행하시리라 믿었고, 그 믿음대로 받았다!

이 이야기에서 상황을 바꾼 것은 두 소경의 믿음이었다. 믿은 대로 그들은 고침을 받았다. 남이 우리 대신 믿어 줄 수는 없다. 다른 사람이 우리를 위해 기도해 주고 우리가 잘되리라 믿어 주고 우리에게 말씀을 읽어 줄 수는 있지만, 우리 대신 믿음을 발휘해 줄 수는 없다. 다른 누군가가 행복을 주고 격려해 주고 고통에서 구해 주기만 바란다면 우리는 무력감과 절망에서 영원히 벗어날 수 없다. 스스로 믿음의 사람이 되겠다는 결단이 필요하다. 스스로 인생의 주인이 되기로 결단하라. "어떤 시련이 닥쳐와도 나는 하나님을 신뢰할 거야. 내 인생을 긍정적인 눈으로 바라볼 거야." 다른 사람의 뛰어난 믿음이 우리의 믿음을 키우기 위한 자극제는 될 수 있다. 그러나 우리 인생에 기적을 일으키는 원동력은 남의 믿음이 아닌 자신의 믿음이다.

남의 믿음보다는 우리 자신의 믿음이 우리의 인생에 훨씬 커다란 영향을 미친다.

이 얼마나 힘 있는 말씀인가? "너희가 믿는 그대로 되라!" 우리는 무엇을 믿고 있는가? 인생의 장애물을 뛰어넘고 건강과 풍요로움과 승리를 쟁취하리라 믿는가? 그렇다면 믿는 그대로 될 것이다. 요컨대 오늘날의 내 삶은 과거의 내 믿음이 그대로 반영된 결과다. 따라서 오늘 내 믿음이 미래의 내 삶에 그대로 나타날 것이다.

그러므로 어떤 믿음을 가질지 신중하게 판단하라. 언제나 자신의 허점만 보면서 스스로 하나님의 복을 받을 자격이 없는 하찮은 존재라고 자책한다면 아무리 애를 써도 끝없이 암울한 미래만 펼쳐질 뿐이다. 하나님이 보시기에 우리는 용사보다도 큰 존재이며 성공할 가능성 있는 사람이다. 하나님 안에서 우리는 누구보다 강하다. 하나님은 우리를 꼬리가 아닌 머리로, 패배자가 아닌 승리자로 보신다. 이런 하나님의 시각을 우리 시각으로 받아들이기만 하면 우리는 잠재력을 극한까지 발휘할 수 있다. 모든 것이 우리 자신에게 달려 있다.

놀라운 일을 믿으라

당신은 하나님이 행하실 놀라운 일을 믿는가? 하나님은 우리가 겨우 입에 풀칠만 하며 살기를 원하지 않으신다. 음식, 집, 교통비, 청구서를 해결하기 위해 동전 한 닢에 쩔쩔매는 삶은 하나님이 원하시는 삶이 아니다. 과연 우리 자녀가 대학에 갈 수 있을까, 결혼 생활이 곧 끝나는 건 아닐까 하고 전전긍긍하는 태도를 하나님은 기뻐하지 않으신다. 우리가 영원한 고통에 신음하는 것은 하나님의 뜻이 아니다.

하나님은 사랑과 기쁨, 평안, 만족으로 가득한 행복한 삶을 바라신다. 그렇다고 인생이 식은 죽 먹기라는 말은 아니다. 노력을 겸비한 믿음이면 틀림없이 행복이 찾아온다는 뜻이다. 하나님이 이루실 아름다운 부부관계와 성장과 풍요를 믿으라. 믿음대로 될 줄 알고 진정한 믿음의 용사가 되라.

구약 성경에서 하나님은 아브라함에게 이렇게 말씀하셨다. "내가 네게 복을 주리니 너는 복의 근원이 될지라." 하나님은 지금 이 순간 우리에게도 똑같은 말씀을 주신다. 내가 네게 풍요의 복을 주리니 네 상황이 바뀌고 네가 다른 사람에게 복덩이가 될지라.

견디기 힘든 실망감을 경험했는가? 다시 생각하고 싶지도 않은 일을 겪어서 더 이상 좋은 일 따위는 기대하지 않고 살기로 했는가? 꿈이 산산조각이 나는 바람에 되는 대로 인생을 살고 있는가? 다음과 같은 생각으로 죽지 못해 살아가고 있는가? "이 꼴이 된 지 오래되었어. 여기서 더 나아지리라 기대하지도 않아. 기도도 해 보고 믿음도 가져 봤다고. 내가 할 수 있는 일은 모두 해봤어. 하지만 아무 것도 바뀌지 않았어. 아무 소용이 없었다고. 이젠 포기하는 게 좋을 것 같아."

내게 신세 한탄을 털어놓는 사람이 더러 있었다.

"목사님, 더 이상 희망을 품고 싶지 않습니다. 지금까지 제 인생은 온통 상처투성이였어요. 더는 제게 좋은 일이 일어나리라 기대하고 싶지 않아요. 그래야 최소한 실망은 하지 않을 테니까요."

이런 태도는 우리를 향하신 하나님의 바람과는 정반대다. 우리가 아무리 많은 실패를 겪었더라도 하나님은 여전히 우리를 위한 원대한 계획을 갖고 계신다. 우리는 큰 소망을 품어야 한다. 소망이 없으면 믿음도 없다. 믿음이 없으면 하나님을 기쁘시게 할 수 없고 우리 인생에서 펼쳐지는 하나님의 놀라운 능력을 경험할 수 없다. 마음에 희망의 불씨를 꺼뜨리지 말라. 꿈을 포기하지 말라. 좌절과 낙심으로 인해 우리를 향하신 하나님의 말씀을 믿지 않는 어리석음을 범하지 말라.

❖ 고통을 두 배로 갚아 주시리라

복을 받기에 마땅한 태도를 유지하면 하나님은 우리의 모든 좌절과 부서진 꿈, 상처와 고통을 치유해 주신다. 우리를 괴롭히던 고통과 슬픔을 빠짐없이 기억하셨다가 그것보다 두 배나 큰 평화와 기쁨, 행복, 성공으로 갚아 주신다. 하나님을 믿고 하나님께 소망을 두면 과거의 고통보다 훨씬 큰 복이 찾아온다.

하나님은 우리 인생의 후반부가 전반부보다 낫기를 바라신다. 하나님의 능력은 끝이 없으시다. 흘린 물은 주워 담을 수 없다는 말이 있다. 맞는 말이다. 그러나 하나님은 흘린 물까지 주워 담아 포도주로 바꾸실 수 있다. 하나님께는 능치 못할 일이 없다.

하나님은 피곤을 모르시며 중도에 일을 그만두지 않으신다. 약속을 취소하지도 않으신다. 하나님은 우리를 데려가시기 전까지 우리의 인생을 책임져 주신다. 우리가 '작은' 행복이나 '작은' 복을 추구하거나 불완전한 치료에 만족하는 것을 하나님은 좋아하지 않으신다. 하나님은 우리 인생이 항상 기쁨으로 충만하기를 바라신다. 우리가 온전하고 만족하기를 원하시기에 우리에게 큰 소망을 주려 하신다.

그러니 가시밭길이 나타나도, 일이 뜻대로 풀리지 않아도 항상 확신과 기쁨 속에서 살아가라. "네 꿈은 절대 이뤄지지 않아. 행복이란 말은 너랑 어울리지 않아. 넌 영원히 그 모양 그 꼴로 살 거야." 주위의 이런 말 때문에 절망감이 밀려오고 희망의 끈을 놓으려는 유혹이 와도, 마음을 단단히 먹고 우리 안에서 누가 역사하시는지 떠올리라. 바로 하나님이 우리를 위해 상황을 바꾸고 기회의 문을 열고 계신다. 관계를 회복하고 우리를 위해 사람들의 마음을 누그러뜨리시는 하나님을 생각할 때 우리는 절대 포기할 필요가 없다. 하나님은 스스로 시작하신 착한 일을 끝까지 완성해 내신다. 머리로만 따져보면 아무 일도 일어날 것 같지 않다. 하지만 믿음의 눈으로 보면, 눈에 보이지 않는 세계에서 하나님이 우리를 위해 일하고 계신다.

매일 아침 우리에게 유리한 상황이 펼쳐지리라 기대하는 마음으로 눈을 뜨라. 하나님의 선하심과 복을 기대하라. 예수님은 우리가 믿으면 "모든 일이 가능하다"고 말씀하셨다. 아무쪼록 하나님을 진심으로 믿으라. 믿음이 자라서 하나님의 뜻에 동의하라. 그러면 하나님은 당신이 구하거나 생각한 것 이상으로 복을 주실 것이다.

"믿음은 바라는 것들의 실상이요 보지 못하는 것들의 증거니"(히 11:1)라는 말씀을 명심하라. 믿음은 보이지 않는 세계와 관련이 있다. 현실의 눈으로는 아무리 봐도 좋은 일이 보이지 않을 때가 있다. 재정과 건강, 사업, 자녀에 이르기까지 삶의 모든 측면이 벼랑 끝으로 향하고 있다. 온갖 문제가 곪아터지기 직전이어서 회복은 불가능해 보인다. 이런 상황에서도 낙심은 금물이다. 이럴 때일수록 믿음의 눈을 통해 보이지 않는 초자연적인 세계를 봐야 한다. 분명 고난이 기쁨과 평화로 바뀌는 광경이 눈에 들어올 것이다.

세상은 이렇게 말한다. "눈에 보이는 대로 믿어야지, 무슨 소리야?" 하지만 하나님은 세상과 정반대로 말씀하신다. 믿는 대로 보인다. 믿음의 눈으로 보면 전혀 새로운 것이 보이며, 그것은 현실 세계에서 그대로 이루어진다.

하나님은 당신 안에 새로운 일을 행하길 원하신다. 하나님을 우리의 조그만 생각 안에 가두지 말라. 인생에 대해 큰 비전을 품고 더 큰 꿈을 꾸라. 믿음과 기대 속에서 살아가라. 믿는 그대로 될 것이다.

하나님은 아브라함과 그 아내 사라가 백 살이 가까웠는데도 아들을 낳을 것이라 말씀하셨다. 이 소식을 들었을 때 사라는 웃음을 참지 못했다. 어쩌면 이렇게 말했을지도 모른다.

"여보, 절 놀리시는 거죠? 제가 어떻게 아이를 가지겠어요? 저는 너무 늙었다고요. 그런 일은 절대 일어나지 않아요. 게다가 당신을 보라고요. 당신이 지금 한창 때인 줄 아세요?"

사라의 비전은 옳은 비전이 아니었다. 복을 받을 만한 마음 밭이 아니었다. 사라는 아이를 가진 자신의 모습을 상상할 수 없었다. 불가능한 일이었다. 나이는 자꾸 먹어 가는데 여전히 자식은 없었다. 결국 그들은 하나님이 약속을 이루실 수 있도록 '돕기로' 결정했다. 사라가 아브라함에게 자기 하녀 하갈과 동침하라고 부탁한 것이다. 하갈은 아들 이스마엘을 낳았다. 하지만 그것은 하나님의 뜻이 아니었다. 하나님은 사라가 직접 아이를 낳기를 원하셨다.

세월이 유수처럼 흘러가는데도 여전히 아이는 생기지 않았다. 그러나 마침내 사라는 임신을 하게 되었다. 어떤 변화가 일어난 것일까? 일단 하나님의 약속은 조금도 변함이 없었다. 그보다는 사라의 믿음과 시각이 변했을 것이다. 나는 사라가 실제로 아이를 임신하기 전에 아이를 마음에 품자 약속이 이루어졌다고 확신한다.

하나님이 약속의 말씀을 주신 지 거의 20년이 지나서야 아브라함과 사라에게서 이삭이 태어났다. 나는 이삭이 더 빨리 태어나지 못한 주원인, 즉 약속의 실현이 그토록 오래 지연된 이유가 사라의 믿음에 있었다고 생각한다. 사라는 믿음의 눈으로 보지 않았다.

하나님이 우리 삶 속에서 얼마나 많은 위대한 일을 행하실지 생각만 해도 가슴이 벅차온다. 그런데도 우리는 사라와 같을 때가 참으로 많다. 마음으로 품지 못하고 하나님의 뜻에 동의하지 않아서 하나님의 복을 놓치는 경우가 얼마나 많았는가? 하나님은 우리 안에 승리의 씨앗을 끊임없이 뿌리고 계신다. 우리는 단지 이것을 믿으면 된다. 우리가 믿음으로 물을 뿌려야 하나님의 씨앗은 싹을 틔우고 자라난다.

하지만 우리는 사라처럼 하나님의 약속을 지연시키는 경우가 너무 많다. 우리의 작은 생각 때문에 하나님의 은혜가 우리에게 다가오는 데 시간이 걸린다. 마음 상태가 복을 받기에 적합하지 않다. 온통 의심으로 가득 차 있다. 두려운 사실은 우리가 마음을 바꾸지 않으면 자칫 하나님이 예비하신 놀라운 복을 평생 받지 못할 수도 있다.

더는 자신의 좁은 생각 속에 하나님을 가두지 마라. 그보다는 앞으로 이루고 싶은 자신의 이미지를 마음에 품고 계속 간직하라. 믿는 대로 되기 때문이다. 하나님이 음성을 들려주셔도 현실의 눈으로만 보면 때로는 그것이 완전히 불가능해 보이기도 한다. 사라가 자기 몸 상태를 보면서 생각했듯이, 우리도 자기 맘대로 생각하는 함정에 자주 빠진다.

'하나님, 그런 일을 어떻게 이루시겠다는 겁니까? 마약에 빠진 제 아이를 어떻게 치료하시겠다는 겁니까? 제가 회복될 수 있다고요? 제가 사회에서 인정을 받을 수 있다고요? 도무지 믿기지가 않습니다.'

이제부터는 자신의 능력을 보지 말고 하나님의 능력을 보라. 성경은 "무릇 사람이 할 수 없는 것을 하나님은 하실 수 있느니라"고 말씀한다. 하나님이 뿌리신 씨앗이 우리 안에 뿌리를 내리도록 마음 밭을 옥토로 바꾸라.

하나님이 어떤 방법으로 일을 이루실지는 우리가 알 수 없는 영역이다. 그것은 하나님이 하실 일이지 우리 일이 아니다. 우리는 그저 믿고 기대하면서 살기만 하면 된다. 하나님께 모든 것을 맡기고 믿기만 하면 하나님은 알아서 돌보고 해결해 주신다. 하나님은 인간이 할 수 없는 일을 하시고 인간과 다른 방법을 사용하시며 자연의 법칙에 얽매이지 않으신다. 우리가 하나님을 믿고 신뢰하면 하나님의 씨앗은 뿌리를 내리고 자라나며 결국 풍성한 열매를 맺는다. 보이지 않는 세계를 보는 우리를 위해 하나님은 불가능한 일을 가능케 하신다.

하나님의 자녀인 우리의 비전에는 한계가 있을 수 없다. 하늘에 계신 아버지께서 주시는 놀라운 복을 바라보라. 우리가 할 일은 믿고 인생의 큰 비전을 품고 믿음과 기대로 살며 하나님의 눈으로 자신을 보는 것이다. 우리가 우리 몫을 할 때 하나님은 모두가 불가능하다고 생각했던 곳으로 우리를 이끄시고 천국을 경험하게 해 주신다. 믿음대로 될지어다!

10_ 성공하는 마음 자세를 가지라

'비참한 어제의 자리'를 박차고 일어나라
오늘부터는 '하나님의 식탁'에 앉아 하나님의 복을 누리라

하나님의 눈으로 자신을 바라본다는 말에는 번영하는 마음가짐을 가진다는 의미도 포함된다. 우리는 자신을 어떻게 보느냐에 따라 흥하기도 망하기도 한다.

하나님은 번영하는 삶에 필요한 모든 것을 이미 우리에게 주셨다. 가능성과 놀라운 잠재력, 창조적 아이디어, 꿈으로 가득한 '씨앗'을 우리 안에 뿌리셨다. 하지만 좋은 씨앗이 있다고 해서 반드시 좋은 열매를 맺으란 법은 없다. 우리가 씨앗이 잘 자랄 수 있는 환경을 조성해야 한다.

의심의 장막을 걷고 자신의 잠재력을 믿으라. 자신이 지극히 높으신 하나님의 자녀로 위대한 일을 위해 창조되었다는 성경의 말씀을 가슴 깊이 새기라. 하나님은 우리를 뛰어난 존재로 만드시고 능력과 재능과 지혜에다가 하나님의 초자연적인 능력까지 주셨다. 우리는 지금 당장 하나님이 주신 운명을 완성하기에 조금도 손색이 없다.

하나님은 우리를 평범하게 만들지 않으셨다.

성경에 보면 "하나님은 모든 신령한 복으로 우리에게 복 주셨다"라고 기록되어 있다. 잘 보면 이 구절은 과거 시제로 되어 있다. 그러니까 하나님이 이미 복을 주셨다는 말이다. 하나님은 이미 성공에 필요한 모든 것을 우리 안에 넣어 두셨다. 이미 소유한 것을 어떻게 활용하는지는 우리 몫이다.

하나님은 아브라함에게 말씀하셨다. "아브라함아, 내가 너를 만국의 아버지로 만들었다." 아브라함은 하나님 말씀을 믿기로 선택했다. "하나님, 제 생각으론 가능해 보이지 않습니다. 하지만 당신의 말씀을 의심하지 않겠습니다. 머리로 따지지 않겠습니다. 당신의 뜻에 따르겠습니다. 저와 사라가 이 나이에 아이를 갖는다는 것이 좀 이상하긴 하지만, 그래도 당신을 믿겠습니다."

아브라함을 향한 하나님의 약속도 과거시제였다. 실제로는 미래에 이루어질 일이지만 하나님은 그 일이 이미 이루어진 것처럼 말씀하셨다. "내가 너를 만국의 아버지로 만들었다." 하나님은 때가 돼서야 아브라함에게 아들을 주셨으나, 아브라함의 입장에서 아들은 이미 따놓은 당상이었다. 물론 아브라함은 아브라함대로 할 일이 있었다. 하나님을 믿고 신뢰하는 일이었다. 하나님의 때가 되자 아브라함과 사라는 아들을 낳고 이삭이라 이름을 지었다.

하나님은 성경 곳곳에서 우리에게도 놀라운 복을 말씀하셨다. 하지만 이런 복이 저절로 굴러들어오지는 않는다. 우리도 해야 할 일이 있다. 복 받을 줄 믿고, 이미 복 받은 자신의 모습을 보고, 이미 복을 받은 것처럼 행동해야 한다. 그럴 때 약속은 현실이 된다.

하나님의 복을 제대로 누리라

오래 전에 대서양 항공편이 흔하지 않았을 때, 한 남자가 유럽에서 미국으로 여행하고 싶었다. 이 남자는 열심히 일한 돈을 모두 모아서 마침내 순항함 승선권을 살 수 있었다. 당시 배로 대서양을 횡단하려면 2-3주가 걸렸다. 그래서 그는 여행 가방을 사서 치즈와 비스킷으로 가득 채웠고 돈은 바닥났다.

배에 오르자 모든 승객은 크고 화려한 식당에 모여 맛난 음식을 먹는데 그 혼자만 한쪽 구석으로 가서 자신이 싸 온 치즈와 비스킷을 먹었다. 그렇게 며칠 동안 그는 식당에서 풍겨 오는 맛있는 음식 냄새를 맡으며 부러워해야 했다. 식당 안에 있는 사람들이 배를 쓰다듬으면서 이번 여행이 끝나면 다이어트를 해야겠다는 말을 할 때마다 정말 견디기 어려웠다. 그도 식당에 가서 맛있는 음식을 먹고 싶었지만 돈이 없었다. 밤에 자리에 누워도, 식당 안에서 배불리 먹는 상상을 하다 보면 어느 샌가 잠은 저만치 달아나 있었다.

항해가 끝나갈 무렵에 한 사람이 그에게 다가와 말했다. "선생님, 식사 시간마다 저기에서 치즈와 비스킷을 드시던데 이유가 뭡니까? 왜 연회장에 들어와서 우리랑 같이 드시지 않습니까?"

이 말에 남자는 얼굴이 빨개졌다. "솔직히 말씀드리면 저는 승선권도 겨우 샀습니다. 좋은 음식을 먹을 여유가 안됩니다."

그러자 상대편의 눈이 놀라움으로 동그래졌다. 그는 고개를 갸우뚱하며 말했다. "선생님, 승선권에 음식값까지 포함된 것을 정말 모르십니까? 음식값은 이미 다 지불되었습니다."

이 이야기를 처음 들었을 때 문득 많은 사람이 이 순진한 여행객과 같다는 생각이 들었다. 많은 사람이 인생의 좋은 일에 대한 값을 이미 치렀다는 사실을 몰라서 하나님이 주신 복을 제대로 누리지 못한다. 이들은 천국으로 향하는 순항함에 탔지만 복에 대한 값이 승선권에 포함되어 있다는 사실을 모른다.

스스로 티끌보다 못한 존재로 생각하는 순간마다 우리는 식당에 들어서지 않은 채 치즈와 비스킷을 먹고 있는 것이다. 잔뜩 움츠러들어서 "나는 할 수 없어. 그럴 만한 능력이 없다"고 말할 때마다 치즈와 비스킷을 먹고 있는 것이다. 두려움과 걱정, 근심의 구렁텅이에서 초조해할 때도 치즈와 비스킷을 먹고 있는 것이다. 당신은 어떨지 몰라도 나는 이 치즈와 비스킷에 진절머리가 난다! 이제 그만 나와 함께 하나님의 식탁에 앉지 않겠는가? 하나님은 상상할 수 있는 모든 복으로 가득한 연회를 베풀고 우리를 초대하셨다. 값은 이미 다 치렀다. 하나님의 연회에는 기쁨과 용서, 회복, 평화, 치유 등, 우리에게 필요한 모든 것이 가득하다. 우리는 필요할 때마다 의자에 앉아 하나님이 예비하신 복을 먹기만 하면 된다.

말할 수 없이 큰 좌절과 실패를 맛보았는가? 아무쪼록 현실을 직시하라. 당신이 지극히 높으신 하나님의 자녀임을 잊지 말라. 상황이 뜻대로 풀리지 않았어도, 누군가가 우리를 실망시켰더라도, 우리의 원래 신분에는 변함이 없다. 쓰러져도 다시 일어나 힘차게 걸어가라. 문이 닫혀도 언제나 하나님은 더 크고 좋은 문을 열어 주신다. 고개를 높이 들고 하나님이 주실 새로운 복에 시선을 고정하라. 인생 구석에 쪼그리고 앉아 치즈와 비스킷을 먹는 신세에서 어서 빨리 벗어나라.

꿈이 사라지면 또 다른 꿈을 꾸라

우리 아버지도 출발은 별로 좋지 않으셨다. 이미 말했듯이 우리 아버지는 '가난에 찌든 마음 자세'를 가지고 자라나셨다. 어릴 적에 아버지가 아는 것은 가난밖에 없었다. 아버지가 처음 목회를 시작하셨을 때 사례비는 겨우 주당 115달러였다. 이렇게 적은 돈으로 아버지와 어머니가 생활하시기는 쉽지 않았고, 우리 형제들이 태어나면서부터 상황은 더 심각해졌다. 무엇보다도 가장 큰 아쉬운 점은 아버지가 가난을 기대하게 되었다는 것이다. 오랜 세월 동안 아버지는 심지어 굴러오는 복조차 받아들이지 못하셨다.

우리 가족도 먹고살기 빠듯했던 당시에 우리 부모님은 부흥회 주간 내내 강사 목사님을 우리 집에서 모셨다. 돌아오는 주일에 우리 교회에 출석하는 한 사업가가 말했다. "목사님, 부흥회 강사님을 한 주 내내 목사님 집에서 모셨다고 들었습니다. 강사님까지 식사를 대접하기엔 형편이 넉넉지 않으신 것을 압니다. 그러니 이 돈을 개인적으로 쓰십시오." 그러면서 아버지에게 천 달러짜리 수표를 건넸는데, 지금으로 따지면 만 달러에 해당하는 큰 액수였다.

아버지는 그 사업가의 호의가 너무나 감사했으나 당시에는 그것을 받아들이기엔 너무 생각의 폭이 작았다. 아버지는 마치 꽉 잡으면 전염병이라도 옮을 것처럼 수표의 끝을 잡고 말하셨다. "아닙니다. 형제님. 저는 이 돈을 받을 수 없습니다. 헌금함에 넣도록 하겠습니다."

나중에 아버지는 마음 깊은 곳에서는 그 돈을 받고 싶었다고 고백하셨다. 우리 가족에게는 그 돈이 꼭 필요했지만, 아버지는 왠지 모르게 부끄러운 마음이 들어 돈을 받을 수 없었다. 아마도 가난하게 살아야 하나님을 제대로 섬기는 것이라 생각하셨던 모양이다.

나중에 아버지는 내게 말하셨다. "그 돈을 헌금함에 넣기 위해 교회로 한 발짝을 내딛을 때마다 마음속의 뭔가가 이렇게 말하더구나. '그러지 마. 하나님의 복을 받으라고. 하나님의 선하심을 받아들여.'"

하지만 아버지는 고집을 꺾지 않으셨다. 이처럼 아버지는 잘 살려고 애썼으나 가난에 익숙해진 마음 자세 때문에 그 돈을 받지 못하셨다. 아버지의 실수는 계속해서 치즈와 비스킷만 먹었다는 점이다. 하나님은 아버지를 연회장의 식탁으로 초대하셨으나 아버지는 좁은 생각의 틀에 갇혀 풍요로운 자신을 상상하지 못했다.

나중에, 하나님의 자녀가 풍요로운 삶을 살고 더 큰 복을 기대해도 된다는 사실을 아버지가 깨닫게 되어서 얼마나 다행인지 모른다. 사실, 스스로 복을 받을 줄 아는 것은 남에게 베풀 줄 아는 것만큼이나 중요하다.

가난한 환경에서 자랐고 지금도 물질적으로 별로 풍요롭지 않은가? 아무래도 상관없다. 하나님이 큰 복을 예비해 놓고 계시니까. 하지만 명심할 점이 있다. 가난의 이미지가 우리 안에 깊이 파고들지 않도록 조심해야 한다. 가난하게 살고 별 볼일 없는 일을 하는 데 너무 익숙해져서 거기에 안주해 버리면 곤란하다. "우린 항상 가난했어. 앞으로도 마찬가지일 거야."

이런 생각을 버리고 믿음의 눈을 가질 때 새로운 단계로 도약하는 자신의 모습이 보인다. 번영하는 자신을 보고 그 이미지를 머리와 가슴에 깊이 새기라. 잠깐 동안은 가난 속에 살 수 있지만 가난이 우리 속에 살도록 내버려두지 말라.

성경에 따르면 "하나님은 자기 백성이 번영하는 것을 즐거워하신다." 하나님은 자녀가 영적으로 육체적으로 또 물질적으로 번영할 때 크게 기뻐하신다.

내가 내 두 아이를 당신에게 소개하는데 아이들이 옷에 구멍이 나고 머리는 헝클어졌으며 신발도 없고 손톱 밑이 시꺼멓다면 무슨 생각이 들겠는가? 아마 이렇게 말할 것이다. "저 사람은 좋은 아버지가 아닌가 봐. 아이를 전혀 돌보지 않잖아." 실제로 아이가 꾀죄죄하다는 것은 아버지가 그만큼 가난하다는 반증이다.

마찬가지로 우리가 가난에 찌든 정신으로 인생을 살면 하나님께 영광이 되지 않는다. 오히려 하나님의 높으신 이름을 깎아내리는 짓이다. 늘 현실에 굴복하고 좌절하면서 억지로 인생을 사는 사람을 하나님은 기뻐하지 않으신다. 우리가 성공하는 마음 자세를 가질 때 비로소 하나님은 기뻐하신다.

주위를 보면 그저 되는 대로 인생을 살면서 자족하고 순응하는 사람이 많다. "이만큼 했으면 됐어. 더 이상 승진하긴 어려워. 사람이 분수를 알아야지." 틀린 말이다. 우리의 '분수'는 끊임없이 성장하는 것이다. 우리의 분수는 모든 난관을 극복하고 인생의 모든 영역에서 승리의 삶을 사는 것이다.

왕의 자녀인 우리가 스스로 극빈자로 생각하며 살아간다면 얼마나 큰 비극인가? 구약성경의 므비보셋이란 젊은이가 바로 그런 비극의 주인공이다.

초라한 인생을 받아들이지 말라

므비보셋은 사울 왕의 손자이자 요나단의 아들이었다. 사울의 아들 요나단과 다윗은 매우 친한 친구였다. 둘은 의형제와 비슷한 언약 관계를 맺어 모든 것을 함께 나누었다. 음식이나 옷 또는 돈이 필요할 때 서로의 집에 가서 마음대로 가져다 쓸 정도였다. 게다가 둘 중 하나에게 무슨 일이 생기면 남은 '형제' 가 죽은 '형제' 의 가족까지 돌봐주는 관계였다.

후에 사울 왕과 요나단은 같은 날 전쟁터에서 전사했는데 이 소식이 궁으로 전해지자 유모가 어린 므비보셋을 안고 달아났다. 그런데 황급히 예루살렘을 빠져나오던 중에 유모는 아이를 안은 채 그만 발을 헛디뎌 넘어지고 말았다. 그 일로 므비보셋은 다리를 절게 되었다. 유모는 므비보셋을 주변에서도 가장 가난하고 외딴 도시들 중에 하나인 로드발로 데려갔고, 므비보셋은 거기서 평생을 살게 되었다. 왕의 손자가 그처럼 끔찍한 환경에서 살았다.

다윗이 사울에 이어 왕이 된 후 수 년이 흘러 사울과 요나단은 사람들의 기억 속에서 거의 사라졌다. 어느 날 다윗이 부하들에게 물었다. "사울의 집안에 살아남은 자가 없느냐? 내가 요나단을 위해 은혜를 베풀어야겠다." 기억나는가? 남은 형제가 죽은 형제의 가족을 돌봐주는 것이 요나단과 다윗의 언약 관계였다. 사울 가문의 구성원들이 대부분 죽었기 때문에 다윗이 부하들에게 물은 것이었다.

한 부하가 대답했다. "예 있습니다, 폐하. 요나단의 아들이 아직 살아 있는데 다리를 접니다. 지금 로드발에 살고 있습니다."

"가서 그를 궁으로 데려오라."

궁에 도착한 므비보셋은 당연히 두려움에 떨었다. 과거에 그의 할아버지가 다윗을 죽이려고 온 국가를 뒤졌다는 사실을 알기 때문이다. 이제 사울의 가문은 완전히 몰락하여 다윗에게 전혀 위협이 되지 못했기에 므비보셋은 다윗이 마지막 후환을 완전히 없애려고 자기를 불렀다고 생각했다.

하지만 다윗의 태도는 그의 생각과 전혀 달랐다. "두려워하지 말거라. 네 아버지 요나단 때문에 내가 너에게 은혜를 베풀려고 한다. 과거네 할아버지 사울의 땅을 모두 돌려주겠다. 그리고 오늘부터는 내 아들과 마찬가지로 내 식탁에서 식사하거라." 다윗은 므비보셋을 진심으로 대했다. 므비보셋이 왕의 손자이기도 했고 그의 아버지 요나단과의 언약 관계도 있었기 때문이다. 그때부터 므비보셋의 인생은 완전히 뒤바뀌었다.

하지만 그가 로드발이라는 초라한 도시에서 산 세월을 생각해 보라. 원래부터 그는 자신이 왕족임을 알고 있었다. 그뿐 아니라 다윗과 요나단의 언약 관계는 이스라엘 전국에 널리 알려져 있었다. 이 언약 관계만 하더라도 그는 충분히 자기 권리를 주장할 수 있었다. 그런데 왜 궁으로 찾아가지 않았을까? "다윗 왕이시여, 저는 요나단의 아들입니다. 저는 로드발에서 비참하게 살았습니다. 억울합니다. 제 아버지와 폐하 사이의 언약 관계를 통한 제 권리를 주장하고자 이렇게 찾아왔습니다."

므비보셋은 왜 초라한 삶에 순응했을까? 우리는 그가 다윗을 처음 만났을 때 보인 태도에서 그 답을 찾을 수 있다. 성경에 따르면 다윗이 그를 돌봐주겠다고 말했을 때 "저가 절하여 가로되 '이 종이 무엇이관대 왕께서 죽은 개 같은 나를 돌아보시나이까?' 라고 했다." 므비보셋의 자아상이 보이는가? 그는 자신을 죽은 개, 패배자, 걸인으로 보았다. 물론 그는 여전히 왕의 손자였으나 약한 자아상 때문에 자신의 마땅한 특권을 받아 누리지 못했다.

우리도 이와 같은 실수를 자주 저지른다. 우리는 자아상이 하나님의 시각과 완전히 달라서 하나님의 복을 제대로 누리지 못한다. 하나님은 우리를 '용사'로 보시지만 우리는 종종 자신을 '죽은 개'로 본다.

므비보셋이 '죽은 개 마음 자세'를 던져버리고 번영하는 마음 자세를 가져야 했던 것처럼 우리도 그래야 한다. 과거에 어떤 실수를 했든 진심으로 회개하고 올바로 살려고 최선을 다했다면 더 이상 죄책감과 수치 속에 살 필요가 없다. 우리는 여전히 지극히 높으신 하나님의 자녀다. 하나님은 우리를 위해 놀라운 복을 예비해 놓고 계신다. 우리는 단지 우리의 당연한 복을 찾고 기대하면 된다. 우리가 가난과 약한 자아상과 죽은 개 마음 자세로 '로드발'에 머무는 것을 하나님은 기뻐하지 않으신다.

만약 우리 자녀가 우리에게 므비보셋 같은 태도를 보이면 어떤 느낌이 들겠는가? 우리가 맛있는 음식을 풍성하게 차려놓았다고 하자. 그런데 내가 사랑하는 자녀가 고개를 푹 숙이고 들어와서는 식탁에 앉지 않고 땅을 기어 다니면서 부스러기가 떨어지기만 기다린다면? 우리는 이렇게 말할 것이다. "얘야, 도대체 뭘 하는 거니? 어서 와서 자리에 앉으렴. 이 모든 음식은 널 위해 준비한 거야. 사랑하는 자녀인 네가 개처럼 행동하며 부스러기를 구걸하면 내 맘이 너무 아프단다."

하나님도 똑같은 말씀을 하고 계신다. "너는 사랑하는 내 자녀란다. 치즈와 비스킷은 내려놓고 여기 앉아서 네 복을 받으렴."

아내와 내 침실에는 커다란 소파 두 개가 있다. 이 소파는 매우 편안해서 야구 경기를 보거나 책을 읽고 싶을 때 또는 혼자 생각하거나 기대하고 싶을 때 나는 가끔 침실로 가서 문을 닫고 소파에 몸을 맡긴다. 그러면 긴장과 피로는 금세 사라진다.

어느 날 집에 왔더니 작은 아이 조나단이 보이지 않았다. 당시 조나단은 네 살밖에 되지 않았기 때문에 나는 무척 걱정이 되었다. 아이 침실과 놀이방, 부엌 등, 있을 만한 곳은 모조리 찾아보았다. 밖에 나가 차고까지 뒤져 봤지만 찾을 수 없었다. 마지막으로 내 침실로 갔는데 문이 닫혀 있었다. 문을 열고 들어가니 조나단이 내가 좋아하는 소파에 앉아 있는 게 아닌가. 조나단은 다리를 올리고 편안하게 드러누워 있었다. 한 손에는 팝콘을, 다른 손에는 텔레비전 리모컨을 들고 있는 아이를 보고 나는 웃으며 안도의 한숨을 내쉬었다.

그러자 조나단은 나를 보며 말했다. "아빠, 이거 정말 좋아요."

나는 웃음이 나오려는 것을 억지로 참았지만 한편으론 아들의 말에 아버지로서 꽤 기뻤다. 조나단이 내 방에 들어와 내가 아끼는 소파에 앉을 정도로 자신만만하다는 사실이 기뻤다. 조나단이 내 아들이고 내가 가진 모든 것이 그의 것이라고 생각하니 웃음이 절로 나왔다.

하늘에 계신 당신의 아버지를 기쁘게 해드리고 싶은가? 그렇다면 하나님의 식탁에 앉아 하나님의 복을 누리라. 치즈와 비스킷을 내려놓고 연회장으로 들어오라. 이제부터는 죄책감과 수치감 속에서 살 필요가 없다. 값은 이미 치렀다. 승선권에 자유의 값이 포함되어 있으므로 몸을 일으켜 자리를 차지하라. '아빠의 소파'에 앉아 번영하는 마음 자세를 기르고 하나님이 주신 왕의 권리를 마음껏 누리라.

11_ 있는 그대로 자신을 사랑하라

하나님은 당신이 다른 사람의 복사판이길 원하지 않으신다
당신 그대로의 원판 인생을 원하신다

우리는 단점까지도 포함하여 현재 자신의 모습을 사랑하고 인정해야 한다. 이 점을 깨닫지 못한 사람이 많다. 그런데 많은 사회적, 육체적, 정서적 문제의 근본 원인을 거슬러 올라가보면 자기 자신을 사랑하지 못하고 있다는 사실이 드러난다. 자신의 외모나 말하는 태도, 행동, 나아가 성격까지도 맘에 들지 않고, 항상 자신을 남에 비교하며 자신이 바뀌기를 바라는 것이다. "내 성격이 그를 닮았다면…" "내가 그녀처럼 생겼다면…" "내 허벅지가 이렇게 두껍지만 않다면…" "이 부분을 없애고 이 부분을 더하면 행복할 텐데…."

하나님이 창조하신 그대로 자신을 사랑해야 달라지기를 바라지 말라. 하나님이 우리를 패션모델이나 영화배우, 유명한 운동선수 등으로 삼으실 작정이셨다면 그에 맞는 외모와 재능을 주셨을 것이다. 하나님이 필요하다고 판단하셨다면 우리에게 지금과 다른 성격을 주셨을 것이다. 그러니 자신을 남과 비교하지 말고 하나님이 만들어 주신 그대로 만족하는 법을 배우라.

우리는 다른 누군가를 흉내내도록 창조되지 않았다. 항상 누군가를 모방하고 흉내내는 습관에 빠지면 자신의 질을 떨어뜨릴 뿐 아니라 자신만의 독특함과 창조성까지 상실하고 만다. 하나님은 복제인간들의 집단을 원하지 않으신다. 하나님은 다양성을 좋아하신다. 그러니 남이 자신의 잣대로 우리를 비난하거나 비웃어도 전혀 자신감을 잃을 필요가 없다. 가끔 귀중한 시간의 대부분을 다른 사람을 따라하는 데 사용하는 사람이 있는데, 정말 어리석은 짓이 아닐 수 없다.

남을 모방하려고 애쓰지 말라. 달라지려고 애쓰지 말고 하나님이 창조하신 그대로의 모습을 가지고 최선을 다해 살라. 외모나 행동을 다른 사람처럼 바꿀 필요 없다. 하나님은 하나님의 목적에 따라 각기 다른 재능과 성격을 주셨다. 각자의 방법으로 하나님을 기쁘시게 하면 그만이지 굳이 남의 허락이나 인정을 받을 필요는 없다.

물론 다른 사람의 소중한 조언에는 항상 귀를 열어 두어야 한다. 있는 그대로 자신을 사랑하라는 말은 어리석은 고집을 부리라거나 무조건 반항하라는 뜻이 아니다. 영적 삶에서 자유를 넘어 방종으로 치달으라는 뜻이 아니다. 아무렇게나 죄악 속에 사는 것은 절대 옳지 않다. 하지만 우리 자신을 다른 사람이나 다른 틀에 억지로 꿰맞추기보다는 있는 그대로 자신 있게 사는 편이 훨씬 바람직하다. 있는 그대로 자신의 모습에 자신감을 가지라. 하나님의 뜻을 살펴야지 남의 승인을 받을 필요는 없다.

자신감을 가지라! 하나님은 자신의 목적에 맞게 우리를 지으셨다. 하나님은 심혈을 기울여 우리 각자를 독특한 존재로 창조하셨다. 따라서 우리의 성격이나 입맛, 취미, 나아가 영적 성향이 남과 다르다고 해서 기죽을 하등의 이유가 없다. 외향적이고 활동적인 사람이 있는가 하면 앞에 잘 나서지 않는 소심한 사람도 있다. 정장과 넥타이를 즐겨 입는 사람이 있는 반면, 편안한 청바지를 주로 입는 사람이 있다. 어떤 이는 하나님을 경배할 때 눈을 감고 손을 들지만 어떤 이는 절제된 자세로 하나님을 경배한다. 무슨 말이냐면 하나님은 이 모두를 좋아하신다는 것이다. 하나님은 다양성을 좋아하신다.

다른 누군가의 틀에 맞춰야 한다는 강박관념에 빠지지 말라. 마찬가지로 남이 내 뜻에 맞지 않다고 화를 내지도 말라. 우리 각자가 하나님이 창조하신 모습 그대로 최선을 다하면 그것으로 충분하다.

나와 남의 차이를 인정하라

모든 사람을 내가 만든 조그만 상자에 쑤셔 넣으려는 것은 옳지 않다. 남을 내 스타일에 억지로 꿰맞추려 하지 말라. 물론 다른 사람의 차이에서 배울 수도 있고 때로는 변할 필요도 있다. 하지만 남이 가진 육체적, 정서적, 지적 특징이 내게 없다고 해서 자신감을 잃을 필요는 없다. 하나님이 창조하신 모습 그대로 자신을 사랑하라.

많은 사람이 만족하지 못하는 주된 이유는 자신을 남과 비교하기 때문이다. 아침에 기분이 좋았는데 직장 동료가 새 차를 몰고 출근하는 것을 본 순간, 기분이 확 잡친다. '나도 새 차를 갖고 싶어. 이런 똥차를 몰고 다니는 내 신세가 참 처량하군.' 갑자기 힘이 쭉 빠지고 만

2부_ 나는 건강한 자아상을 일군다 **113**

사가 귀찮아진다. 또 다른 상황을 살펴보면, 동창회에서 친구가 들어오는데 방금 남성 잡지에서 튀어나온 것처럼 멋지게 생긴 남편이 그 옆에 서 있다. 자기 남편을 보니…다음은 충분히 상상이 갈 것이다.

자기 재능이나 능력, 교육 수준을 남과 비교하는 것은, 자기 배우자를 남의 배우자와 비교하는 것처럼 어리석은 행동이다. 이런 비교는 우리의 기쁨을 앗아간다. 남 눈치 보지 말고 각자 자신만의 길을 가라.

얼마 전 방송에서 한 목사님이, 매일 새벽 네 시에 일어나 두 시간 동안 기도한다고 했다. 그 소리를 듣자마자 '나는 하루에 두 시간 동안 기도하지도 않고 그렇게 일찍 일어나지도 않는데'라는 생각이 들었다. 생각하면 할수록 기분이 나빠졌다.

결국 나는 마음을 추스르기 위해 이렇게 말했다. "정말 훌륭한 목사님이군. 하지만 나는 내 방식이 있어. 내가 그 목사님과 같지 않다고 해서 죄책감을 느끼거나 자신감을 잃지 않겠어."

하나님은 우리 각자를 위한 특별 계획을 갖고 계신다. 그래서 남에게 통하는 방법이 꼭 내게 통하는 것은 아니다. 하나님은 우리 각자에게 소명대로 일할 수 있는 은혜를 주셨다. 하지만 남을 모방하려는 노력은 좌절로 이어지기 쉬우며 아까운 시간과 정력을 낭비하는 행동에 불과하다. 심지어 하나님이 예비하신 복을 놓칠 수도 있다!

나는 아이들을 이리저리 쫓아다니면서 많은 시간을 투자하는 엄마들을 봐왔다. 많은 엄마들이 아이를 학원이니 도장이니 보내며 극성을 부리는데, 뭐 거기까지는 좋다. 더 심각한 문제는 "남이 하니까 나도 한다"는 식으로 모든 종류의 활동에 아이를 참여시키려는 엄마들이 있다는 것이다. 일부 엄마들이 뭔가에 홀린 듯이 다른 엄마들에 뒤질세라 교육 경쟁을 벌이며 전인교육 따위에는 아예 관심조차 없다.

이런 따라가기 현상은 아이를 망칠 뿐더러 엄마와 아빠의 등골까지 빠지게 만든다.

우리는 누구도 따라갈 필요가 없다. 우리는 각자 자신만의 경주를 하며 독특한 존재로 살아가면 된다. 하나님은 우리 각자에게 하나님이 주신 소명대로 일할 수 있는 은혜를 주셨지 남이 하는 대로 따라하라고 말씀하시지 않았다. 우리는 최고의 엄마가 될 필요가 없다. 단지 최대한 좋은 엄마가 되면 된다.

나는 세계 최고의 목사가 아닐지 모른다. 최고의 남편이나 최고의 아빠도 아닐지 모른다. 하지만 최선을 다하겠다는 결심만큼은 분명하다. 나는 자신감을 잃지 않을 것이다. 나는 시합을 하고 있는 게 아니다. 그러니 남과 비교할 필요를 느끼지 못한다. 나 자신의 경주에서만큼은 내가 최고다! 나는 최선을 다하고 있다. 자신만의 경주를 하는 이상, 모든 사람의 기대를 맞추기 어렵다. 몸이 열두 개라도 모자랄 것이다. 우리를 싫어하는 사람이 생길 수도 있음을 인정해야 한다. 모든 사람이 우리의 결정에 매번 동의하지는 않을 것이다. 우리 인생에 부딪히는 모든 사람을 만족시킬 수는 없다. 그러니 남의 요구나 압력, 혹은 기대로 인해 하나님이 원하시는 일을 멈추지 말라.

자신만의 경주에서 최선을 다하면 자신감은 저절로 생긴다.

멜라니는 젊고 멋진 여성으로, 아내와 엄마로서의 책임과 사회적 성공을 향한 욕구 사이에서 완벽한 균형을 이루고 있다. 하지만 그녀도 회사의 조직 사다리를 계속 올라가야 하는 압박감을 견디기 쉽지 않았다. 새로운 자리가 생기자 상사는 그녀에게 승진을 수락하라고 촉구했다. 남편도 허락했고 멜라니도 그것이 좋은 기회임을 잘 알고 있었다. 그런데 왠지 새로운 자리를 받아들이기가 망설여졌다. 스트레스가 많은 그런 자리에서 일하고 싶지 않았고, 현재의 자리가 더할 나위 없이 만족스럽기도 했다. 지금은 무엇보다도 업무 시간이 자유로워서 가족과 많은 시간을 보낼 수 있다는 점이 좋았기 때문이다.

"저를 승진시키려는 사장님의 뜻은 고맙지만 저는 현재에 만족해요. 하지만 제가 새로운 자리를 받아들이지 않으면 모두가 실망할까 봐 걱정입니다. 제가 이번 기회를 차 버리면 모두의 기대가 무너져 내리겠죠? 목사님, 어떻게 해야 할까요?"

나는 대답했다. "다른 모든 사람을 만족시키며 살 수는 없어요. 물론 다른 사람들은 좋은 뜻으로 이야기하고 당신의 성공을 바랄 겁니다. 그러나 뭐가 옳은지는 오직 당신만 알 수 있어요. 다른 사람의 압박 때문에 원하지 않는 삶을 살아서는 안 됩니다. 하나님의 은혜를 원한다면 상사나 친구, 심지어 부모님이나 남편이 원하는 모습이 아니라 하나님이 창조하신 자신의 모습을 찾으세요. 외부의 기대 때문에 자기 마음을 따르지 않는 것은 옳지 않습니다."

멜라니는 새로운 자리를 정중히 거절했고 현재 그녀와 가족은 행복하다. 그녀에게는 승진이 오히려 후퇴였던 것이다.

▌좋은 조언을 구하라

어려운 결정이나 불확실한 선택의 기로에 섰을 때는 존경하는 사람에게 조언을 구하는 것도 좋다. 무조건 혼자서 끙끙 앓는 것은 어리석은 행동이다. 우리는 항상 조언을 받아들일 자세를 갖춰야 한다. 하지만 모든 조언을 충분히 고려한 후에도 마음이 내키지 않을 때는 자신에게 옳은 결정을 과감하게 밀고나가라. 누구의 마음도 상하게 하고 싶지 않아서 원치 않는 일을 하는 것은 자신을 속이는 처사다. 자신과 맞지 않는 일에 빠져 있으면 하나님이 원하시는 삶을 누리지 못한다.

현명한 사람은 75%는 자신의 내적 판단에 의지하고 25%만 외부의 의견을 참고한다. 대부분의 결정에서는 다른 사람의 의견과 동의를 구할 필요가 없다는 말이다. 우리는 스스로 하나님의 말씀에 비추어 옳고 자신에게 유익하다고 생각하는 쪽을 선택해야 한다.

같은 맥락에서 부모는 자신의 꿈을 자녀에게 강요하지 말아야 한다. 하나님이 아이의 마음에 주신 꿈이 이루어지도록 돕는 것이 부모의 참된 역할이다. 아이를 지도하고 이끄는 일은 반드시 필요하지만 통제하고 조정하는 것은 바람직하지 않다.

내 부모님은 우리에게 올바른 방향을 제시하고 지혜로운 조언을 해 주셨다. 우리의 숨겨진 재능과 은사까지 찾아 활용할 수 있도록 도와 주셨다. 그러나 꿈을 실현하는 일은 항상 우리에게 맡기셨다. 어릴 적에 우리 아버지는 내가 목사가 되기를 바라셨지만 내 꿈은 달랐다. 이런 나에게 실망하셨겠지만 아버지는 내게서 억지로 설교를 쥐어짜내려고 하지 않으셨다. 당신의 뜻대로 하지 않는다 해서 불효막심한 놈이라 나무라시며 죄책감을 심어 주지도 않으셨다. 오히려 나를 격려해 주셨다. "얘야, 아빠는 네가 내 꿈이 아니라 너 자신의 꿈을 성취하길 바란단다." 지금 내가 목회를 하는 것은 우리 아버지나 가족을 기쁘게 하기 위해서가 아니라 바로 하나님을 기쁘시게 하기 위해서다.

당신은 하나님의 뜻에 맞는 사람인가?

당신은 하나님의 뜻에 맞도록 노력하는가, 아니면 다른 사람의 기대에 부응하려고 애쓰면서 거짓된 삶 속에서 헤매고 있는가? 아버지가 주님의 부름을 받아 세상을 떠나시고 레이크우드 교회의 목회를 시작했을 때 나의 가장 큰 걱정거리는 "모든 사람이 나를 받아들일까?"였다. 레이크우드 교회 성도들은 40년 동안 그곳에서 목회를 하신 아버지에게 익숙해 있었다. 아버지의 스타일과 개성은 나와 사뭇 달랐다. 아버지는 식을 줄 모르는 열정으로 설교를 하셨고 나는 좀 느긋하고 조용한 편이다.

어느 날 밤, 나는 하나님께 여쭈었다. "제가 아버지를 닮으려고 노력해야 하나요? 아버지의 스타일을 모방해야 하나요? 아버지의 메시지를 그대로 전해야 하나요?" 계속 기도했지만 여전히 가슴이 답답했다. 그 순간, 조용하지만 가슴 깊이 들려오는 하나님의 음성이 있었다. "조엘, 누구도 따라하지 말거라. 있는 그대로 하거라. 네가 창조된 그대로 행하거라. 나는 네가 네 아버지의 복사판이 되기를 바라지 않는단다. 나는 원판을 원한다."

마침내 하나님의 진리가 나를 자유하게 했다.

나는 이 문제와 관련하여 여호수아서를 자주 떠올린다. 모세가 죽었을 때 하나님은 여호수아에게 백성의 리더가 되라고 말씀하셨다. 하나님은 "내가 모세와 함께 있었던 것처럼 너와 함께하겠다"라고 말씀하셨지, "여호수아야, 모세와 똑같이 하면 만사형통할 것이다"라고 하지 않으셨다. 하나님은 여호수아에게 "원판이 되거라. 내가 너를 창조한 대로 행동하면 성공할 것이다"라고 말씀하셨다.

물론 모두 하나님의 은혜지만, 내가 레이크우드 교회에서 거둔 성공의 비결을 하나만 말해 보면, 나 자신의 방식을 따른 것이다. 나는 아버지나 그 어떤 누구의 방식도 따르지 않았다. 내 본 모습대로 살아

118 | 긍정의 힘

가려고 했지 남을 모방하려고 하지 않았다. 내 행동은 설교 강단에 올랐을 때나 집에 있을 때나 조금도 다르지 않았다. 겉으로 보이는 모습이 내 본 모습이다. 하나님은 나에게 그런 사람이 되라고 말씀하셨다.

하나님은 당신에게도 같은 말씀을 하고 계신다. 하나님이 창조하신 그대로 살아가면 하나님은 상상할 수 없이 좋은 곳으로 우리를 인도하신다. 누구나 보완이 필요한 부분이 있고, 그 부분에서 하나님의 도움을 받아야 한다. 하지만 명심하라. 하나님은 우리를 변화시키고 완성해 나가고 계신다. 하나님이 지으신 그대로 만족하고 그 안에서 최선을 다하기로 결심할 때 하나님이 부어 주시는 놀라운 복을 받고 하나님이 예비하신 성공의 삶을 살게 될 것이다.

YOUR BEST**!**LIFE NOW

Your
Best
Life
Now

3부 나는 생각과 말의 힘을 발견한다

12 올바른 생각을 품으라

13 마음의 프로그램을 다시 짜라

14 말을 바꾸면 세상이 바뀐다

15 인생을 바꾸는 말

16 복을 말하라

YOUR
BEST LIFE
NOW

12_ 올바른 생각을 품으라

항상 긍정적이고 행복하고 기쁜 생각을 하면
주위에 행복하고 기쁘고 긍정적인 사람이 모여든다

우리 주위에서 항상
전쟁이 벌어지고 있다는 사실을 아는 사람은 그리 많지 않다. 땅을 둘
러싼 전쟁도 천연가스나 석유, 금, 물 같은 천연자원을 쟁취하기 위한
전쟁도 아니다. 이 전쟁에는 그보다 훨씬 귀중한 것이 걸려 있다. 그것
은 바로 우리 마음이다.

최선의 삶을 살기 위한 세 번째 단계는 생각과 말의 힘을 발견하는
것이다. 먼저 우리의 생각에 관해 알아보자.

우리의 가장 무서운 적, 사탄이 노리는 표적은 우리의 생각이다. 사
탄은 우리의 생각을 통제하고 조정함으로써 우리의 인생 전체를 자기
마음대로 주무를 수 있다는 사실을 잘 안다. 실제로 생각에 따라 행동
과 태도와 자아상이 결정된다. 아니, 운명이 생각에 달려 있다고 말해

122 긍정의 힘

도 과언이 아니다. 그래서 성경은 우리 마음을 경계하라고 말씀한다. 우리는 눈과 귀로 보고 듣는 것뿐 아니라 무엇을 생각할지에 관해서도 매우 신중해야 한다. 부정적인 생각에 빠질수록 부정적인 사람이 되고, 그로 인해 부정적인 행동과 철학과 생활방식이 나타난다.

우리는 마치 자석처럼 생각이 있는 곳으로 조금씩 끌려간다. 항상 긍정적이고 행복하고 기쁜 생각을 하면 그런 사람이 되어 가고, 우리 주위에 행복하고 기쁘고 긍정적인 사람이 모여든다.

우리의 생각은 감정에도 영향을 미친다. 아니, 우리의 생각은 감정에 그대로 반영된다. 그래서 먼저 행복한 생각을 품지 않으면 절대 행복할 수 없다. 반대로, 절망적인 생각을 품지 않는 한 절대 절망할 수 없다. 인생의 성공과 실패는 우리 마음에서 비롯하며, 우리 마음이 어디에 거하느냐에 따라 우리의 미래가 결정된다.

인생은 생각을 따라간다

대부분의 사람이 깨닫지 못하지만 우리는 자신의 생각을 선택할 수 있다. 그리고 우리 생각만큼은 누구도 좌지우지할 수 없다. 하나님도 우리의 생각을 간섭하지 않으시며, 우리의 원수인 사탄에게는 아예 그럴 능력이 없다. 어떤 생각을 품을지 결정하는 주체는 바로 우리 자신이다. 사탄이 우리에게 부정적인 생각의 씨앗을 심는다고 해서 우리가 그 씨앗에 물과 비료를 주고 소중히 가꿀 필요는 없다. 우리는 그 씨앗을 뽑아 내기로 선택해야 한다.

누구나 잠시 낙심하고 좌절할 수는 있다. 인생은 험한 파도와 같아서 우리가 탄 배를 뒤집기도 한다. 때로 우리 모두는 넘어진다. 하지만

3부_ 나는 생각과 말의 힘을 발견한다 | **123**

언제까지나 넘어진 상태로 있을 필요는 없다. 다른 사람이 우리를 불행하게 만드는 것이 아니다. 우리가 짜증을 내고 무기력에 빠지고 냉소하고 분노하는 것은, 사실 누가 강요한 것이 아니라 우리가 자초한 일이다. 우리 스스로 그런 상태로 남아 있기를 선택한 것이다. 인생의 혼란에서 벗어나려면 상황을 개선할 수 있는 사람이 우리 자신뿐이라는 사실을 깨달아야 한다.

자기 행동에 스스로 책임을 지라. 가문이나 환경 또는 다른 사람들과의 묵은 원한 관계나 자신의 처지만 탓하고 하나님이나 사탄, 또는 다른 사람에게 비난의 화살을 돌리는 한, 우리는 결코 진정한 자유와 정신적 건강을 얻을 수 없다. 운명의 큰 줄기를 통제하는 주체가 자신임을 깨달아야 한다.

때로 우리는 이렇게 말한다. "내가 이 꼴이 된 것은 환경 때문이야. 너는 내가 얼마나 험한 세월을 겪었는지 몰라."

아니다. 우리를 넘어뜨린 것은 환경이 아니다. 바로 환경에 관한 우리의 '생각'이 우리를 파멸시킨 것이다. 그러므로 올바른 생각을 선택할 줄 안다면 인생의 가장 큰 시련 앞에서도 오히려 기쁨과 평안과 승리감이 넘쳐날 수 있다.

자신이 무엇을 생각하고 있는지 돌아보라.

당신 마음은 지금 어디에 있는가? 문제만 바라보고 항상 부정적인 측면만 골똘하게 생각하는가? 인생을 어떻게 보느냐에 따라 자신이 바뀌고 나아가 세상이 바뀐다!

물론 문제를 무시해서는 안 된다. 나쁜 일이 일어났음에도 아무 일도 안 일어난 것처럼 스스로 속이고 사는 것은 옳지 않다. 종종 나쁜 사람에게도 좋은 일이 일어나는 것처럼, 좋은 사람에게도 때론 나쁜 일이 일어난다. 이때 가식은 해답이 아니다. 아픈데도 아프지 않은 척하는 것은 어리석은 짓이다. 아플 때는 그것을 인정하고 우리 생각을 치료자 되신 하나님께로 향해야 한다. 몸이 피곤하여 영까지 지쳤다고 판단되면 몸을 쉬는 것이 영성 회복을 위한 최선의 방법이다. 단, 단순히 몸만 쉬는 것이 아니라 우리 생각을 하나님께로 향해야 한다.

누구에게나 시련은 닥쳐 온다. 고난 앞에서 우리는 "세상에서는 너희가 환난을 당하나 담대하라 내가 세상을 이기었노라"(요 16:33)는 예수님의 말씀을 떠올려야 한다. 환난은 우리 의지와 상관없이 닥쳐 오지만 태도만큼은 우리 스스로 선택할 수 있다. 우리는 어떤 환난보다도 강하신 예수님을 믿고 올바른 태도를 선택해야 한다.

우리가 하나님의 말씀 안에 거할 때 소망이 가득 넘친다. 믿음이라는 올바른 태도가 자리를 잡고 승리가 찾아온다. 책상 위의 철 덩어리가 자석에 끌리듯이 하나님의 복이 우리에게 끌리게 된다.

많은 사람이 이렇게 말한다. "상황이 바뀌기만 하면 금세 힘이 솟을텐데. 이 문제만 해결되면 좋은 태도를 가질 거야."

아쉽지만 이런 사람에게는 상황이 바뀌지도 문제가 해결되지도 않는다. 일의 순서가 잘못되었기 때문이다. 우리가 먼저 힘을 내야 하나님은 상황을 바로잡아 주신다. 부정적인 시각에 머무는 한 우리는 부정적인 삶에서 영원히 벗어날 수 없다.

성경에 "옛 사람을 벗어버리고 오직 심령으로 새롭게 되어 새 사람을 입으라"(엡 4:22-24)는 재미있는 말씀이 있다. 가만히 앉아서 갑자기 새로운 사람이 나타나기를 기대하는 것은 어불성설이다. 평생 부정적인 마음가짐으로 살면서 뭔가 좋은 쪽으로 바뀌기를 기대할 수는 없다. 먼저 과거의 부정적인 생각을 '벗어' 버리고 새로운 태도를 '입어야' 한다. 생각의 패턴을 바꾸고 하나님의 복으로 마음을 향해야 한다.
초점을 잃고 부정적인 생각에 거하면 언제고 낙심하기 쉽다.

우리는 마음의 전쟁에서 결코 지지 말아야 한다. 성공하기 어렵다
는 마음을 가지면 실제로 성공하기 어렵고, 몸을 고칠 수 있다고 생각
하지 않는 한 병마는 사라지지 않는다. 하나님께 상황을 바로잡을 능
력이 있음을 믿지 않으면 하나님은 능력을 발휘하지 않으신다. 실패
를 생각하면 필연적으로 실패에 이르게 되고, 평범한 삶을 생각하면
그저 그런 삶이 펼쳐지게 되어 있다. 하지만 우리의 생각을 하나님의
생각과 일치시킬 때, 약속의 말씀 안에 거할 때, 하나님의 승리와 은
혜, 믿음, 능력, 강함에 시선을 고정할 때, 그 무엇도 우리를 막지 못한
다. 위대한 생각은 위대한 현실로 이어지며, 반드시 성장과 하나님의
초자연적인 복을 낳게 마련이다.

▌위대한 생각은 위대한 현실을 낳는다

우리는 높은 곳에 마음을 두기로 끊임없이 선택해야 한다. 성경은
"위엣 것을 생각하라"(골 3:2)고 말한다. 이번에도 우리가 해야 할 일이
나온다. 하루 24시간 밤낮으로 높은 곳에 마음을 고정시켜야 한다.
'위엣 것'이란 무엇이며 높은 곳에는 무엇이 있는가? 지극히 간단하
다. 그것은 하나님의 은혜와 복이다. 사도 바울은 우리의 생각을 평가
하기 위한 몇 가지 기준을 제시하고 있다. "무엇에든지 참되며 무엇에
든지 경건하며 무엇에든지 옳으며 무엇에든지 정결하며 무엇에든지
사랑할 만하며 무엇에든지 칭찬할 만하여 무슨 덕이 있든지 무슨 기
림이 있든지 이것들을 생각하라"(빌 4:8).

126 │ 긍정의 힘

긍정은 아무리 강조해도 지나치지 않다. 하나님이 바로 긍정적인 분이시기 때문이다! 하나님께는 부정적 면이 조금도 없다. 하나님의 뜻대로 살고 하나님이 원하시는 사람이 되려면 반드시 하나님의 비전과 우리의 비전을 일치시키고 긍정적인 마음 자세로 사는 법을 배워야 한다. 매순간 좋은 면을 바라보아야 한다.

현재 어떤 순간을 지나고 있든지 올바른 태도를 유지하고 열심히 찾아보면 희망이 보인다. 해고되었을 때 우리는 분노하고 하나님을 탓하기로 선택할 수도 있고, 다음과 같이 희망을 품을 수도 있다. "하나님이 제 삶을 책임져 주실 줄 믿습니다. 이 문을 닫으셨으나 더 크고 좋은 문을 여실 줄 압니다. 아버지께서 예비하신 복을 주실 때까지 참고 기다리겠습니다."

높은 곳에 마음을 두기로 선택하라. 그것은 저절로 되는 것이 아니라 선택하고 결단해야 하는 것이다. 하나님의 선하심에 마음을 고정시키고 하나님의 복을 받으려면 결단과 상당한 노력이 필요하다.

우리 마음은 자동차 변속기와 비슷하다. 자동차 변속기에는 전진 기어와 후진 기어가 있는데, 우리는 차를 운전할 때 어떤 기어를 넣을지 스스로 선택할 수 있다. 두 기어를 넣는 데 드는 노력은 똑같기 때문이다.

마찬가지로 우리는 우리 뜻대로 인생의 행로를 결정할 수 있다. 우리가 긍정적인 생각을 품고 하나님의 복에 마음을 두기로 결정하면 어떤 어둠의 세력도 우리가 전진하여 목적지에 이르는 것을 막지 못한다. 그러나 부정적인 생각을 품고 문제점과 불가능만 바라보는 것은 후진 기어를 넣고 하나님이 예비하신 승리에서 멀어지는 일이다. 지금 하나님의 복에 마음을 고정시키라.

긍정적으로 생각하라

긍정적인 농부와 부정적인 농부 이야기를 아는가? 비가 내리자 긍정적인 농부가 말했다. "주님, 농작물에 물을 주시니 감사합니다."

그러자 부정적인 농부가 코웃음을 쳤다. "무슨 소리야? 비가 계속와서 곡식 뿌리가 썩으면 올해 풍년은 물 건너가는 거라고."

많은 사람이 이 부정적인 농부와 같다는 생각이 들지 않는가? 부정적인 면만 보는 사람이 생각보다 많다. 우리 주위에는 비관주의자들이 득실대므로 그들에게 전염되지 않도록 우리의 생각을 철저히 방어해야 한다.

인생의 긍정적인 측면에 시선을 고정하라. 심리학에 의하면, 우리삶은 우리를 지배하고 있는 생각을 따라간다고 한다. 기쁨과 평안, 승리, 풍요로움, 복이 우리의 생각을 지배하고 있으면 그런 긍정적인 요소들과 우리 삶은 자석처럼 서로를 끌어당긴다. 한 마디로 우리 삶은 우리 생각을 따라간다.

우리의 생각이 오랫동안 특정한 패턴을 이루는 것은 강을 깊이 파서 물이 한 방향으로만 흐르게 만드는 것과 같다. 비관적인 생각을 할때마다 부정적인 방향으로 향하는 물길의 바닥을 점점 더 깊이 파고있는 것이다. 물줄기는 점점 빠르고 거세지다가 조만간 모든 물이 부정적인 방향으로만 흐르게 된다. 마음의 방향이 부정적인 사고 패턴으로 고정되는 것이다.

다행히도 우리는 마음먹기에 따라 긍정적인 방향으로 향하는 새로운 물꼬를 틀 수 있다. 그 방법은 한 번에 좋은 생각을 하나씩 품는 것이다. 우리가 하나님의 말씀을 바라보고 상황의 좋은 면을 볼 때마다 물줄기의 방향은 조금씩 바뀐다. 처음에는 부정적인 물줄기에서 물

한 방울이 긍정적인 방향으로 새나갈 뿐이다. 별 것 아닌 것 같지만, 부정적인 생각을 거부하면서 꾸준히 물줄기의 방향을 바꿔 나가면 마침내 큰 변화가 일어난다. 복을 기대하고 생각을 다스리면서 두려움 대신 믿음을 선택할 때마다 부정적인 물줄기는 줄어들고 긍정적인 물줄기의 힘이 거세진다. 그리고 결국 부정적인 물줄기는 완전히 말라 버리고 오직 믿음과 승리로 가득한 긍정적인 새 물줄기만 남게 된다.

물론 살다보면 다시 부정적인 방향으로 향하고 싶은 유혹이 들 때가 있다.

"너는 절대 성공할 수 없어. 문제가 너무 커. 절대 극복할 수 없어."

옛날 같았으면 여지없이 부정적인 물줄기로 돌아갔을 것이다.

"도대체 어떻게 된 거야? 하나님, 제가 과연 이 혼란에서 빠져나올 수 있을까요?"

하지만 부정적인 물줄기가 말라 버리고 새로운 물줄기가 거세게 흐르고 있는 지금은 금세 정신을 차릴 수 있다. "아니야. 내 안에 계신 분은 세상의 그 무엇보다도 강하셔. 그리스도를 통해 나는 뭐든지 할 수 있어. 이 혼란에서 반드시 빠져나올 거야." 우리 생각이 새로운 물줄기로 향할 때마다 강의 깊이는 점점 깊어지고 물줄기도 강해진다.

우리가 마음을 바꾸면 하나님은 우리 삶을 바꿔 주신다.

단, 현실을 직시해야 한다. 부정적인 물줄기가 거세게 흐르고 있을 때 흐름을 바꾸려면 강력한 의지가 요구된다. 그 물줄기는 하루아침에 형성된 것이 아니므로 의식적이고도 꾸준한 노력이 없으면 변화를 기대할 수 없다. 물론 하나님이 도와주시겠지만 우리도 가만히 있어서는 안 된다.

매일 나쁜 생각을 거부하고 좋은 생각을 선택하는 노력이 따라야 한다. 하나님의 복에 마음을 두고 좋은 일을 기대하며 그분이 예비하신 놀라운 일을 떠올려야 한다. 아침에 일어나자마자 이렇게 기도하라. "아버지, 오늘 무슨 일이 일어날지 무척 기대됩니다. 오늘은 아버지께서 만드신 날입니다. 이날을 기뻐하고 제대로 누리겠습니다. 하나님, 당신을 찾는 자에게 복을 주실 줄 믿습니다. 그래서 당신이 오늘 제 삶을 통해 주실 복과 은혜와 승리에 미리 감사드립니다." 그리고 나서 자신 있게 삶 속으로 뛰어들어 기대와 믿음으로 살라.

우리의 생각에는 막대한 힘이 있다. 우리 삶은 평상시에 생각한 그대로 펼쳐진다. 우리 인생의 방향은 생각의 방향과 정확히 일치한다. 선택은 우리의 자유다. 마음에 떠오르는 모든 생각을 그대로 받아들일 필요는 없다. 먼저 그 생각이 어디에서 왔는지 파악하라. 하나님에게서 왔는가? 나만의 생각인가? 사탄이 주는 파괴적인 생각인가?

이것을 어떻게 분간할 수 있을까? 쉽다. 부정적인 생각이라면 무조건 사탄에게서 왔다고 생각해도 무방하다. 낙심과 파괴적인 생각, 두려움과 걱정과 의심, 불신, 우리의 심령을 약하고 불안하게 만드는 생각. 이런 모든 생각은 단언컨대 하나님에게서 온 것이 아니다. 이런 생각이 찾아오면 재빨리 몰아내라.

사탄의 거짓말을 받아들이면 부정적인 씨앗이 뿌리 내린다. 부정적인 생각을 할 때마다 사탄의 씨앗은 점점 자라 우리 마음에 강력한 성을 구축하고 우리를 공격할 만반의 준비를 갖춘다. 그때부터 사탄은 우리 마음을 밤낮 찌르기 시작한다. '너는 성공할 수 없어. 네 집안을 봐. 누구 하나 쓸 만한 사람이 있냐? 너도 역시 멍청하잖아. 네 부모는 가난했고 네 조부모는 항상 실패만 했어. 네 할아버지는 매번 직장에서 쫓겨났잖아. 심지어 너희 집 강아지도 매일 빌빌거리잖아. 너는 어

쩔 수 없는 집안에서 태어났다구.'

이런 거짓말에 속는 순간, 우리 인생에는 거의 극복하기 불가능한 장애물이 솟아난다. 따라서 우리는 사탄의 생각을 벗어던지고 하나님의 말씀을 믿는 습관을 길러야 한다. 하나님을 신뢰하기만 하면 그분은 우리 인생을 빛나게 해주신다. 하나님은 우리 인생을 통해 위대한 일을 행하고자 하신다. 하나님은 약자를 들어 강하게 쓰시는 분이다. 단, 우리가 하나님의 계획에 동참하고 협력해야 한다. 하나님이 우리를 용사로 창조하셨으니 우리도 자신을 용사로 보아야 한다.

하나님이 인도하시는 길에는 그 어떤 걸림돌도 없다.

하나님은 우리를 신뢰하신다

하나님이 우리를 얼마나 신뢰하시는지 조금이라도 안다면 우리는 결코 나약함에 굴복하지 않고 언제나 용기 있게 앞으로 나아갈 것이다. 존경하는 누군가가 우리를 신뢰한다는 사실을 알면 힘이 솟고 할 수 있다는 자신감이 생기게 마련이다. 그리고 난관을 딛고 일어나 그 사람의 기대에 부응할 것이다.

나보다 실력이 월등한 선수들과 농구 시합을 즐긴 적이 있다. 대부분의 선수들은 대학 농구팀에서 뛰고 있었지만 나만 그렇지 못했다. 경기는 우열을 가리기 힘들 정도로 흥미진진하게 전개되었다. 막판에 동점을 이루자 우리는 타임아웃을 선언했다. 마지막 작전을 짜고 있는데 팀 동료가 내게 속삭였다. "조엘, 너에게 마지막 슛을 맡길 거야. 너만 빼고 모두 밀착방어를 당하고 있거든."

나를 그만큼 신뢰한다는 뜻이었지만 솔직히 나는 경기 내내 슛 한

3부 _ 나는 생각과 말의 힘을 발견한다 | **131**

번 쏘지 못했다! 나를 방어하는 상대편 선수는 나보다 거의 40cm이상 컸기 때문이다.

처음에는 별로 좋은 생각이 아니라고 여겼지만 이내 생각을 고쳐 먹었다. '동료들이 나를 이만큼 믿어 주는데, 경기 중 가장 중요한 슛을 맡길 정도로 나를 신뢰하는데 내가 못할 이유가 없지.'

우리는 다시 코트로 나갔고, 내가 빈 자리로 뛰자 한 동료가 내게 공을 패스했다. 나를 방어하는 선수가 나보다 훨씬 컸기에 나는 드리블을 하다가 골대도 보지 못한 채 그의 긴 팔 위로 공을 던졌다. 공은 마치 무지개처럼 아치를 그리며, 평상시 내가 던질 수 있는 높이보다 훨씬 높이 뻗어나갔다. 바람을 가르며 날아가는 공을 보고 있으니 마치 시간이 멈춘 것 같았다. 나는 그 틈을 타 재빨리 기도했다. "하나님, 제발 저 공이 골대로 들어가게 해주세요!" 공은 정확히 골대 중앙으로 빨려 들어갔고 우리는 경기를 이겼다(하나님이 내 기도를 들어 주신 게 분명하다)!

누군가 우리를 믿어 주면 불가능하다고 생각했던 일도 가능해진다. 내 아내 빅토리아는 내가 뭐든지 할 수 있다고 믿어 준다. "여보, 당신은 할 수 있어요. 능력이 충분해요." 아내가 항상 이렇게 말해 주지 않았다면 지금의 나는 존재하지 않았을 것이다. 몇 년 전 레이크우드 교회 예배에 참석했을 때도 아내는 내게 끝없는 신뢰를 보여 주었다.

"여보, 언젠가 당신이 저 강단에 올라 이 교회를 이끌게 될 거예요. 당신이 저기 설 거라고요."

"여보, 그런 소리 하지 말아요. 생각만 해도 떨리는구려. 게다가 나는 설교할 줄도 모른다오."

그러자 아내가 눈에 장난기를 가득 머금고 대답했다. "분명히 할 수 있어요. 나한테 설교하는 것처럼 사람들에게 설교하면 되잖아요?"

그 후로도 아내는 끊임없이 나를 격려했다. "여보, 당신에게는 능력이 많아요. 하나님이 당신을 사용하실 거예요. 당신은 레이크우드 교회의 목사가 될 거예요." 아내는 내 안에 좋은 씨앗을 뿌렸다. 아버지가 세상을 떠난 후에 내가 그토록 빨리 강단에 오를 수 있었던 데는 아내가 내게 불어넣은 자신감 덕이 정말 컸다.

나에 대한 아내의 믿음은 내 비전을 키워 줬을 뿐 아니라 전능하신 하나님이 나를 얼마나 신뢰하시는지 깨닫는 데도 큰 도움이 되었다. 아버지가 떠나시자마자 내가 처음 한 일은 기존의 국영 텔레비전 방송을 취소하는 것이었다. 당시 우리는 주일 밤 패밀리(Family) 채널로 예배를 방송하고 있었다. '나는 국영 방송에서 설교할 능력이 없어. 나는 설교조차 할 줄 모른다고.' 나는 방송국 대표를 찾아가 아버지가 돌아가셨으니 그 시간대를 포기하겠다고 전했다.

아내는 이 말을 듣고 고개를 저었다. "여보, 그를 다시 찾아가 그 시간대를 돌려달라고 하세요. 물러서지 말아요. 두려움에 무릎을 꿇지 마세요. 전 세계가 레이크우드 교회의 향후 행보를 지켜보고 있어요. 우리에게는 그 시간대가 필요해요."

아내의 말이 옳았다. 뭔가가 내 영혼에 불꽃을 일으켰다. 금요일 오후에 나는 방송국 대표에게 전화를 걸었지만 받지 않았다. 그 시간대를 다시 확보하려면 시간이 관건이었기에 나는 급히 메시지를 남기고 팩스와 이메일까지 보냈다. 그 시간대는 가치가 엄청났기 때문에 방송국에서 금세라도 다른 제작자에게 팔아넘길 수 있었다.

월요일은 휴일이었고, 화요일 아침 일찍 방송국 대표가 찾아왔다. "목사님, 지난주에 이미 그 시간대를 팔았습니다. 하지만 금요일에 계약서에 서명을 하려는데 내 안의 뭔가가 서명을 다음 주로 미루라고 말하더군요. 오늘 아침에 여기에 와서 그것이 누구의 음성인지 알았습니다. 그 시간대를 목사님께 돌려주라는 하나님의 음성이었어요." 그는 계약서를 찢어 버렸다고 했다. "기존의 시간대를 그대로 사용하십시오." 나는 하나님이 그를 움직이셨다고 믿는다. 현재 우리는 세계 곳곳에 있는 2백여 개의 텔레비전 방송국을 통해 방송을 내보내고 있다. 하나님이 우리가 생각하고 요구한 것 이상으로 복을 주신 셈이다.

누군가 내게 자신감을 심어 주었기에 이 일이 가능했다. 즉 내가 비전을 키우고 생각을 바꾼 데는 아내의 도움이 컸다. 아내는 나 자신보다 더 나를 믿어 주었다. 사랑하고 존경하는 사람이 우리를 믿어 줘도 힘이 솟는데, 하나님이 우리를 얼마나 믿어 주시는지 알면 세상에 그 무엇도 우리의 가는 길을 막지 못하리라.

우리 마음속의 원수는 우리에게 능력이 없다고 말하지만, 하나님은 그렇지 않다고 말씀하신다. 누구 말을 믿겠는가? 사탄은 우리가 성공할 수 없다고 말하지만, 하나님은 우리가 그리스도를 통해 무엇이든 할 수 있다고 말씀하신다. 사탄은 우리가 빚에서 헤어나올 수 없다고 말하지만, 하나님은 우리가 빚에서 벗어날 뿐 아니라 남에게 꿔 줄 수도 있다고 말씀하신다. 마귀는 우리가 나을 수 없다고 속삭이지만, 하나님은 우리의 건강을 회복시켜 주시겠다고 약속하신다. 원수는 하찮은 존재라며 우리를 깔아뭉개지만, 하나님은 우리를 높이시고 우리에게 위대한 인생을 주겠다고 하신다. 원수는 문제가 너무 커서 희망이 없다고 말하지만, 하나님은 문제를 해결해 주시겠다고 말씀하신다. 하나님은 문제를 오히려 우리에게 유익하게 사용하신다.

하나님의 말씀을 믿고 하나님의 생각을 품으라. 하나님의 생각은 우리 속에 믿음과 희망과 승리를 가득 채워 주며, 우리를 칭찬하고 격려해 준다. 하나님의 생각은 선한 싸움을 완성할 힘을 주며, 할 수 있다는 마음을 심어 준다.

13_ 마음의 프로그램을 다시 짜라

하나님은 우리가 태어나기도 전에
풍요롭고 행복하고 온전한 삶을 살도록 우리를 만드셨다

작은 소년이 뒤뜰로 나가 야구 배트와 공을 가지고 놀면서 혼자 말했다. "나는 세계 최고의 타자야." 그리고는 공을 높이 던져 방망이를 크게 휘둘렀지만 공을 맞추지 못했다. 그러나 소년은 잠시도 머뭇거리지 않고 공을 집어 다시 공중으로 던지며 말했다. "나는 세계 최고의 타자야." 하지만 이번에도 헛스윙이었다. 투 스트라이크. 소년은 다시 공을 던져 더욱 신경을 집중하고 말했다. "나는 세계 최고의 타자야!" 이번에도 온 힘을 다해 휘둘렀으나 휙! 삼진 아웃. 작은 소년은 배트를 내려놓고 환하게 웃으며 말했다. "나는 세계 최고의 투수야!"

이 얼마나 좋은 태도인가? 때로 우리는 좋은 측면에 시선을 집중해야 한다. 계획대로 이루어지지 않을 때 불평만 하기보다는 좋은 측면을 보는 태도가 필요하다. 마음을 좋은 생각으로 가득 채워야 한다.

우리 마음은 컴퓨터와 비슷하다. 마음은 우리가 프로그램한 대로 움직이기 때문이다. 다음과 같은 불평은 어리석기 짝이 없다. "나는 이 컴퓨터가 정말 맘에 안 들어. 올바른 답이 나오지 않는다고. 내가 시키는 대로 도무지 말을 듣지 않아." 생각해 보라. 우리에게 세상에서 가장 강력한 컴퓨터가 있지만 싸구려 소프트웨어를 깔거나 잘못된 정보를 입력하면 컴퓨터가 제대로 기능할 수 있겠는가?

게다가 요즘은 사이버 공간에서 사용자의 하드웨어와 거기에 담긴 정보를 파괴하려고 기회만 엿보고 있는 바이러스가 얼마나 많은지 모른다. 제아무리 좋은 컴퓨터라도 바이러스가 침입하면, 오래지 않아 처리 속도가 느려지고 기능이 저하된다. 원하는 프로그램에 접근하지 못하고 중요한 문서를 검색할 수도 없게 된다. 우리가 자신도 모르는 사이에 친구와 가족, 직장 동료에게 그 바이러스를 전달하는 경우도 많다. 그들의 시스템까지 바이러스에 감염되면 문제는 더욱 악화된다. 이런 문제는 컴퓨터의 결함보다는 누군가 프로그램을 바꾸거나 시스템 자체와 그 안의 소중한 정보를 오염시킴으로써 발생한다.

이와 비슷하게, 부정적인 생각과 저속한 말 같은 사악한 바이러스가 우리 마음에 침입하여 소프트웨어를 살짝 바꾸거나 정보와 가치관을 더럽히는 일이 비일비재하다. 우리는 하나님의 형상을 따라 지음받았다. 우리가 태어나기도 전에 하나님은 풍요롭고 행복하고 건강하고 온전한 삶을 살도록 우리를 프로그램하셨다. 그러나 생각이 오염되면 우리는 하나님의 말씀에서 벗어나게 된다. 오염된 생각을 품은 사람은 심각한 실수를 저지르고 잘못된 선택을 한다. 낮은 자존감과 두려움, 공포, 열등감, 불안감에 잠식당하고, 그런 부정적 태도를 남에

3부_ 나는 생각과 말의 힘을 발견한다 | **137**

게까지 전달한다. 바이러스를 발견하는 즉시, 우리는 마음의 프로그램을 다시 짜야 한다. 다시 말해, 생각을 바꿔야 한다. 원래 우리에게는 결함이 없었다는 사실을 명심하라.

하나님은 우리를 지으실 때 성공하도록 프로그램하셨다.

하지만 우리가 자신의 생각을 창조주의 매뉴얼, 즉 하나님의 말씀과 일치시키지 않는 한 우리는 온전히 기능할 수 없다.

모든 것은 생각의 문제다

최근 한 남자가 나를 찾아왔다. "행복을 누리고 최선의 삶을 살라는 목사님의 말씀을 방송에서 들었습니다. 하지만 그 말씀은 저와 상관없는 것 같습니다. 저는 인간관계에서 너무나 큰 아픔을 자주 받았습니다. 이제는 이런 감정을 극복할 수 없을 것 같습니다. 아침마다 절망감에 억눌립니다. 슬픔을 떨쳐버릴 수가 없어요. 집에 돌아와 잠자리에 들 때까지 언제나 우울합니다. 상담 치료를 몇 번이나 받았지만 나아지는 것이 없습니다."

나는 단도직입적으로 물었다.

"제가 보기에 그것은 감정적 문제가 아닙니다. 생각의 문제입니다."

"생각이라고요? 무슨 말씀이십니까?"

"선생님은 아침에 눈을 뜨자마자 무슨 생각을 하십니까?"

"제가 얼마나 외롭고 얼마나 상처받았는지 생각합니다."

"하루 종일 가장 많이 하는 생각은 무엇입니까?"

"제 인생이 왜 이리 엉망이 되었는지, 얼마나 많은 실수를 했는지, 이런 생각을 합니다. 도저히 다시 일어설 수 없다는 생각이 듭니다."

138 | 긍정의 힘

"그러면 잠자리에 들어서는 무슨 생각을 하십니까?"

"계속 똑같은 생각을 하지요."

"선생님, 저는 심리학자나 정신병 전문의는 아닙니다만 선생님의 정서는 지극히 정상인 것 같습니다. 하나님이 창조하신 그대로입니다. 그러니까 선생님의 감정은 마음의 생각을 그대로 반영하고 있습니다. 감정 자체는 긍정적이지도 부정적이지도 않습니다. 그저 우리가 생각하는 그대로 느끼는 것뿐이죠. 우리가 항상 슬픈 생각에 빠져 있으면 슬픈 감정을 느끼게 됩니다. 분노를 품으면 분노하게 됩니다. 반대로, 행복과 성공을 생각하면 행복을 느끼고 당당해지지요. 그러니 선생님께 상처를 준 사람과 선생님이 저지른 온갖 실수를 더는 생각하지 마십시오. 이제부터 어떤 식으로든 행복하고 긍정적인 삶을 기대하세요. 과거를 떨쳐버리고 하나님께서 예비하신 놀라운 미래에 마음을 두십시오. 하나님은 새로운 출발을 원하십니다. 상황을 바로 잡아 주시고 문제를 오히려 유익하게 사용하시겠다는 하나님의 약속에 시선을 고정하고 좋은 측면을 생각하십시오. 마음의 프로그램을 다시 짜면 감정은 저절로 제자리를 찾을 겁니다."

"내가 생명과 사망과 복과 저주를 네 앞에 두었은즉 생명을 택하고"(신 30:19). 이는 일회적인 선택의 문제가 아니라 지속적인 결단의 문제다. 긍정적이고 좋은 생각을 품기로 결단하라. 부정적인 것은 항상 우리 주위를 맴돌고 있다. 우리는 매순간 그릇된 것이 아니라 올바른 것에 마음을 두겠다는 결단을 내려야 한다. 가지지 못한 것이 아니라 가진 것을 생각하면서 긍정적인 마음 자세를 유지하라.

부정적인 생각이 마음의 문을 두드리는 것까지는 막을 수 없다. 하지만 문을 열고 그것을 받아들일지는 우리 선택의 문제다. 인생의 험

3부_ 나는 생각과 말의 힘을 발견한다 | **139**

한 순간에도 문제가 아닌 하나님을 바라보라. 전능하신 하나님이 우리 편이시라는 사실, 우리를 위하여 싸우시겠다는 하나님의 약속, 어떤 무기도 우리의 번영을 막을 수 없다는 사실로 눈을 돌릴 때, 어떤 큰 시련 속에서도 믿음과 자신감으로 가득할 것이다.

큰 좌절을 겪었는가? 인생이 뜻대로 풀리지 않는가? 부당한 대우를 받았는가? 인생이 흔들릴 만큼 큰 실패를 경험했는가? 그렇더라도 하나님과 함께라면 좌절은 없다. 하나님은 언제나 우리에게 새로운 출발을 허락해 주신다. 해결책으로 눈을 돌리고 하나님이 우리 인생을 위해 예비하신 원대한 계획을 바라보라. 하나의 문이 닫히면 하나님은 언제나 더 크고 좋은 문을 열어 주신다. 하지만 우리도 해야 할 일이 있다. 믿음의 태도를 유지하고 희망을 잃지 않는 것이다.

아무리 오래 하나님을 믿어 왔어도, 지금까지 긍정적으로 잘 살아왔어도, 우리는 가끔 절망감의 공격을 받는다. 이것은 우리가 죄악의 세상에서 사는 이상 반드시 치러야 할 대가다. 아무리 오래 긍정적 태도를 유지한 사람이라도 절망의 공격에서 완전히 자유할 수는 없다.

▍평정심을 유지하라

2001년 12월, 레이크우드 교회는 16,000 좌석을 갖춘 휴스턴 로켓츠의 홈구장인 컴팩 센터를 임대하기로 시 당국과 계약을 맺었다. 온 교회가 흥분에 사로잡혔고 어서 빨리 센터를 개장하고 싶어 했다.

그런데 그 센터에 눈독을 들인 한 회사가 소송을 걸어 레이크우드 교회의 이전을 방해했다. 당연히 우리는 시간이 지연된 데 대해 크게 실망했다. 하지만 이 문제를 놓고 기도하자 계획한 대로 밀고나가라는 하나님의 음성이 들려왔다. 그래서 2002년 3월에 우리는 소송에서 승리하기 위해 온 힘을 쏟아 부었다.

그러나 아쉽게도 그해 가을부터 소송의 열기가 고조되기 시작했고, 법적 논쟁은 겨우내 계속되었다. 결국 2003년 여름에 공판을 개시하겠다는 법원 통보가 왔다. 그 전에 우리 측 변호사들은 상대측이 우리의 뜻에 합의할 확률이 절대 없다는 점을 분명히 했다. 그 회사로서도 잃을 게 너무 많기 때문이다. 변호사들이 소송에 이길 확률과 소요 자금, 예상 기간을 정확히 산출함에 따라 우리는 여러 가능성들을 타진하고 몇 가지 계획을 세웠다. 하지만 암울한 보고서를 보는 순간, 나는 이기기 힘든 게임이라는 생각이 들었다. 혹시 승소할 가능성이 있다 하더라도 수년간의 법적 분쟁을 각오해야 할 판이었고, 그럴 경우에 들어갈 막대한 자금을 감당할 수 있을지 의문이었다.

그 기나긴 시간 동안 나는 한밤중에 깨기 일쑤였고, 그때마다 온갖 혼란스런 생각이 마음을 파고들었다. '이봐, 너 엄청난 실수를 저지른 거야. 모든 사람에게 컴팩 센터로 이사할 거라고 떠벌렸지? 거창한 계획서를 보여 주면서 돈도 걸고 말이야. 그래놓고 소송에서 지면 어떡할 거야? 아마 바보가 되겠지. 8-9년 동안 법적 분쟁에 휘말려야 할지도 몰라. 거기에 드는 돈을 다 어디서 나려고? 엄청난 돈을 퍼부었다가 패소하면 어떻게 하려고 그래?'

실패에 대한 두려움이 엄습했다. '이건 불가능해. 큰일이야. 그냥 돈을 회수하고 예전처럼 지내는 게 나아.' 아무리 생각해 봐도 답이 나오지 않았다. 절망에 빠지고 싶은 유혹이 마구 밀려왔다. 원수의 거짓말에 속아 절망하고 하나님의 역사하심을 방해할지, 아니면 믿음을 잃지 않고 우리를 위해 싸우시는 하나님을 신뢰할지 결정해야 할 순간이었다. 그냥 포기해 버릴까? 아니면 하나님이 온 세상을 통치하시고 우리의 발걸음을 인도하신다는 사실만 바라볼까?

나는 하나님과 동행하기로 결정했다. 의심과 불신이 공격해올 때마다 그것을 거부하기 위해서 최선을 다했다. 문제가 아닌 하나님께 초점을 맞추기로 의식적인 결단을 내렸다.

'불가능해' 라는 생각이 들 때 나는 하나님과 함께라면 모든 것이 가능하다는 사실을 떠올리며 그 생각을 뿌리쳤다. '어리석은 결정이야. 후회하게 될 거야' 라는 생각이 들 때는 모든 것이 합력하여 하나님을 사랑하는 자의 선을 이룬다는 말씀으로 마음을 가다듬었다.

내 마음에 부정적이고 절망적인 생각이 튀어나올 때마다 나는 그것을 오히려 승리 주시는 하나님께 감사하는 기회로 삼았다. 의심과 불신 속에서 헤매면 하나님이 역사하실 수 없음을 알았기 때문이다. 나는 하나님의 승리를 가로막는 어떤 행동도 하고 싶지 않았다. 나는 부정이 아닌 긍정을 선택했다. 그리고 그 선택은 한 번도 틀린 적이 없다. 이것이 주님 안에서 이뤄지는 긍정의 힘이다.

▌하나님은 믿음이 있는 곳에서 역사하신다

걱정하고 분노하고 절망하는 것은 승리를 주시려는 하나님을 방해하는 일이다. 하나님은 믿음이 있는 곳에서 역사하신다. 예수님은 "나를 믿으면 모든 일이 가능하다"라고 말씀하셨다. 뒤집어 말하면, 예수님을 믿지 않고 부정적인 생각과 걱정과 분노에 빠져 있는 사람에게는 초자연적인 변화가 불가능하다. 인생의 험한 파도가 밀려와서 더는 긍정적인 태도를 유지하기 힘들다고 생각될 때도 있다. 그런 때일수록 마음을 단단히 먹어야 한다. 부정적인 태도에 빠져 있는 매순간이 하나님이 역사하실 수 없는 순간임을 명심해야 한다.

컴팩 센터 소송이 한창이던 어느 날 밤, 나는 잠에서 깨어 성경을 집어 들었다. 그리고 하나님의 영에 이끌리어, 유대 백성이 무시무시한 적을 맞이했던 상황을 기록한 구절을 펼쳤다. 당시 하나님은 유대 백성에게 이렇게 말씀하셨다. "이 전쟁에는 너희가 싸울 것이 없나니 항오를 이루고 서서 너희와 함께한 여호와가 구원하는 것을 보라"(대하 20:17). '항오를 이루고 서서'라는 문장이 눈에 확 들어왔다. 평정심을 유지하라는 뜻이다. 조금도 좌절하지 말고 우리 생각대로 판단하지도 말라는 말씀이다. 그 대신 자신감을 가지고 흔들림 없이 조용히 서 있어야 한다. 하나님은 "내가 대신 싸워 주겠다"고 말씀하신다.

몇 주 후에 우리 측 변호사들에게 전화가 왔다. 상대측이 절대 합의하지 않을 거라고 말했던 그 변호사들 말이다. 소송을 걸었던 회사가 다음 날 아침에 우리와 이야기하고 싶다는 것이었다. 다음 날, 48시간도 안되어 우리는 합의점에 도달했고 법적 분쟁은 완전히 해결되었다!

"사람의 행위가 여호와를 기쁘시게 하면 그 사람의 원수라도 그로더불어 화목하게 하시느니라"(잠 16:7). 하나님은 바로 그런 은혜를 우리에게 베푸셨다. 법적 분쟁이 말끔히 해소되었을 뿐 아니라, 우리 임대 계획을 그토록 방해했던 회사가 오히려 향후 6년간 컴팩 센터의 거의 만 개에 달하는 주차 공간을 우리에게 임대해 주기로 했다! 이로써 우리는 수백만 달러를 건졌고, 교회 이전 계획도 일 년이나 앞당겨졌다.

우리가 하나님을 신뢰하면 하나님은 대신 싸워 주신다. 우리가 동요하지 않고 있으면 반드시 하나님의 구원이 나타난다. 얼마나 큰 시련을 겪고 있는지, 또 얼마나 거대한 적이 버티고 있는지는 상관이 없다. 믿음의 반석 위에 서서 긍정적인 태도를 유지하고, 동요하거나 자신의 어리석은 생각을 따르지 않으면 하나님이 알아서 역사하신다. 우리가 하나님의 명령에 순종하기만 하면 하나님은 모든 상황을 우리에게 유리하게 바꿔 주신다.

엄청난 곤경에 빠져 있을 때는 부정적 생각에 굴복하기가 참으로 쉽다. 그러나 우리는 무엇보다도 먼저 마음의 전쟁에서 승리해야 한다. 믿음의 반석 위에 굳게 서야 하며, 부정적인 생각이 침입해 와도 즉시 그것을 몰아내고 하나님의 생각으로 마음을 채워야 한다.

어떤 이들은 한 걸음 앞으로 나갔다가 두 걸음 뒤로 돌아온다. 하루는 긍정적인 태도로 행복하게 살다가 이틀은 부정적인 생각과 절망 속에 허덕인다. 이런 갈팡질팡하는 태도로는 하나님이 원하시는 곳에 절대 도달할 수 없다. 우리에게는 언제나 전진만 있어야 한다. 두려움과 걱정, 의심을 낳는 부정적인 생각은 떠오르는 즉시 제거하고 오직 승리와 전진에만 마음을 두어야 한다. '나는 후퇴하지 않을 거야. 오직 하나님과 함께 앞으로만 나아갈 거야. 하나님이 원하시는 사람이 될 거야. 반드시 내 꿈을 이루겠어.'

우리가 이런 생각을 품을 때 하나님은 우리의 삶을 위해 쉬지 않고 역사하신다. 하나님이 우리를 대신해 싸우심을 잊지 말라. 폭풍우 한가운데서 우리에게 평안을 주시며 우리를 위해 산더미처럼 복을 쌓아 놓고 계시는 하나님을 바라보라.

14_ 말을 바꾸면 세상이 바뀐다

산이 너무 크다고 하나님께 불평하지 말고
산을 향해 하나님이 얼마나 크신지 선포하라

　　　　　　　　　　　　　1990년대 말 호세 리마
(Jose Lima)는 휴스턴 아스트로스(Houston Astros)의 투수 스타플레이어로 여러 해 동안 전성기를 구가했다. 그는 온몸에서 에너지와 매력을 발산하고 언제나 긍정적인 태도를 잃지 않는 젊은 야구선수였다. 하지만 아스트로스가 홈구장을 새로 지었을 때 리마는 머리끝까지 화가 났다. 좌측 펜스가 이전보다 훨씬 짧았기 때문이다. 좌측 펜스가 짧으면 타자에겐 유리하지만 특히 투수가 주로 좌측 안타를 날리는 오른손 타자를 상대할 때는 여간 곤혹스럽지 않은 것이다.

　새로운 구장의 마운드에 처음 선 호세 리마는 외야를 둘러보았다. 그리고 좌측 펜스가 훨씬 짧다는 사실을 금세 알아채고는 볼멘 소리를 내뱉었다. "젠장, 이런 데서 제대로 던지기는 글렀어."

새로운 구장에 대한 팬들의 뜨거운 관심 속에서 다음 시즌이 개막되었지만 호세는 20승 투수에서 연속 16패 투수로 전락하면서 최악의 한 해를 보내야 했다. 아스트로스 역사상 이처럼 급격히 나락으로 떨어진 투수는 한 명도 없었다.

우리의 말은 자신에게 하는 예언이다

호세에게 어떤 일이 일어난 걸까? 그가 말한 그대로 이루어진 것이다. 우리 주위에서 매일 이런 일이 일어난다. 우리가 패배를 생각하고 말로써 그것에 생명을 부여하면 우리 행동은 그대로 따라간다. 우리가 생각, 특히 말을 신중히 해야 하는 이유가 바로 이것이다. 말에는 엄청난 힘이 숨어 있고, 좋은 말이든 나쁜 말이든 간에 우리는 자신의 의지와 상관없이 말에 생명을 부여하게 된다.

그러나 슬프게도, 많은 사람이 부정적인 말을 함으로써 실패의 삶을 산다.

- "내겐 도무지 좋은 일이 일어나지 않아."
- "나는 절대 성공할 수 없어."
- "나는 그럴 만한 자격도 능력도 없어. 나는 할 수 없다고!"
- "나는 이 혼란을 감당할 수 없어."

심지어 자신에게 나쁜 이름을 붙이는 사람도 있다. "이런 바보천치 같으니라고! 도대체 제대로 하는 게 뭐가 있어?" 자신도 모르는 사이에 이런 말로 실패로 향하는 길을 닦고 있는 것이다.

146 긍정의 힘

말은 씨앗과 비슷하다. 입 밖으로 나온 말은 우리의 무의식 속에 심어져 생명력을 얻는다. 그리고 뿌리를 내리고 자라서 그 내용과 똑같은 열매를 맺는다. 우리가 긍정적인 말을 하면 우리 삶은 긍정적인 방향으로 펼쳐진다. 부정적인 말은 부정적인 결과를 낳는다. 패배와 실패를 말하면서 승리의 삶을 살려고 애써 봐야 아무 소용 없다. 뿌린 그대로 수확할 뿐이다.

조그마한 방향키가 배 전체의 방향을 통제하듯, 우리의 혀도 우리 삶의 방향을 좌지우지한다. 습관적으로 실패의 말을 내뱉는 사람은 불행한 삶을 살 수밖에 없다. "나는 할 수 없어. 나는 능력이 없어" 같은 부정적인 말을 자주 하면 우리는 차츰 실패를 향해 나아가게 된다. 부정적인 말은 우리가 하나님이 원하시는 사람이 되지 못하도록 막는 커다란 장애물이다.

말의 힘을 잘 아는 의사가 있었다고 한다. 한번은 그가 환자에게 다른 처방은 내리지 않고 적어도 하루 한 번씩 "나의 몸 구석 구석이 매일 좋아지고 있어"라고 선포하도록 했다. 그런데 놀랍게도 그 환자는 다른 의사들의 환자들보다 훨씬 빠른 회복세를 보였다.

간절한 맘으로 뭔가를 끊임없이 말하면 우리는 그 말을 이루기 위해 무의식적으로 노력하기 시작한다. 아침에 눈을 뜨자마자 거울을 보고 이렇게 말하라. "나는 소중한 존재야. 나는 사랑받고 있어. 하나님은 내 삶을 위해 원대한 계획을 세우셨어. 나는 어디를 가든지 은혜를 입을 거야. 차고 넘치는 하나님의 복이 나를 따르고 있어. 나는 뭘 하든 번영하고 성공할 거야. 멋진 미래가 나를 기다리고 있어!" 이런 긍정적인 말을 하면 오래지 않아 한층 더 큰 번영과 성공과 승리를 맛보게 된다. 말에는 정말 강한 힘이 있다.

3부_ 나는 생각과 말의 힘을 발견한다 **147**

상황이 우리 뜻대로 풀리지 않고 자꾸 어려운 일만 터질 때 특히 말을 조심해야 한다. 긍정적인 생각과 말을 하는 사람일수록 더 강하고 고통에서 더 빨리 벗어나는 경향이 있다. 물론 일이 꼬이면 지나가는 모든 사람을 잡고 불평과 신세 한탄을 늘어놓는 게 인간의 본성이지만, 이런 식의 대화는 자기파멸만 초래할 뿐이다. 어려운 시절을 빨리 극복하고 더 나은 미래를 보고 싶다면 긍정적인 말을 많이 하려고 최대한 노력해야 한다.

우리가 인생의 고난에 어떻게 대처하고 시련의 도가니 속에서 어떤 말을 하느냐에 따라 고통은 곧 끝나기도, 평생 지속되기도 한다.

반드시 입을 단속해야 할 때가 있다면 바로 시련의 순간이다. 억장이 무너져 내리고 스트레스가 밀려올 때, 세상의 모든 것이 우리에게서 등을 돌릴 때, 좌측 펜스가 짧게 보일 때야말로 긴장을 절대 늦추지 말아야 할 때다. 이런 시기에 부정적인 태도와 말에 빠질 위험이 가장 크기 때문이다. 우리의 무의식은 우리의 말을 사실로 받아들인 후에 그것을 이루기 위한 메커니즘을 가동한다. 따라서 불행한 일이 벌어져도 우리는 자신 외에 누구도 탓할 수 없다. 우리를 무너뜨리는 것은 바로 우리의 생각과 말이기 때문이다.

우리 혀에는 놀라운 힘이 있다

"죽고 사는 것이 혀의 권세에 달렸나니 혀를 쓰기 좋아하는 자는 그 열매를 먹으리라"(잠 18:21). 우리는 말로 환경을 좋게도 나쁘게도 만든다. 그리고 그렇게 스스로 만든 환경 속에서 살아가야 한다. 인생이 얼마나 꼬였는지에 대해 투덜거리고 불평하면 우리는 매우 불행하고 짜증나는 세상에서 살게 된다. 물론 누구나 부정적인 상황을 말로 표현하고 싶은 마음이 들 때가 있다. 그러나 하나님은 우리가 말로 우리의 부정적인 환경을 '바꾸기를' 원하신다. 그러려면 문제점을 이야기하지 말고 해결책을 이야기해야 한다.

산이 너무 크다고 하나님께 불평하지 말고 산을 향해 하나님이 얼마나 크신지 선포하라.

우리 혀에는 불가사의한 힘이 있다. 그렇기 때문에 우리가 말을 바꾸면 세상이 바뀐다. 먹구름 속에서 우리가 투덜거리거나 불평하지 않고 과감히 명령하면 곧 환한 태양이 뜬다. 우리가 올바른 말을 하고 올바른 태도를 유지하면 하나님은 어려운 상황을 바로잡아 주신다.

정말로 말이 그런 기적을 일으킬 수 있을까? 나는 그렇다고 자신 있게 말할 수 있다. 생각과 말의 힘이 현대 의학으로 설명할 수 없는 기적이 일어나는 것을 내 두 눈으로 똑똑히 봤으니까. 우리 가족에게 어떤 기적이 일어났는지 지금부터 이야기하겠다.

3부_ 나는 생각과 말의 힘을 발견한다 | **149**

15_ 인생을 바꾸는 말

우리 인생을 향해 믿음의 말을 선포하라
말에는 엄청난 창조의 힘이 있다

1981년에 우리 어머니는 암으로 몇 주밖에 살지 못한다는 진단을 받으셨다. 우리 가족은 얼마나 커다란 충격을 받았는지 모른다. 전에는 어머니가 아프신 것을 한 번도 본 적이 없었다. 어머니는 누구보다도 건강하고 활동적이어서 밖에 나가기를 즐기셨고, 틈만 나면 뜰에서 열심히 일하셨다.

의사의 진단이 떨어졌을 때, 나는 타지의 대학에 있었다. 형이 내게 전화를 했다. "조엘, 어머니가 정말 많이 편찮으셔."

"어디가 어떻게 편찮으신데? 감기에 걸리셨어?"

"그런 게 아니야. 계속 살이 빠지고 피부가 노랗게 변하셨어. 몸이 극도로 약해지셨는데 뭔가 큰 문제가 있대."

어머니는 21일 동안 병원에 입원하여 갖가지 검사를 받으셨다. 의사들은 치료법을 찾기 위해 어머니를 여러 곳의 병원으로 옮겨 검사했다. 그리고 한참 만에 어머니가 간암에 걸리셨다는 청천벽력 같은 소식을 듣고 돌아왔다. 의사들은 아버지를 복도로 불러 말했다. "사모님은 앞으로 몇 주밖에 사실 수 없습니다. 몇 달이 아니고 몇 주요…."

현대 의학으로는 해결할 수 없는 한계에 도달한 것이다. 훌륭한 의사들이 온갖 노력을 다했으나 결국 포기하고 어머니를 집으로 돌려보냈다. 우리는 의사들과 병원 직원들의 노고에 진심어린 감사를 전했지만 그들의 의견을 받아들이지는 않았다. 의사와 병원, 약학과 의학을 무시하는 것은 아니지만 의학 전문가들은 진료 차트에 있는 내용만 전달할 수 있을 따름이다. 모든 의학 권위가 포기해도 우리는 더 높으신 권위자, 즉 하나님께 도움을 요청할 수 있다. 때로 하나님의 진단서는 세상 권위자들의 진단서와 완전히 다르다.

우리는 자연의 법칙을 뛰어넘으시는 하나님을 섬기고 있다. 하나님은 인간이 할 수 없는 일을 하시며 길이 없는 곳에 길을 만드신다. 그래서 우리는 어머니의 생명을 구해달라고 하나님께 기도드렸다.

어머니 역시 결코 포기하지 않으셨다. 불평과 패배의 말 대신 하나님의 말씀을 마음과 입에 두기로 선택하셨다. 어머니는 믿음으로 충만한 말을 하기 시작하셨다. 건강과 치유를 외치는 어머니의 목소리를 하루 종일 들을 수 있었다. "나는 죽지 않고 살 거야. 나는 하나님의 역사하심을 선포할 거야." 어머니는 걸어 다니는 성경이셨다!

언젠가 나는 이렇게 물었다.

"어머니, 도대체 어떻게 죽지 않으시겠다는 거예요?"

"애야, 나는 주님과 그분의 권능 안에서 누구보다도 강하단다." 어머니는 성경을 열심히 뒤지시다가 가장 좋아하는 치유의 말씀을 30-

40개 정도 찾아내 종이에 적어 매일 읽고 큰 소리로 선포하셨다.

어머니가 하나님의 말씀과 자신의 말을 섞어 사용하시자 놀라운 일이 일어나기 시작했다. 상황이 변하기 시작한 것이다. 조금씩 병세가 호전되기 시작했다. 점차 식욕이 돌아오고 몸무게가 불어나기 시작했다. 느리지만 분명하게 건강이 돌아오고 있었다.

그 이유가 뭐였을까? 하나님의 말씀이 살아 역사하신 것이다. 하나님이 어머니의 건강을 회복시키고 상처를 치유하고 계셨다. 몇 주가 지나자 어머니는 조금 나아지셨다. 몇 달이 지나자 회복세는 더욱 빨라졌다. 내가 이 글을 쓰고 있는 지금, 어머니가 며칠 밖에 살지 못한다는 사형선고를 받으신 지 20년이 흘렀다. 이제 어머니는 말씀의 힘으로 암에서 완전히 벗어나 자유를 누리고 계신다!

우리 어머니는 지금도 하나님의 말씀을 고백하고 계신다. 아침마다 치유의 성경 구절을 묵상하고 믿음과 승리, 건강에 관한 말을 하지 않고서는 집을 나서지 않으신다. 어머니는 '죽음이란 놈'이 어찌할 수 없다는 사실을 늘 되새기신다. 어머니는 무덤가를 지날 때마다 "하나님께서 내게 장수를 주시고 그분의 구원을 보여 주실 거야"라고 외치시는데, 그 소리가 얼마나 큰지 모른다. 차 안에서 어머니가 이 말씀을 처음 외쳤을 때 나는 너무 놀라 간 떨어지는 줄 알았다! 이처럼 어머니가 항상 말로 선포하시니 사탄은 어머니의 삶에 발 디딜 틈조차 없다.

▌과감하게 하나님의 말씀을 선포하라

내 어머니처럼 우리도 말로 세상을 바꿀 수 있다. 때로 우리는 '희망이 없는' 상황에 직면하기도 한다. 그 어떤 경우라도 우리는 포기하지 말아야 한다. 하나님은 우리가 처한 상황을 속속들이 아시며 우리가 완전히 쓰러지도록 내버려두시지 않는다. 우리에게 하나님은 형제보다도 더 가까운 친구이시기 때문이다. 우리가 하나님을 믿고 믿음의 말을 하는 순간부터 상황은 바뀌기 시작한다.

하나님은 기적을 일으키는 분이시다.

하나님의 시각으로 우리 자신을 보는 것만큼이나 하나님의 말씀을 우리 자신에게 선포하는 것이 중요하다. 우리의 말은 꿈을 이루는 데 매우 중요한 역할을 한다. 꿈을 꾸는 것이나 믿음의 눈으로 꿈을 바라보는 것만으로는 부족하다. 우리 인생을 향해 믿음의 말을 선포해야하는 것이다. 말에는 엄청난 창조의 힘이 있다. 우리가 뭔가를 입으로 말하는 순간에 말의 내용이 생명을 얻는다. 이것은 영적 원리다.

"내게 좋을 일이 일어날 리 없어. 내 꿈은 실현될 가망이 없어. 나는 승진되지 못할 게 뻔해." 우리가 인생에서 앞서나가지 못하는 이유는 바로 이런 말 때문이다. 혀를 다스리고 오직 믿음의 말만 선포하라. 우리의 말은 우리를 흥하게도 망하게도 할 수 있다.

하나님은 고통과 고난을 입으로 떠벌리라고 명령하시지 않았다. 친구와 이웃과 모여서 자신의 서글픈 처지를 하소연하는 것은 하나님의 가르침과 정반대다. 하나님은 우리에게 항상 그분의 선하심을 말하라고 명령하신다. 그러니 이른 새벽부터 늦은 저녁 잠자리에 들 때까지 끊임없이 하나님의 약속을 선포하면서 그 선하심 속에 거해야 한다.

나는 아침에 눈을 뜰 때마다 하나님의 은혜와 관련된 성구를 인용해 기도한다. "아버지, 당신과 당신의 전능한 힘 안에서 저를 강하게 하시니 감사합니다. 저는 하나님이 주신 소명을 충분히 감당할 수 있습니다." 나는 좋은 성경 구절을 암송하고 생각과 말을 하나님의 말씀과 일치시키면서 매일 하루를 시작한다.

아침에 눈을 뜨자마자 그날의 색깔을 정해야 한다. 미리 그날의 색깔을 정하지 않고 있다가 조간신문을 읽게 되면 온갖 슬프고 무시무시한 뉴스가 어두운 색으로 우리의 삶을 칠해 버린다. 우리를 향하신 하나님의 기쁜 말씀으로 하루를 시작해야 기쁨으로 하루를 마칠 수 있다. 잠에서 깨는 순간부터 믿음과 승리의 말을 선포하는 습관을 길러야 한다. 그런 말을 통해 우리의 꿈은 새로운 생명력을 얻게 된다.

단순히 부정적인 말을 하지 않는 것으로는 부족하다. 그것은 수비만 잘하고 공격은 하지 않는 것과 같다. 축구 경기에서 계속 수비만 하면 어떻게 점수를 내고 승리하겠는가? 공을 빼앗았으면 몰고 나가서 골대에 공을 넣어야 이긴다. 말할 때도 마찬가지다.

부정적인 말을 삼가는 데서 그치지 말고 긍정적인 말을 해야 한다.

우리가 하나님의 말씀을 과감하게 선포할 때 온 우주의 힘이 모여 그 말씀을 현실로 이룬다. 하나님은 그저 읽고 감상하라고 수많은 약속의 말씀을 우리에게 주신 게 아니다. 우리에게 약속의 말씀을 주신 것은 우리가 그 말씀을 과감히 선포하여 승리와 건강, 희망, 풍성한 삶을 얻기를 원하셨기 때문이다.

하나님은 약속을 지키시는데 우리가 게으름을 피우면 되겠는가? 부지런히 성경을 찾아 특별히 우리 상황에 맞는 말씀을 찾아 적고 그것을 선포하는 습관을 길러야 한다. 하나님은 이미 모든 일을 이루셨고 지금도 역사하신다. 나머지는 우리 몫이다. 지혜와 성공, 번영, 건강을 얻고 싶다면 단순히 말씀을 묵상하고 믿는 차원을 넘어서야 한다. 과감히 믿음의 말을 하고 자신과 가족의 승리를 선포하라.

다음 장에서는 그 방법을 연구해 보자.

16_ 복을 말하라

복은 말로 표현되기 전까지는 복이 아니다
당신의 인생과 가정, 친구와 미래에 대해 복을 선포하라

부모로서 우리가 하는 말은 자녀의 인생에 엄청난 영향을 미친다. 나는 남편과 아내의 말이 가족 전체의 방향을 설정하고 기업주의 말이 직원들의 방향 설정에 도움을 준다고 확신한다. 우리의 말은 그것을 듣는 모든 사람의 미래에 막대한 영향력을 발휘한다.

우리 각자는 누군가에게 영향을 주면서 살아간다. 굳이 리더가 아니더라도 나름의 세력 범위를 가지고 있다. 우리는 영향을 미치는 상대에게 '좋은 말'을 던져야 한다. '좋은 말'을 한다는 것은 상대에게 반박하지 말라는 뜻도, 상대의 잘못을 지적하고 고쳐 줘야 한다는 뜻도 아니다. 전반적인 분위기가 긍정적인 말을 하라는 뜻이다.

어떤 엄마가 십대 아들을 올바로 키우려는 마음에 쉴 새 없이 잔소리를 했다. "넌 왜 그렇게 게으르니? 그래서 뭐에 쓰겠어? 열심히 공부하지 않으면 대학에 갈 수 없어. 그러면 나중에 땅을 치며 후회하게 될 거야. 알겠어?"

아무리 의도가 좋아도 이런 부정적인 말은 우리가 상상하는 것보다 훨씬 빨리 상대방을 망가뜨린다. 상대방에게 부정적인 말을 쏟아 붓고 그가 복을 받기를 기대하는 것은 참으로 어리석은 짓이다. 우리의 아들과 딸이 꿈을 이루고 성공하길 바란다면 그들을 향해 파멸과 절망을 경고하기보다는 생명의 말을 선포해야 한다. 성경은 우리의 말이 사람들을 축복할 수도 저주할 수도 있다는 사실을 일깨워 준다.

구약 시대의 사람들은 축복의 힘을 잘 알고 있었다. 당시에는 가장(家長)의 죽음이 가까워지면 서열이 높은 아들들을 불러들여 그 머리에 손을 얹고 애정과 믿음이 가득한 말로 그들의 미래를 선포했다. 이 선포에는 '축복'이라는 과정도 포함되었다. 가족들은 이 선포의 말을 아버지의 유언 이상으로 여겼다. 이 말에는 아들들의 미래에 성공과 번영과 건강을 가져다줄 영적 권위와 능력이 있었다.

아들들이 아버지의 축복을 놓고 싸움까지 벌이는 일도 허다했다. 아버지의 유산도 아니고 가족의 사업도 아닌 믿음의 말을 놓고 다투는 것이다. 그들은 아버지의 축복을 받으면 부와 성공은 덤으로 얻을 수 있음을 알고 있었다. 하지만 그보다 더 중요한 것은 그들이 사랑하고 존경하는 대상에게 축복을 받기를 몹시 원했다는 점이다.

성경 속에서 축복의 힘과 관련한 가장 흥미로운 이야기는 이삭의 두 아들, 야곱과 에서의 이야기일 것이다. 야곱은 아버지의 축복, 그것도 보통 축복이 아닌 가족의 장자에게 속한 축복에 눈독을 들였다. 한편 아버지 이삭은 죽을 때가 가까워 눈이 거의 안 보이는 상태였다. 어느 날 이삭이 아들 에서를 불러 말했다. "에서야, 사냥을 해 와서 나를 위해 음식을 만들거라. 내가 네게 장자의 축복을 하겠다." 그런데 야곱의 어머니 리브가가 이 말을 엿들었다. 리브가는 에서보다 야곱을 사랑했기에 야곱에게 에서의 옷을 입고 아버지를 속여 축복을 가로채라고 말했다. 그리고는 자신은 이삭이 좋아하는 음식을 요리했다.

에서가 사냥하러 들에 나간 사이에 리브가가 야곱에게 말했다.

"아버지께 가서 이 음식을 드리거라. 그러면 원래 네 형에게 속한 축복을 네게 해 주실 게다."

야곱은 그것이 얼마나 위험한 모험인지 잘 알고 있었다. "하지만 어머니, 아버지가 제 거짓말을 알아채시고 축복은커녕 저를 저주하시면 어쩝니까? 저는 평생 저주 속에서 살아야 할지도 모릅니다."

야곱은 이 모험에 자기 인생이 걸려 있다는 사실을 잘 알고 있었다. 아버지의 말에 따라 그의 남은 평생이 흥할 수도 망할 수도 있었다.

하나님의 은혜를 선포하라

우리의 말에는 이삭의 선포와 똑같은 힘이 있다. 그러니 사랑과 인정, 포용, 격려의 말을 하라. 말로써 아이들의 삶에 복을 불어넣으라.

우리의 말은 우리 자녀의 미래에 좋거나 나쁜 영향을 미친다.

그러나 우리는 아이들의 잘못된 점만 꼬집어 무조건 나무라는 경우가 너무 많다. "왜 성적이 이 모양 이 꼴이냐? 그만 노닥거리고 돼지우리 같은 네 방이나 치워! 도대체 너는 제대로 하는 게 뭐니?"

이런 부정적인 말을 듣고 자라는 아이는 결국 하나님이 심어 주신 자기가치를 잃어버린다. 부모로서 우리는 하나님과 사회 앞에서 우리 아이들을 올바로 훈련시킬 책임이 있다. 아이들이 말을 듣지 않을 때는 벌을 주기도 하고, 잘못을 저지를 때는 사랑하는 맘으로 혼내기도 해야 한다. 하지만 항상 꾸지람만 해서는 곤란하다. 계속 아이의 기를 죽이고 마음을 상하게 하는 말을 하면 아이의 자아상은 금세 깨져버린다. 아이들에게 계속해서 부정적인 말을 하는 것이 그들의 미래를 저주하는 것임을 알아야 한다. 더군다나 하나님은 아이의 미래를 망친 책임을 우리에게 돌리실 것이다. 권위에는 책임이 따른다. 우리는 아이를 품어 주고 사랑해 주며 인정해 줄 영적 책임이 있다. 특히 무엇보다도 아이를 축복해 줄 책임이 있다.

내가 하나님의 선하심에 관해 그토록 많이 이야기하는 이유 중 하나는 우리 아버지의 모습에서 그것을 보았기 때문이다. 나의 형제들은 그 누구보다도 아버지의 모습에서 하나님의 모습을 보았다. 우리가 실수나 잘못을 저질렀을 때조차 아버지는 엄한 모습 이면에 사랑과 애정을 보여 주셨다. 우리를 올바른 길로 이끌어 주셨으나 매보다는 사랑을 주로 사용하셨다. 매우 바쁘신 가운데서도 항상 우리를 위해 시간을 내서서 우리가 위대한 일을 행하고 꿈을 이루도록 격려해 주셨다. "조엘, 네가 원하는 것을 하거라. 네 자신의 꿈을 좇으렴." 아버지가 늘 하시던 말씀이다.

아버지는 우리를 믿어 주셨고, 우리가 낙심해 있을 때는 용기를 주셨다. 우리 스스로 생각하기에도 복 받을 만한 행동을 하고 있지 않을 때조차 우리를 복덩어리라 부르셨다. 우리가 잘못을 저질러서 화가 나실 때도 "아빠가 지금부터 무시무시한 복으로 너희를 때려 주겠다!"라고 말씀하셨다.

우리는 문제 많고 말썽 많은 자녀들이었다. 그러나 우리 부모님은

158 | 긍정의 힘

우리의 약점과 문제점에 초점을 맞추지 않으셨고 오로지 해결책만 바라보시면서 우리가 세상에서 가장 좋은 아이들이라고 늘 말씀하셨다. 부모님이 서로 사랑하셨을 뿐 아니라 우리를 사랑하고 신뢰하신다는 것을 알기에 우리는 올바로 성장할 수 있었다. 우리는 부모님이 절대 우리를 비난하거나 우리에게 실망하지 않고 항상 우리의 잠재력을 봐 주실 줄 믿어 의심치 않았다.

이제 아버지가 된 나는 부모님께 받은 사랑과 격려를 우리 아이들에게 그대로 전하고 있다. 내가 아이들에게 하고 있는 축복의 말은 대대손손 이어질 것이다.

나는 두 자녀가 잠자리에 들기 전에 "아빠는 언제나 너희의 가장 좋은 친구가 될 거야"라고 말한다. 우리 부부는 아이들을 볼 때마다 이렇게 말한다. "너희가 못할 일은 없어. 너희의 미래가 밝단다. 하나님의 은혜가 너희를 감싸고 있어. 너희는 뭘 하든지 크게 성공할 거야."

당신은 다음 세대에 무엇을 전해 주고 있는가? 그것을 머리로 생각하지 말고 말로 표현하라. 아이들은 다음과 같은 말을 듣고 자라야 할 소중한 존재들이다. "너는 최고의 작품이란다. 엄마 아빠는 너를 사랑해. 네가 정말 자랑스럽단다. 너는 특별하단다. 너는 참 좋은 아이야. 너는 참 훌륭하단다." 아이들은 인정해 주는 말을 들어야 하고 사랑과 축복을 받아야 한다.

복은 말로 표현되기 전까지는 복이 아니다.

자라서 이미 우리 곁을 떠난 자녀들도 있다. 전화로 격려하고 자긍심을 심어 주라. 아이들이 자라는 동안에는 제대로 한번 축복해 주지 못한 사람도 있을 것이다. 그러나 아직 늦지 않았다. 지금 당장 축복을 시작하면 자녀의 미래는 얼마든지 바뀔 수 있다.

한 번 내뱉은 말은 돌이킬 수 없다

야곱은 늙고 눈먼 아버지 이삭 앞에 서서 형 에서인 척했다. 하지만 눈은 어두웠어도 이삭은 아직 죽지 않았다. "네가 진정 에서냐?"

야곱은 거짓말을 했다. "예 아버지, 제가 에서입니다."

아무래도 의심스러운 이삭이 야곱을 가까이 불렀다. 그리고 야곱이 입고 있는 에서의 옷 냄새를 맡고서야 의심을 풀었다. 이삭은 장자에게 속한 축복을 야곱에게 주었다. "(하나님이) 풍성한 곡식과 포도주로 네게 주시기를 원하노라 만민이 너를 섬기고 열국이 네게 굴복하리니… 네게 저주하는 자는 저주를 받고 네게 축복하는 자는 복을 받기를 원하노라"(창 27:28-29). 이삭은 야곱을 향해 위대한 미래를 선포했고, 이 축복은 그대로 실현되었다.

야곱이 아버지의 방을 떠난 직후에 에서가 들어왔다.

"아버지, 앉아 보세요. 제가 아버지를 위해 요리를 해 왔습니다."

이삭은 깜짝 놀라 물었다. "너는 누구냐?"

"아버지, 저 에서예요. 아버지의 첫째 아들입니다."

이때 이삭은 몸을 격렬하게 떨기 시작했다. 속았다는 사실을 깨달은 이삭은 에서에게 동생 야곱이 축복을 가로챘다고 설명했다. 이 어처구니없는 사기극의 클라이맥스는 바로 지금부터다. 에서는 큰 소리로 울면서 말했다.

"아버지, 지금이라도 제게 장자의 축복을 해 주시면 되잖아요?"

그러나 이삭의 대답은 단호했다.

"그럴 수 없단다. 한번 내 입에서 나간 말은 물릴 수 없단다. 내가 이미 야곱에게 축복을 했으니 그가 복을 받을 것이다."

말의 힘이 느껴지는가? 자녀를 축복하는 일이 얼마나 중요한지 알겠는가? 이삭은 "한 번 내 입에서 나간 말은 물릴 수 없다"라고 말했다. 그러니 이제부터 누군가를 깔아뭉개거나 자녀를 저속한 말로 꾸짖고 싶을 때마다, 말은 주워 담을 수 없다는 사실을 명심하라.

우리가 일단 내뱉은 말은 살아 움직이는 능력이 있다. 그러니 되도록 남을 축복하는 말을 해야 한다. 이제부터라도 자녀를 비판하기보다는 그들이 미래에 행할 위대한 일을 선포해야 한다.

누구에게라도, 특히 우리가 영향력을 행사하고 있는 대상에게 부정적이고 파괴적인 말을 삼가라. 아무리 수많은 직원을 거느린 회사의 사장이라도 말로 그들을 깔아뭉개고 모욕감을 심어줄 권리는 없다. 오히려 그 반대! 하나님은 우리가 한 말은 스스로 책임져야 한다고 말씀하신다. 우리 영향력 안에 있는 사람에게 한 말에 대한 책임은 우리에게 있다. 하나님은 엄격한 기준에 따라 우리 말을 심판하실 것이다. 과거의 언행에서 벗어나 남을 세워 주고 격려하는 말을 자주 해야 한다.

마찬가지로 남편의 말은 아내의 삶에 지울 수 없는 영향을 미친다. 따라서 남편의 말에는 항상 축복이 담겨 있어야 한다. 아내는 남편을 사랑하고 도우며 가족을 하나로 묶고 아이를 양육하는 데 일생을 바친다. 그런데 남편이 그런 아내에게서 흠만 찾아내고 항상 아내를 무시하면 결혼 생활은 벼랑 끝으로 치닫고 결국 자신과 아내의 인생이 모두 망가져 버린다.

요즘 많은 여성이 절망하는 이유는 남편이 축복의 말을 하지 않기 때문이다. 기혼 여성이 정서 장애를 겪는 주된 원인 중 하나는 자기가치의 부재인데, 그것은 아내가 그토록 소망하는 인정의 말을 남편이 일부러 또는 무관심해서 해 주지 않기 때문에 나타나는 현상이다. 우리의 결혼생활 속에서 하나님이 기적을 행하시기를 원한다면 지금부터라도 배우자를 칭찬하고 인정하고 격려해야 한다.

"제 아내는 제가 자기를 사랑하는지 잘 안다오. 그러니 굳이 말할 필요가 없어요. 그 말은 42년 전에 결혼할 때 이미 말했다오." 한 할아버지가 내게 한 말이다.

하지만 그렇지 않다! 아내는 평생 사랑한다는 말을 듣고 살아야 하는 존재다. 남편은 하루도 빠짐없이 아내의 귀에 "사랑한다오. 고맙소. 당신은 내 생애 최고의 선물이오"라고 속삭여야 한다. 물론 아내도 남편에게 똑같은 애정 표현을 해야 한다. 배우자를 저주하는 대신에 친절하고 긍정적인 축복의 말을 전하기만 하면 부부 관계는 눈에 띄게 좋아진다.

▌ 하나님의 선하심을 선포하라

삶 속에서 늘 하나님의 선하심을 선포하라. "하나님이 나를 보고 웃고 계셔. 하나님은 내게 너무나 좋으신 분이셔"라고 말하며 하늘을 향해 미소 지어 보라. 허튼 소리가 아니다. 하나님은 우리가 하나님의 선하심을 선포할 때 복을 주겠다고 하셨다.

내가 당신 삶을 축복해 보겠다.

- 당신은 하나님의 초자연적인 지혜를 얻었고 인생의 분명한 방향을 아는 복을 받았다.
- 당신은 창의력과 용기, 능력, 풍요로움을 복으로 받았다.
- 당신은 강한 의지와 자기통제력, 올바른 인격을 복으로 받았다.

- 당신은 화목한 가족과 멋진 친구, 건강, 훌륭한 믿음, 은혜, 꿈의 성취를 복으로 받았다.
- 당신은 성공과 초자연적인 힘, 성장, 하나님의 보호하심을 복으로 받았다.
- 당신은 순종하는 마음과 긍정적인 인생관을 복으로 받았다.
- 누군가 당신에게 했던 모든 저주와 사악하고 부정적인 말이 지금 이 순간 완전히 소멸되었다.
- 당신은 도시나 시골이나 그 어디를 오가든 이미 복을 받았다.
- 당신이 손을 대는 모든 일이 번영하고 성공할 것이다.
- 당신은 축복 받은 사람이다!

아무쪼록 당신이 이 축복의 말을 받고 묵상하기를 원한다. 이 말을 가슴과 머리에 깊이 새겨서 현실 속에서 그대로 이뤄지기를 바란다. 나아가 당신 가족에게도 이와 비슷한 축복의 말을 해 보라. 당신의 삶과 친구, 미래에 대해 복을 선포하라. 축복은 표현되기 전에는 축복이 아니라는 사실을 명심하라. 우리 인생과 주위 사람들의 삶에 대해 과감하게 복을 선포하면 하나님은 풍요로운 삶에 필요한 모든 것을 아낌없이 제공해 주신다.

당신의 삶과 가정, 친구, 미래에 대해 축복을 선포하라.

YOUR BEST**!**LIFE NOW

Your Best Life Now

4부 나는 과거의 망령에서 벗어날 것이다

17 마음의 상처를 훌훌 털어버리라

18 원망이 뿌리 내리지 않게 하라

19 하나님이 억울함을 풀어 주시리라

20 실망감을 물리치라

17_ 마음의 상처를 훌훌 털어 버리라

마음의 실타래를 풀지 않는 한 행복은 오지 않는다
세상이 불공평하다며 고개를 떨구고 있는 사람은 태양을 볼 수 없다

우리는 변명이 난무하는 세상에서 살고 있다. "그건 내 잘못이 아냐." "제가 그런 게 아닌데요." 하루에도 몇 번씩 듣기도, 하기도 하는 말이지 않은가?

언젠가 한 남자는 내게 이렇게 말했다. "목사님, 제가 부정적인 사람이 된 것은 그런 가족 분위기 속에서 자랐기 때문입니다." 40대 초반의 여성에게 이런 말을 들은 적도 있다. "남편이 저를 버리고 도망갔어요. 그래서 저는 삶의 의욕을 잃었어요." 그런가 하면 어떤 젊은이는 이렇게 말했다. "아내가 저를 떠났어요. 그런데 도저히 이유를 모르겠어요. 그래서 너무나 화가 납니다."

그렇지 않다. 맘이 아프고 화가 날 때는 전적으로 거기서 헤어나오지 못한 우리의 책임이다. 우리는 누구나 좋지 않은 일을 겪으면서 살아왔다. 그런데 문제의 원인을 곰곰이 따져보면 우리 자신에게 잘못이 있었음을 깨달을 수 있다. 우리의 안 좋은 과거는 오직 우리의 나쁜 태도와 어리석은 선택과 성급한 분노 탓으로만 돌릴 수 있을 따름이다.

물론 슬픔과 분노, 좌절을 느낄 수밖에 없는 상황도 있기는 하다. 세상 누구도 겪어 보지 못한 거친 풍파를 맞으며 살아온 사람도 있다. 매를 맞고 욕을 먹고 심한 모욕을 받으며 성적 학대까지 당한 사람도 있다. 만성질병이나 불치병과 평생을 싸워 온 사람도 있다. 누군가에게 속아 사업이 파산하고 알거지가 되어 재기의 의욕조차 완전히 상실한 사람도 있다. 이런 경험이 얼마나 괴로운 것인지 안다. 하지만 앞으로 승리의 삶을 살고 싶다면 과거의 실패를 오늘의 선택에 대한 변명으로 삼아서는 안 된다. 나쁜 습관이나 남을 용서하지 못하는 태도에 대해 과거의 상처를 구실로 삼아서는 곤란하다. 그래서 최선의 삶을 살기 위한 네 번째 단계는 과거의 망령에서 벗어나는 것이다.

하나님은 인생이 공평하다고 말씀하지 않으셨다. 그러니 나와 타인을 비교해 봤자 아무 도움이 되지 않는다. 이래야 했으니 저랬으면 좋았겠느니 하는 신세 한탄은 우리의 미래를 갉아먹는다. "왜 이런 일이? 왜 저런 일이? 왜 하필이면 나야?"라는 질문은 이제 그만 두라.

하나님이 주신 것을 최대한 활용하라

과거에 일어난 일은 이제 어찌할 수 없지만 눈앞에 놓인 상황에 어떻게 맞설지는 선택할 수 있다. 비통함과 분노의 감정에 젖어 미래를 망치는 실수를 범해서는 안 된다. 과거의 상처와 고통을 털어버리고, 우리에게 잘못한 사람을 용서하며, 무엇보다도 우리 자신이 저지른 실수를 용서해야 한다.

심지어 하나님을 용서해야 할 때도 있다. 사랑하는 사람을 데려가 셨다고 하나님을 원망하거나, 기도에 응답하시지 않는다고 하나님께 화를 내는 사람도 종종 있다. 상황이 뜻대로 풀리지 않았다며 하나님 을 탓하기도 한다. 어떤 경우든 마음의 실타래를 풀지 않는 한, 행복은 절대 찾아오지 않는다. 세상이 불공평하다면서 고개를 떨구고 있는 사람은 영원히 해를 볼 수 없다. 그런 부정적 태도와 분노는 떨쳐 버리 라. 채널을 바꿔 하나님의 선하심을 바라보라.

❖채널을 바꾸라

리모컨으로 텔레비전 채널을 바꿀 줄 모르는 사람은 거의 없을 것이다. 프로그램이 맘에 들지 않으면 이것저것 생각하고 고민 할 필요가 없다. 그저 리모콘으로 채널만 바꾸면 된다.

같은 이치로, 부정적인 과거의 이미지가 갑자기 마음에 떠오르 면 마음의 채널을 바꿀 줄 알아야 한다. 불행히도 마음의 '화면' 에 부정적인 경험이 방송되면 즉시 채널을 바꾸지 않는 사람이 적지 않다. 오히려 소파에 앉아 팝콘을 먹으며 영화를 보듯 그 것을 열심히 시청한다. 과거의 모든 상처와 고통을 다시 떠올리 면서, 왜 또 다시 절망감과 분노가 밀려오는지 의아해한다.

그렇기 때문에 마음의 채널을 바꾸는 일은 매우 중요하다. 우 리 마음이나 감정이 '절망' 이라는 놈에게 질질 끌려 다니게 놔 둬서는 안 된다. 하나님이 우리 삶 속에서 행하신 좋은 일에만 마음을 두어야 한다.

필립과 주디의 외아들은 15년 전 살해당했다. 뭐라 위로할 말이 없을 정도로 어처구니없는 사건이었다. 그 일이 있은 후 몇 달 동안 가족과 친구들은 그 부부를 찾아와 슬픔을 함께 나누고 위로하며 정상 생활로 돌아오도록 도와주었다.

여러 사람의 지극한 위로에도 불구하고 필립과 주디는 스스로 슬픔을 치유하길 거부했다. 누군가 아들 이름을 말하기만 하면 눈에서 눈물을 줄줄 흘리며 대성통곡을 하기 시작했다. 그러자 차츰 위로하러 오는 사람이 줄어들었고 결국 사람들의 발길은 뚝 끊겼다. 심지어 친척들조차 방문을 꺼려했다. 어쩌다 큰 맘 먹고 찾아온 사람이 위로해주려 해도 부부의 슬픈 얼굴은 가시지 않았고 오히려 모욕만 당하기 일쑤였다. "외아들을 잃은 기분이 어떤 건지 당신이 알기나 해?"

그들은 누구도 자신들의 고통을 모른다고 단정했다. 어떤 위로도 그들의 상처를 싸매주지 못했다. 주위 사람들에게 그들은 언제까지나 아들을 잃은 비극의 주인공으로 남아 있었다. 결국 사고 후 15년이 지나도록 필립과 주디는 자기연민으로 괴로워하고 스스로 만든 감옥에 고립되어 있었다. 그들 스스로 나아지기를 원하지 않았기 때문이다.

아무리 괴로운 일을 겪었더라도 그 일을 삶의 중심에 두지 말아야 한다. 과거를 떠나보내지 않는 한 하나님은 새로움을 주시지 않는다. 물론 슬픔을 느끼고 괴로워하는 것은 자연스러운 일이다. 하지만 5년이고 10년이고 슬퍼만 할 수는 없다. 진심으로 낫고 온전한 사람이 되기를 원한다면 뒤를 보기보다는 앞을 보고 살아가야 한다.

아버지가 세상을 떠나시고 몇 년이 지난 어느 날, 부모님의 집에 들렀다. 집에는 아무도 없었다. 아버지 방에 들어가는데 문득 아버지가 돌아가시던 날 밤이 떠올랐다. 아버지는 그 방에서 심장마비로 돌아가셨다. 그날 그 일이 주마등처럼 스쳐 지나갔다. 마루에 서 계시는 아버지의 모습이 보였다. 아버지를 치료하는 간호사들도 보였다. 상상 속에서 아버지의 얼굴을 보는 순간, 아버지가 돌아가시던 밤에 느꼈던 절망과 슬픔이 다시 내 마음을 사로잡았다.

약 15-20초 동안 나는 슬픔 속에서 멍하니 서 있었다. 그러다가 마침내 정신을 차리고 생각했다. '내가 지금 뭘 하고 있지? 내 마음이 어디로 향하고 있는 거야? 이런 감정이 나를 어디로 데려가는 걸까?'

나는 그날 밤을 생각하지 않기로 마음 먹었다. 내게 이로울 게 전혀 없었다. 화만 나고 가슴만 아플 뿐이었다. 나는 과거의 상처를 그만 생각하고 의식적으로 그 방에서 아버지와 함께했던 즐거운 시간을 떠올리기 시작했다. 그 방에서 아버지가 우리 아이들과 노시는 모습을 보았다. 손자들과 함께 있는 아버지는 마냥 즐거워 보이셨다.

그 방에서 나는 아버지의 죽음이라는 가슴 아픈 기억을 다시 끄집어내지 않기 위해 의식적으로 노력했다. 대신 아버지와 함께했던 아름다운 순간을 최대한 기억했다. 나쁜 기억을 몰아내기란 절대 쉽지 않다. 단호한 결단이 필요하다.

우리는 과거의 쓰라린 경험을 지우려고 애를 써야 한다. 과거의 감정으로 돌아가고 부정적인 기억을 떠올리지 않는 의식적인 노력이 필요하다. 아픈 기억을 떠올려 봐야 아무런 유익이 없다. 그런 감정은 심하면 우리의 발전을 심각하게 저해할 수도 있다.

모든 사람의 기억 시스템에는 크게 두 가지 파일이 있다. 첫 번째 파일에는 과거의 즐거웠던 기억이 저장되어 있다. 그 안에는 승리와 성공 등, 과거에 우리에게 기쁨과 행복을 안겨 주었던 것들이 있다.

두 번째 파일에는 정반대의 기억이 저장되어 있다. 그 안에는 과거에 우리에게 일어났던 온갖 부정적인 일과 상처, 고통이 들어 있다. 슬픔의 원인이 되는 실패와 패배의 기억으로 가득하다. 우리는 둘 중 어떤 파일을 열어 볼지 선택하며 살아간다. 어떤 이들은 매번 두 번째 파일을 열어 가슴 아픈 기억을 끄집어낸다. 누군가에게 당했던 순간, 상처를 입고 크게 고통스러워했던 순간을 떠올리는 것이다. 아예 두 번째 파일을 열어 놓고 사는 사람도 있다. 이들은 부정적인 기억에 완전히 사로잡혀 아예 첫 번째 파일은 열어 볼 생각조차 않는다. 그러니 좋았던 시절의 기억은 이미 희미해진 지 오래다.

자유를 얻고 싶다면, 자기연민에서 벗어나고 싶다면 망설이지 말고 두 번째 파일을 삭제해야 한다. 그리고 나서 하나님이 우리 삶 속에서 행하신 좋은 일만 바라보면서 사는 것이 행복의 비결이다.

❖다시는 가지 마라

"사고당한 곳에는 두 번 다시 가지 마라"는 우스갯소리가 있다. 이 말에는 생각보다 심오한 진리가 담겨 있다. 과거의 고통이 우리에게 손짓하더라도 절대 다가가지 말라는 뜻이다.

'이제부터 아픈 기억은 잊을래. 나를 파멸시켰던 기억이 아닌 내게 힘을 주었던 좋은 기억, 내 희망을 앗아 가고 나를 힘들게 했던 기억이 아니라 나에게 형언할 수 없는 평화와 행복을 가져다준 기억만 떠올릴 거야.'

일어나 걸으라

성경에 보면 예루살렘에 38년 된 병자가 있었다는 기록이 있다. 만

4부_ 나는 과거의 망령에서 벗어날 것이다

성 고질병에 걸린 이 병자는 기적을 바라며 베데스다 연못 옆에 거적을 깔고 평생을 누워 있었다.

오늘날에도 만성 고질병에 걸린 사람이 곳곳에 널려 있다. 차이라면 이들의 병은 육체의 병이 아니라 마음의 고질병이다. 과거의 분노에 사로잡혀 용서하기를 거부하고 현재의 나쁜 태도와 마음의 상처를 과거 탓으로 돌린다면 바로 이 병에 걸린 것이다. 이 병은 인격과 인간관계에 악영향을 미치며 자아상마저 망가뜨린다. 연못가에 누워 있던 그 병자처럼 우리 자신도 가만히 앉아서 기적이 일어나기만, 대박이 터져서 일시에 모든 상황이 나아지기만 기다리고 있는지 모른다.

어느 날 예수님이 불쌍하게 누워 있는 그 병자를 보셨다. 누가 봐도 병색이 역력했으나 예수님은 전혀 엉뚱한 질문을 던지셨다.

"네가 낫고자 하느냐?"

하나님은 지금 우리에게도 똑같은 질문을 던지고 계신다.

"낫고 싶으냐, 아니면 계속 누워서 푸념만 하고 싶으냐?"

예수님의 단도직입적인 질문에 병자는 재미있는 반응을 보였다. 그는 생각나는 대로 변명을 늘어놓기 시작했다.

"저는 혼자예요. 도와줄 사람이 아무도 없어요. 다른 사람이 저를 연못에 넣어 줘야 하는데 말이죠. 매번 다른 사람이 저보다 빨리 연못에 들어갔습니다. 전 도무지 가망이 없어요."

예수님의 대답은 특이했다. 우리 같았으면 "정말 그렇군요. 이해합니다. 정말 고생 많으셨습니다. 너무 불쌍해요" 하며 눈물을 글썽였을지도 모른다. 하지만 예수님은 그러지 않으셨다.

예수님이 병자를 보면서 하신 말씀의 속뜻은 이렇다. "정말 낫기를 원한다면, 삶이 제자리를 잡기를 진심으로 바란다면, 이 혼란에서 정말 벗어나고 싶다면, 네가 반드시 해야 할 일이 있다. 일어나 자리를 들고 갈 길을 가라." 예수님의 말씀대로 하자 병이 기적같이 나았다.

이것은 그 병자만이 아니라 오늘날 우리에게 주시는 말씀이다. 참으로 낫고자 한다면, 정말 온전한 몸과 마음을 회복하고 싶다면, 자리에서 일어나 힘차게 앞으로 나아가라. 더는 자기연민에 빠져 누워 있지 말라. 매번 두 번째 파일을 열어 보는 짓거리도 그만두고, 실망스러웠던 사람이나 상황 탓도 더는 하지 말라.

바로 오늘이 우리 인생의 전환점이자 새로운 출발점이다. 왜 그런 나쁜 일이 나와 사랑하는 사람들에게 일어났을까, 그 이유를 알아내는 데 낭비할 시간 따위는 없다. 자신이 희생양이라는 자괴감을 지금 당장 떨쳐버려야 한다.

때로는 아무리 생각해도 과거의 아픈 경험에 대해 이유를 알 수 없을 때가 있다. 그럼에도 과거를 자기연민의 구실로 삼아서 좋을 것은 하나도 없다. 상처는 상처대로 내버려두고 자리에서 일어나 앞으로 나아가는 것이 현명하다. 인생에 대한 "왜?"라는 물음은 대개 영원한 수수께끼로 남게 마련이다. 하지만 상관없다. 모르는 것은 모르는 채로 남겨놓고, 모든 답을 아시는 하나님만 믿고 나아가라. 우리가 모른다고 해서 답이 없는 것은 아니다. 단지 우리가 알지 못할 뿐이다.

머릿속에 '이해할 수 없는 일'이란 제목의 파일을 만들어야 한다. 마땅한 이유를 찾을 수 없는 일이 벌어지면 답을 찾으려고 골똘하지 말고 그 문제를 '이해할 수 없는 일' 파일에 넣어 두는 것이다.

한편으론 다음과 같이 말할 수 있는 믿음을 길러야 한다. "하나님, 저는 이해할 수 없지만 그래도 당신을 믿습니다. 왜 그런 일이 일어났는지 알아내려고 귀중한 시간을 낭비하지 않겠습니다. 좋으신 하나님이 항상 제게 좋은 쪽으로 역사하심을 잘 압니다. 당신은 모든 것이 협력하여 제 선을 이룰 것이라 약속하셨습니다."

이것이야말로 하나님이 기뻐하고 인정해 주시는 믿음이다.

우리 어머니는 소아마비를 앓으셔서 지금도 한쪽 다리가 짧으시다. 그러나 어머니는 "하나님, 정말 불공평합니다. 왜 제게 이런 일이 일어나야 하는 거죠?"라는 불평을 한 번도 하지 않으셨다.

어머니는 언제나 활기찬 삶을 사셨다. 1981년에 말기 암 진단을 받으셨을 때도 결코 무너지지 않으셨다. "내 신세가 참으로 처량하구나. 도대체 이유나 알았으면 좋겠어. 소아마비에다 이번에는 암이라니. 왜 나는 항상 이 꼴이지?" 결코 이렇게 말씀하지 않으셨다. 조금도 흔들리지 않고 믿음의 선한 싸움을 싸우셨다. 한 번의 푸념도 없이 오직 믿음과 승리의 말만 하셨다. 어머니는 자신을 희생자가 아닌 승리자로 보셨다. 그러니 하나님이 어머니에게 승리가 아닌 패배를 주실 수 없었다.

우리 아버지도 찢어지게 가난한 집안에서 태어나셨다. "하나님, 왜 저를 이토록 가난한 집안으로 보내셨나요? 저희 집은 미래가 없습니다"고 투덜댈 만한 상황이었다.

하지만 아버지는 불평하지 않으셨다. 집안 형편을 실패감이나 자기 연민에 빠지기 위한 구실로 삼지 않으셨다. 아버지는 자리에서 일어나 미래를 향해 나아가셨다. 17세의 어린 나이에 목회를 시작하셨을 때는 교회 건물도 없어서 길거리와 요양소, 감옥, 구치소 등, 발길 닿는 대로 다니며 말씀을 전하셨다. 당연히 차도 없어서 어디를 가시든 걷거나 얻어 타셨다. 이런 상황에서도 움츠러들거나 불만을 토로하지 않으셨다. 아버지는 주저앉지 않고 계속 앞으로 나아가셨다.

우리도 그래야 한다. 과거에 얽매여 미래까지 망치는 사람만큼 어리석은 사람도 없다. 주저앉아서 그저 그런 한탄만 늘어 놓는 것은 누구나 할 수 있는 일이다. 가만히 앉아서 나쁜 태도와 빈약한 자아상에 대해 언제까지 변명만 할 텐가? 그런 변명은 누가 못하겠는가? 승리의 삶을 살고 싶다면 자기연민을 떨쳐버리고 어서 속히 미래를 향해 길을 떠나야 한다.

다윗은 아들이 몹시 아파 죽게 되었을 때 밤낮 기도하고 하나님이 아들을 고쳐 주시리라 확신했다. 먹지도 마시지도 않았고 수염을 깎기는커녕 목욕도 하지 않았다. 아무 일도 하지 않고 무조건 하나님께 울부짖으며 기도만 했다.

다윗의 눈물 뿌린 기도에도 일곱째 날에 아들은 죽고 말았다. 신하들은 걱정이 태산같았다. 왕자가 죽었다는 소식을 왕에게 어떻게 알려야 한단 말인가? 왕이 그 소식을 들으면 주체할 수 없을 정도로 좌절할 게 분명했다. 하지만 다윗이 결국 아들의 죽음을 알게 된 후에 보인 행동은 모두를 놀라게 했다.

아들의 죽음을 들은 다윗은 바닥에서 일어나 얼굴을 씻고 새 옷을 입었다. 그리고 신하들에게 음식을 가져오게 해서 먹고 마셨다. 어리둥절해진 신하들이 물었다.

"왕이시여, 왕자가 살아 계실 때는 금식하고 기도하시더니 지금은 아무 일 없다는 듯이 행동하시니, 어찌된 일입니까?"

"이상할 것 없다. 아들이 아플 때는 하나님이 치료해 주실 줄 알고 금식하고 기도했다. 하지만 아들이 떠난 지금은 돌이킬 수 없지 않느냐? 나중에 내가 죽으면 다시 볼 수 있겠으나 지금은 아들이 돌아올 수 없지 않느냐?"

다윗의 태도를 주목하라. 그는 절망에 빠지지도 하나님을 의심하거나 그분께 불평하지 않았다. 그는 실망의 한가운데서도 하나님을 신뢰했다. 그래서 얼굴을 씻고 앞으로 나아간 것이다.

우리도 이런 다윗의 태도를 배워야 한다. 다른 사람에게 학대를 받았는가? 누군가에게서 버림을 받았는가? 식음도 거른 채 정말 열심히 기도하고 믿었는데 하나님이 응답해 주지 않으셨는가? 모두 지난 일이다. 우리는 과거를 바꿀 수 없다. 이제는 결단을 내려야 한다. 앞으로 또 38년 동안 연못가에 앉아만 있을 것인가, 자리에서 일어나 인생을 헤쳐 나갈 것인가? 계속해서 두 번째 파일만 열어 보며 가슴 아픈 기억에 시달릴 텐가, 아니면 믿음의 방패를 꽉 잡고 놓지 않을 텐가? 지금 하나님은 우리에게 묻고 계신다. "네가 낫고자 하느냐?"

낫고 싶다면 지금껏 우리를 붙들어온 과거의 망령에서 속히 벗어나야 한다. 누구도 우리를 대신할 수 없다. 스스로 잿더미 속에서 일어나야 한다. 우리에게 상처를 준 사람을 용서하고 모든 상처와 고통을 훌훌 털어버려야 한다. 과거는 과거일 뿐이다. 이해할 수 없는 일을 겪었다고 할지라도 지나치게 비통해할 필요는 없다. 특히 하나님을 의심해서는 더더욱 안 된다. 다윗의 행동을 보라. 얼굴을 씻고 긍정적인 태도로 앞으로 나아갈 때 하나님이 우리를 위해 예비해 놓으신 새로운 복이 우박처럼 쏟아져 내릴 것이다.

믿음의 반석 위에 굳게 서서 승리를 바라볼 때 하나님은 마음의 상처를 말끔히 치유해 주시겠다고 약속하셨다. 하나님은 때로 우리를 위해 일부러 시련을 주시기도 한다. 그것을 극복할 때 우리는 더 나은 사람으로 거듭난다.

18_ 원망이 뿌리 내리지 않게 하라

원망이라는 마음의 벽은 사람들이 들어오지 못하도록 막을 뿐 아니라
우리까지도 밖에 나가지 못하도록 막는 몹쓸 장애물이다

우리는 누구나 불공평한 일을 겪으며 살아간다. 인생이 원래 다 그렇지 않은가? 정작 중요한 때는 쓰라린 일을 겪은 후다. 우리는 마음의 상처를 평생 안고 원망하며 살아갈 수도, 그것을 훌훌 털어버리고 더 큰 복으로 갚아 주실 하나님을 믿기로 선택할 수도 있다.

오늘을 온전히 살려면 용서가 우선이다. 과거의 상처와 아픔을 떠나보내라. 원망이 뿌리를 내리게 놔두는 한 행복한 삶은 찾아오지 않는다. 어릴 적에 끔찍한 일이 일어났는가? 누군가에게 학대 또는 이용을 당했는가? 누군가 퍼뜨린 헛소문 때문에 승진이 날아가 버렸는가? 정말 믿었던 친구에게 배신당했는가? 그 외에도 분노하고 원망을 품을 만한 충분한 이유가 있는가?

4부_ 나는 과거의 망령에서 벗어날 것이다 | **177**

마음과 영의 치료를 원한다면 그런 원망을 날려버려야 한다. 누군가를 미워해 봤자 우리만 손해다. 이미 지나간 일로 계속 분노를 품어봐야 바뀌는 것은 하나도 없다. 우리는 과거를 어찌할 수 없다. 그러니 과거는 용서하고 하나님이 갚아 주시리라 믿는 편이 현명한 처사다.

성경은 원망을 '뿌리'로 비유했다(히 12:15 참조). 뿌리는 땅 속 깊은 곳에 있어 눈에 보이지 않지만, 우리는 보지 않아도 뿌리의 상태를 알 수 있다. 쓴 뿌리는 쓴 열매를 맺기 때문이다. 내면에 원망을 품으면 우리 삶은 온통 원망으로 가득 차게 된다.

많은 사람이 상처와 고통을 마음속 깊은 곳, 즉 잠재의식 속에 묻어둔다. 용서하지 않고 분노를 품고 있는 것이다. 그러면서 그들은 왜 자신이 승리의 삶을 살지 못하는지, 왜 다른 사람과 잘 어울리지 못하는지, 왜 행복을 느끼지 못하는지 의아해한다. 그들이 깨닫지 못할 뿐, 그 마음에 병이 들었기 때문이다. 우리 내면에 품고 있는 원망은 결국 우리에게서 나오는 모든 것을 더럽힌다. 우리 자신의 인격과 태도는 물론이고 다른 사람과의 관계까지 모두 말이다.

▌쓴 뿌리는 쓴 열매를 맺는다

외적인 열매를 바꿔서 인생의 매듭을 풀어 보려는 사람이 정말 많다. 나쁜 습관이나 태도, 못된 성질, 비뚤어진 인격을 고치려는 것이다. 물론 인생의 열매를 바꾸려는 시도는 나름의 가치가 있다. 하지만 뿌리에 접근하지 않고 당장 열매만 바꿔 봤자 언제나 제자리를 맴돌 뿐이다. 쓴 뿌리가 내면에서 자라고 있는 한, 때가 되면 문제는 또 튀어나온다. 잠시 동안은 나쁜 태도를 버리고 좋은 태도를 유지할 수도 있다. 그러나 이내 옛 습관이 다시 나타나고, 우리는 왜 진정한 자유를 얻을 수 없을까 하고 의문을 던진다.

문제의 원인은 깊은 곳에 있다. 화가 나는 이유, 사람들과 잘 어울리지 못하는 이유, 항상 부정적인 생각만 하는 이유를 찾아야 한다. 자신의 내면 깊은 곳을 뒤져서 뿌리에 도달하면 문제를 해결하고 진정한 변화를 시작할 수 있다.

끼어 있는 분노를 제거하라

언젠가 한 젊은 여성이 도움을 구하고자 우리 아버지를 찾아온 적이 있었다. 결혼한 후 수년 동안 그녀와 남편 사이에는 불화가 끊이지 않았다. 그녀는 남편에게 마음을 전부 줄 수 없었다. 남편을 사랑하는 것은 분명한데 남편이 가까이 오는 것을 견딜 수 없었다. 부부 사이는 돌이킬 수 없는 상황에 이르렀다.

그녀는 자신을 바꿔 보려 노력했지만 머리와 마음이 따로 놀았다. "하나님, 뭐가 문제일까요? 제가 왜 이렇게 행동하는 걸까요? 보통 아내처럼 되지 못하는 이유를 모르겠어요."

어느 날 그녀는 꿈을 꾸었다. 자신이 소녀였을 때 겪었던 일이 꿈속에서 그대로 재현되었다. 호수에서 헤엄치는 자신의 모습이 보였다. 갑자기 남자아이 몇 명이 다가와 자신을 강간했다. 그녀는 분노와 증오심에 가득 차서 소리를 지르기 시작했다. "너희들을 증오해! 이 나쁜 인간들! 평생 어떤 남자도 내게 손대지 못하게 할 거야!"

그녀는 놀라서 잠에서 깨었다. 그 소년들을 향한 분노와 증오가 아직도 자기 마음에 가득한 것을 느낄 수 있었다. 원망이 내면 깊은 곳에 숨어 있다가 오랜 세월이 지나 남편과의 관계에 악영향을 미치고 있었던 것이다. 그녀는 쉽지는 않지만 앙심을 풀어야 한다는 사실을 깨달았다. 그렇지 않으면 남편과의 관계는 절대 회복할 수 없었다. 그녀는 모든 상처와 고통을 훌훌 털어버리기로 결심했다.

"하나님, 당신은 제 삶이 공평하지 않았다는 것을 아십니다. 그들은 제게 정말 악한 짓을 했지만, 더는 그 일을 생각하지 않겠습니다. 과거의 고통이 현재와 미래를 망치도록 내버려두긴 싫어요. 하나님, 지금 당장 그들을 용서하겠어요."

희한하게도 그 순간부터 그녀는 남편과 아름다운 관계를 누릴 수 있었다. 외적 열매를 다루었을 때는 바뀌는 것이 없었지만 쓴 뿌리를 제거하자 과거로부터 자유를 얻을 수 있었다.

과거의 모든 아픈 기억을 더듬어 볼 필요까지는 없다. 그러나 내면을 샅샅이 뒤져 숨겨진 분노와 앙심이 있는지 확인할 필요는 있다. 바꾸려고 꾸준히 노력하는데도 뜻대로 되지 않는 인생의 영역이 있다면, 무엇이 우리의 자유를 억압하고 있는지 하나님께 여쭤 봐야 한다. 뽑아야 할 쓴 뿌리가 있는지 알려달라고 하나님께 요청하라. 하나님이 쓴 뿌리를 밝히 보여 주시면 지체 말고 그것을 제거하라. 지체할수록 과거의 독은 우리 인생의 구석구석까지 퍼져나간다.

몇 년 전에 아프리카 오지의 작은 마을에서 끔찍한 병이 돌았다. 어린아이고 어른이고 할 것 없이 신음하고 구토하기 시작했다. 몇 주가 지나자 병은 널리 퍼져 여기저기서 사람들이 죽어 나갔다. 병의 소문이 전해지자 그 지역의 큰 도시에서 문제의 원인을 파악하기 위해 전문가들을 파견했고, 곧 물이 오염되었다는 사실이 드러났다. 마을은 산 위의 수원(水源)에서 흘러나오는 물줄기를 식수로 삼고 있었다. 전문가들은 상류를 거슬러 올라가 오염의 원인을 찾기로 했다. 물줄기의 입구에 도달했지만 겉으로 보기에는 아무런 문제가 없었다. 그래서 잠수부들을 보내 수원 근처의 수중을 탐색하기로 했다.

잠수부들의 보고에 전문가들은 경악을 금치 못했다. 커다란 어미 돼지와 새끼 돼지들이 수원 입구에 끼어 있었다는 것이다. 돼지들은 사고로 익사한 후에 거기에 끼어 썩고 있었다. 그 바람에 원래는 수정처럼 맑고 깨끗하던 샘물이 돼지들의 썩은 사체를 통과하면서 오염되고 있었다. 잠수부들이 죽은 돼지들을 치우자마자 물은 다시 전처럼 맑고 깨끗해졌다.

우리 삶 속에서도 비슷한 일이 벌어지고 있다. 마음 상하는 일을 겪지 않고 살아가는 사람은 없다. 지난 주 아니면 지난 달, 또는 10년 전에 누군가 우리에게 상처를 주었다고 하자. 우리는 그것을 잊어버리고 하나님께 맡기기보다는 마음 깊은 곳에 품고 있는 경우가 너무도 많다. 용서하지 않고 남겨둔 앙심이 수정처럼 깨끗한 물을 더럽힌 돼지 시체들처럼 우리의 삶을 오염시키고 있다. 원망의 뿌리가 점점 깊게 뿌리를 내리고 있는 것이다.

더욱 심각한 사실은 우리가 그 원망을 자신의 일부로 받아들인다는 것이다. 마음에 원망이 자라날 자리를 만들어 주고 그것과 함께 사는 법을 배워버린다. "나는 원래 화를 잘 내는 사람이야. 원래 그렇게 생겨먹은 걸 어쩌라고? 이게 나란 인간이야."

결코 그렇지 않다. 우리는 절대 그런 인간이 아니다. 우리 삶을 오염시키고 있는 독을 뽑아내면 우리는 수정처럼 깨끗한 물줄기가 된다. 하나님은 우리가 행복하고 건강하며 온전하기를 원하시지, 원망과 분노 속에서 허덕이기를 바라시지 않는다. 우리가 스스로 오염되고 썩을 뿐 아니라 주위의 모든 사람까지 전염시키며 사는 것은 하나님의 뜻이 결코 아니다.

우리는 자신을 수정처럼 맑은 물줄기로 여겨야 한다. 분노를 품었던 대상을 용서하고 과거의 상처와 고통을 쫓아버릴 때, 원망의 불꽃이 꺼지고 우리 삶에 다시 맑고 깨끗한 물이 흐르기 시작한다. 하나님이 원래 우리에게 주셨던 기쁨과 평화와 자유가 다시 찾아온다.

우리는 용서를 통해 과거의 상처와 고통을 재빨리 털어버리지 않고 머리와 가슴 한 구석에 조용히 묻어 둘 때가 많다. 생각하거나 입 밖으로 꺼내지 않고 무시한 채 살면 언젠가 잊혀질 것이라고 생각한다. 그러나 절대 그렇지 않다. 물 밑에 끼어 있는 돼지 시체처럼 원망은 밖으로 튀어나와 우리 삶을 오염시킨다. 걷잡을 수 없이 혼란스럽고, 점점 더 깊은 고통과 슬픔에 사로잡히게 된다. 그때라도 즉시 원망을 해결하면 다행이지만, 계속 가만히 있다가는 결국 파멸에 이를 수도 있다.

마음에 품은 독을 제거하라

수십 년 전에 미국 정부의 허가를 받은 몇몇 미국 기업들이 독성 폐기물을 땅속에 묻기로 했다. 이들은 화학 폐기물을 비롯하여 인간에게 치명적인 물질을 거대한 금속 용기에 담아 단단히 봉인한 다음에 깊은 곳에 묻었다. 그리고 그것으로 끝이라고 생각했다.

하지만 얼마 안 있어 여러 용기가 새는 바람에 독성 폐기물이 지표로 흘러나와 각종 문제를 일으켰다. 식물이 죽고 수원이 오염되어 사람들은 정든 고향을 버리고 떠났다. 나이아가라 폭포 근처의 러브 커낼(Love Canal)이란 마을에서는 수많은 사람이 암과 같은 무서운 질병으로 목숨을 잃기 시작했다. 지금까지도 많은 도시와 마을이 독성 폐기물 매립의 대가를 치르고 있다.

뭐가 문제였을까? 기업들이 매립한 물질은 독성이 너무 강했다. 그들은 폐기물을 묻기만 하면 그것으로 끝이라고 생각했지, 폐기물의 독성이 그토록 강하리라고는 꿈에도 생각지 못했다. 하지만 그 폐기물은 용기가 견디기엔 너무 독성이 강했다. 그 독성 물질이 표면으로 흘러나와 다시 문젯거리가 될 줄 아무도 몰랐으나, 결국 독성 물질은 흘러나왔고 처리하기가 전보다 훨씬 더 곤란해졌다. 애초에 제대로 처리했으면 그토록 끔찍한 사태는 벌어지지 않았을 것이다.

우리도 그 기업들과 같은 실수를 자주 저지른다. 누군가에게 상처를 받고 부당한 대우를 받았다면 그것을 털어 버리고 하나님이 보상해 주실 줄 믿어야하는데, 그렇게 하지 않고 그것을 마음 깊은 곳에 묻어 두는 것이다. 원망과 분노 같은 파괴적 감정을 마음속의 용기에 꾹꾹 쑤셔 넣고는 뚜껑을 단단하게 봉한 후, 구석에 보관해 놓고는 장담한다. "이제 됐어. 잘 처리했으니까 더는 신경 쓰지 않아도 돼."

하지만 독성 폐기물이 다시 지표로 흘러나오듯, 깊은 잠재의식 속에 쑤셔 넣은 악한 감정은 언젠가 표면으로 흘러나와 우리 삶을 더럽히고야 만다. 독을 마음에 품고 살아가면서 영원히 안전하리라고 아무도 장담할 수 없다.

현실을 직시하라. 마음에 독을 품고도 아무 일 없이 살아갈 수 있을 만큼 강한 사람은 없다. 그래서 더 크고 강력한 누군가의 도움을 받아야 한다. 원망과 분노 같은 독성 요소는 하나님께 맡겨야 한다. 용서야말로 우리가 원망이라는 독에서 벗어날 수 있는 열쇠다. 우리에게 상처를 준 사람을 용서하고, 우리를 부당하게 대한 상사를 용서하고, 우리를 배반한 친구를 용서하고, 어릴 적 우리를 학대한 부모를 용서해야 한다. 원망이 점점 깊이 뿌리를 내리고 계속해서 우리 인생을 오염시키지 않도록 그것을 완전히 제거할 때 진정한 자유가 찾아온다.

우리 삶 속에서 이런 독성 폐기물은 어떤 형태를 띠고 있을까? 어떤 사람에게는 분노가, 다른 사람에게는 절망이 오염의 주원인일 수 있다. 때로 빈약한 자기존중의 형태로 나타날 수도 있다. 이처럼 독성 물질은 매우 다양한 형태로 나타나며, 때로 우리가 깨닫지도 못하는 사이에 우리 삶 속으로 퍼져나가기도 한다.

유명한 복서 제임스 토니는 링에서 저돌적인 선수로 유명했다. 마치 미친 사람처럼 강력한 펀치를 휘두르는 그는 수년 동안 미들급 세계 챔피언 자리를 지켰다. 어느 날 시합을 이긴 토니에게 한 기자가 물었다. "언제나 링에서 그토록 엄청난 열정과 공격을 펼칠 수 있는 비결이 무엇입니까?" 기자는 "승부욕이 강해서 그래요. 저는 권투가 너무 좋습니다" 같은 전형적인 대답을 기대했다.

하지만 토니는 매우 뜻밖의 대답을 했다. "제가 왜 그토록 미친듯이 싸우는지 궁금하다고요? 어릴 적에 우리 아버지는 저희를 버렸지요. 그래서 어머니 혼자 저희를 키우느라 엄청 고생하셨지요. 저는 링에 나갈 때마다 상대편을 아버지라고 생각합니다. 그리고 모든 미움과 분노를 그 선수에게 퍼붓지요. 한 마디로, 완전 폭발한다고요!"

토니는 분노의 노예가 되어 있었다. 원망의 뿌리를 깊은 곳에 감춘 채 자기 삶을 오염시키도록 내버려두고 있었다. 물론 관중이 환호하고 스포츠 세계의 찬사가 쏟아졌지만 그의 내면은 불행하기 짝이 없었다. 외적으로는 성공해도 내면이 슬프면 아무리 큰 성공도 빛이 바래기 마련이다. 내면을 먼저 다스려야 한다. 문제의 뿌리를 뽑아내야 진정한 행복을 얻고 오염되지 않은 순수한 승리를 경험할 수 있다.

'하지만 나는 용서할 수 없어. 당신이 내가 받은 상처를 알기나 해? 얼마나 아팠는데, 도저히 용서할 수 없어!'

잠깐만! 용서는 다른 누구를 위한 것이 아닌 우리 자신을 위한 것이다. 용서하는 것은 독이 우리 삶에 더 이상 퍼지지 않도록 막기 위함이다. 누군가 우리에게 엄청난 잘못을 했더라도 그것을 잊지 못하고 끊임없이 상처를 떠올려봐야 우리 자신만 손해다. 상처를 준 사람이 아닌 우리 자신만 점점 더 상처받을 뿐이다.

꼬마였을 때 나는 아버지와 함께 다른 사람의 차를 타고 점심을 먹으러 갔다. 한참 차를 타고 가는데 아무리 봐도 식당으로 향하는 지름길이 아니었다. 결국 아버지는 별다른 생각 없이 말씀하셨다. "더 빠른 길이 있는데요."

그러자 운전하는 사람의 입에서 흥미로운 대답이 튀어나왔다. "알고 있어요. 하지만 그 길로 가지 않을 겁니다. 몇 년 전에 거기 사는 사람이 우리 가족에게 못된 짓을 했거든요. 그 뒤로는 그쪽 방향으로 오줌도 안 눈다고요."

나는 아무 말도 하지 않았다. 하지만 어린 내 맘에도 이렇게 묻고 싶었다. "그래봤자 무슨 소용이 있을까? 이 아저씨가 이렇게 행동하는 걸 그 사람이 알기나 할까? 무슨 상관이 있다는 걸까?"

정말 누가 손해인가? 과거의 상처를 품고 있으면 다른 사람이 아닌 우리만 손해다. 자유를 얻고 온전해지기 위해서는 먼저 용서하는 법을 알아야 한다.

4부_ 나는 과거의 망령에서 벗어날 것이다 | **185**

자유를 주는 용서

휴스턴 로켓츠 농구팀의 코치였던 루디 톰자노비치(Rudy Tomjanov ich)가 최근 한 텔레비전 프로에 출연했다. 프로그램 진행 도중에 톰자노비치가 25세 때 로켓츠의 현역 선수로 뛰던 1973년에 있었던 사건 이야기가 나왔다. 당시 손에 땀을 쥐는 경기 도중에 코트 한복판에서 싸움이 벌어졌고, 톰자노비치는 싸움을 말리려고 부랴부랴 코트로 뛰어갔다. 그런데 그가 막 싸움의 한복판에 도착했을 때 한 선수가 홱 몸을 돌려 상대를 확인하지도 않고 있는 힘껏 주먹을 휘둘렀다. 공교롭게도 그 펀치는 톰자노비치의 얼굴에 정통으로 꽂혔고, "퍽!" 하는 소리가 텔레비전을 통해 전 세계로 흘러나갔다. 두개골에 금이 가고 코뼈와 광대뼈가 부러진 톰자노비치는 하마터면 죽을 뻔했다. 결국 회복되긴 했지만 몇 달 동안 벤치 신세를 져야 했다.

그 후 어느 날, 한 기자가 물었다. "당신에게 그런 짓을 한 선수를 용서했습니까?" 그러자 톰자노비치는 망설이지 않고 대답했다. "물론이죠. 그를 완전히 용서했습니다." 기자는 이해할 수 없다는 듯 되물었다. "에이, 그럴 리가요? 당신은 거의 죽을 뻔했습니다. 하마터면 선수 생명까지 위태로웠잖아요? 그런데도 용서했다고요?"

톰자노비치는 살짝 미소를 지었다. "네. 정말 용서했습니다."

"왜요? 어떻게 그럴 수 있나요? 성인군자라도 되십니까?"

"아니오. 저를 위해서 한 일입니다. 그 사람을 위해서 용서한 것이 아니에요. 제가 평안하려면 미움을 털어버려야 한다는 걸 알았거든요. 용서하니까 자유가 찾아오더군요."

용서해야 우리는 자유와 행복을 얻을 수 있다. 용서해야 속박에서 벗어날 수 있다. 남을 위해 용서하는 것이 아님을 명심하라. 자신을 위

186 긍정의 힘

해서다. 원망과 저주를 품고 살아가면 마음의 벽만 높아질 뿐이다. 우리는 스스로를 보호하고 있다고 생각하나 실상은 그렇지 못하다. 다른 사람들이 우리 삶 속으로 들어오지 못하게 차단하는 것 이상도 이하도 아니다. 원망에 사로잡히고 비뚤어져서 홀로 쓸쓸한 인생을 살게 된다. 마음의 벽은 사람들이 들어오지 못하도록 막을 뿐 아니라 우리도 나가지 못하게 막는 몹쓸 물건이다.

이 벽은 우리 삶 속으로 들어오려는 하나님의 복까지도 막는다. 이 벽은 하나님이 주시는 은혜의 흐름을 차단할 수 있다. 원망의 벽은 기도의 응답을 막고 꿈의 실현을 방해한다. 우리는 반드시 이 벽을 허물어야 한다. 용서해야 한다는 말이다. 상처 준 사람을 용서해야 내가 감옥에서 벗어날 수 있다. 그러기 전에는 진정한 자유가 없다. 남이 우리에게 저지른 악을 잊어버리고 맘속에서 원망을 털어버리는 것만이 진정한 자유로 향하는 유일한 길이다. 우리 맘에서 모든 독을 몰아냈을 때 어떤 일이 벌어지는지 직접 경험하면 놀라움을 금치 못할 것이다.

내가 아이였을 때 우리 교회에 있던 목사님은 관절염이 심해서 손이 흉하게 오그라들어 있었다. 그 손으로는 차 문을 열거나 악수를 할 수도 없었다. 그분을 처음 봤을 때부터 그 손은 그 모양이었다.

그런데 어느 날 그가 우리 아버지를 찾아와 자기 손을 보였다. 이럴 수가! 손은 정상적으로 펴져 있었다. 자유자재로 물건을 집기도 하고 악수하기도 했다. 처음에는 새 손을 달았다고 생각했다.

아버지는 몹시 놀라고 기뻐하면서 질문하셨다.

"아니, 도대체 어떻게 된 겁니까?"

그 목사님은 흥분된 목소리로 대답했다. "몇 달 전에 목사님이 원망에 관해 말씀하셨잖아요? 원망은 하나님의 능력과 역사하심을 막고 기도의 응답을 방해한다고 하셨어요. 그 말씀을 듣고 저는 제 마음에 원망과 분노가 있는지 가르쳐달라고 하나님께 기도했지요. 그랬더니 하나님이 역사하셨어요. 오래 전에 사람들이 제게 큰 잘못을 저질렀던 적이 여러 번 있었거든요. 하나님은 그 상황들을 끄집어내셨어요. 저도 몰랐는데 제 마음에는 아직도 그들을 향한 분노와 증오가 있었습니다. 그것이 문제의 원인이었어요. 저도 모르는 사이에 원망을 품고 다녔어요. 그것을 깨달은 순간, 그들을 용서하고 미움을 완전히 털어버리기로 결심했어요. 그러자 참으로 놀라운 일이 벌어졌습니다. 제 손가락이 조금씩 펴지는 게 아니겠어요! 한 주, 두 주, 그렇게 몇 주가 흐르면서 이 손이 점점 치료되었어요. 제가 계속해서 제 마음에서 모든 원망과 분노를 찾아 제거하자 하나님은 저를 완전히 고쳐 주셨어요. 자, 제 손을 보세요. 완전히 정상이랍니다!"

마음에서 원망과 분노를 제거하면 누구나 이처럼 놀라운 일을 경험하게 될 것이다. 마음을 샅샅이 뒤져 원망을 없애고 용서하면 그 목사님처럼 몸과 마음이 완전히 치유될지 누가 아는가! 분명 새로운 모습으로 나타나는 하나님의 은혜를 보게 될 것이다. 과거의 앙금을 날려 버리고 마음의 독을 뽑아낼 때 우리 기도는 더 빨리 응답될 것이다.

1981년에 암 선고를 받으셨을 때 우리 어머니가 처음 하신 일 중 하나는 마음의 원망을 남김없이 털어버리는 것이었다. 어머니는 자신이 조금이라도 잘못을 저지른 친구와 가족에게 용서를 구하는 편지를 보내셨다. 깨끗한 마음을 가지고 싶으셨던 것이다. 어머니는 지난 잘못이 하나님의 치유 역사를 조금이라도 방해하기를 원하지 않으셨다.

지금 인생의 기로에 서 있는가? 처리해야 할 문제와 용서해야 할 사람이 있는가? 두 갈래 길이 있다. 하나는 마음속에 원망이 있음을 알면서도 그것을 무시하고 더 깊이 쑤셔 넣는 것이다. 그러면 결국 자신의 삶이 오염되고 주위 사람들에게까지 전염된다. 다른 길은 원망을 밖으로 꺼내놓고 용서함으로 그것을 털어버리게 해달라고 하나님께 요청하는 것이다.

"목사님은 그들이 제게 어떤 짓을 했는지 몰라서 그런 소리를 하시는 거라고요!" 틀림없이 이렇게 말하는 사람도 있을 것이다. 물론 나는 모른다. 그러니까 문제를 들고 하나님 앞으로 나가라는 것이다. 하나님이 보상하시고 틀어진 상황을 바로잡아 주실 것이다. 하나님은 공의로우시다. 우리가 잘났다고 고집을 부리면 하나님의 복을 걷어차는 꼴밖에 되지 않는다. 우리에게는 바로 변화의 의지가 필요하다.

배 한 척이 칠흑같이 캄캄한 어둠을 헤치며 항해하고 있었다. 갑자기 선장의 눈앞에 밝은 불빛이 나타났다. 이대로 가다간 그 불빛과 충돌할 판이었다. 선장은 급히 무선 장치로 달려가 항로를 동쪽으로 10도 틀라는 긴급 메시지를 상대편 선박에 보냈다.

몇 초 후에 메시지가 돌아왔다.

"그럴 수 없소. 당신들이 항로를 서쪽으로 10도 트시오."

화가 난 선장은 다시 암호문을 보냈다.

"나는 해군 함장이다. 그러니 당신이 항로를 변경하라."

몇 초 후에 두 번째 메시지가 돌아왔다. "저는 이등 수병이지만 방향을 바꿀 수는 없습니다. 항로 변경하십시오."

함장은 화가 머리꼭대기까지 솟아 최후통첩을 보냈다.

"이 배는 전함이야! 우리는 항로를 바꿀 수 없다!"

그러자 퉁명스러운 메시지가 돌아왔다.

"그럼 마음대로 하십시오! 여기는 등대입니다!"

우리도 이 해군 함장처럼 쓸데없는 고집을 부릴 때가 얼마나 많은 가. 온갖 이유를 대면서 바뀌기를 거부한다. '그들은 내게 너무 큰 상처를 줬어. 내게 너무 못되게 굴었어. 절대 그들을 용서할 수 없어.'

이 책은 당신 인생에 진리의 빛을 비춰 주는, 당신이 항로를 바꿔야 한다고 외치는 등대다. 예수님도 이렇게 말씀하셨다. "너희가 사람의 과실을 용서하지 않으면 너희 아버지께서도 너희 과실을 용서하지 않으시리라"(마 6:14-15). 고집스럽게 용서하지 않고 있는 것은 곧 불행과 파멸을 향해 걸어가는 것이다. 하나님은 우리에게 지금 당장 항로를 바꾸라고 말씀하신다.

용서는 선택 사항이 아니다.

행복과 자유를 얻고 싶다면 마음속에서 쓰레기를 뽑아내야 한다. 원망을 꼭 잡고 털어버리지 않으면 그것이 뿌리를 내려 우리 삶을 계속 오염시키고 만다. 스스로 마음속을 확인하고, 또 하나님이 문제의 원인을 보여 주실 때 우리는 즉시 그것을 처리하고 인생의 물줄기를 정화해야 한다. 우리가 삶의 독소를 뽑아내려고 노력할 때 하나님은 새로운 은혜와 복을 내려 주신다.

하나님이 당신 삶의 억울함을 풀어 주시길 원하는가? 당신이 잃어버린 모든 것을 하나님이 되돌려 주시길 원하는가? 이 책에서 눈을 떼지 말라. 이제부터 그 방법을 살펴보자.

19_ 하나님이 억울함을 풀어 주시리라

하나님이 우리 인생의 틀어진 상황을 바로잡아 주신다
우리의 악을 갚아 주시고 오히려 악을 복으로 바꿔 주신다

하나님은 당신께 맡기기만 하면 우리가 받은 모든 불공평한 일을 갚아 주겠다고 약속하셨다(사 61:7-9 참조). 사업상 거래에서 상대에게 속아 많은 돈을 날렸는가? 누군가 헛소문을 퍼뜨리는 바람에 직장에서 승진의 기회를 잃었는가? 정말 믿었던 친구에게 배신당했는가?

이런 경험들은 우리에게 지울 수 없는 상처를 남긴다. 매우 슬프고 힘들 것이다. 복수할 방법을 찾는 것이 너무도 당연하다. 주위에서 그렇게 하라고 부추기기도 한다. 오늘날 우리 사회에는 "맞지만 말고 너도 때려라!"는 슬로건이 누구나 인정하는 원칙으로 자리 잡았다.

하지만 우리를 향하신 하나님의 계획은 전혀 다르다. "원수 갚는 것이 내게 있으니 내가 갚으리라"(히 10:30). 그러니 우리가 일일이 모든

사람을 찾아다니며 원수를 갚지 말라는 말씀이다. 하나님이 변호사가 되시니 우리가 나설 필요 없다. 하나님께 맡기면 그분이 우리 대신 싸워 주신다. 우리가 문제를 맡기면 하나님은 그분의 방식으로 해결해 주시겠다고 약속하셨다. 하나님이 우리의 억울함을 풀어 주시리라.

하나님이 억울함을 풀어 주실 줄 믿고 맡겨야 한다.

하나님이 정말 억울함을 풀어 주실까? 쉽게 믿어지지 않겠지만 하나님은 틀림없이 그렇게 해 주신다. 그러니 우리는 괜히 분쟁과 싸움에 휘말려 상대방과 똑같은 사람이 되지 않도록 해야 한다. 그래봐야 문제만 더 악화될 따름이다. 하나님께 맡기고, 큰 길이 아닌 좁은 길로 가며, 오히려 사랑으로 원수를 대하면서 하나님이 어떻게 하시나 지켜보라. 하나님의 방식에 맡길 때 하나님은 우리를 대신해 싸워 주실 뿐만 아니라 결국은 우리에게 전보다 더 좋은 것으로 갚아 주신다.

하나님은 낱낱이 기록하고 계신다

상사가 자꾸 못살게 구는가? 열심히 일하고 있는데 아무도 인정해 주지 않는가? 회사에 나만 빼고 모두가 승진했는가? 그래서 가슴이 답답하고 끝없이 추락하는 기분이 드는가?

이때 믿음을 잃지 말고 억울함을 하나님께 맡기라. 우리는 상사를 위해서만 일하는 게 아니다. 우리가 충성할 대상은 회사가 아니다. 우리는 하나님을 위해 일하고 있는 것이다! 하나님은 우리가 당하는 억울함을 보시고 하나도 빠짐없이 기록하고 계신다. 하나님은 우리의 상황을 유심히 보셨다가 억울함을 갚아 주시겠다고 말씀하셨다. 게다가 하나님은 차고 넘치도록 갚아 주시는 분이시다.

우리의 미래는 상사에게 달려 있지 않다. 하나님이 우리 삶의 주인 되신다. 승진은 상사나 경영자, 회사에서 나오지 않는다. 진정한 승진은 바로 전능하신 하나님에게서 나온다. 일단 하나님이 우리가 조직 사다리를 오를 때가 되었다고 말씀하시면 어떤 어둠의 권세도 그것을 막지 못한다.

더군다나 하나님은 다른 사람이 우리를 계속 못살게 굴도록 내버려두지 않으신다. 우리가 믿음의 반석 위에 굳게 서서 하나님께 전적으로 맡기면, 머잖아 우리의 억울함을 풀어 주신다. 물론 몇 달, 아니 몇 년이 지나도록 응답이 나타나지 않을 수도 있다. 이런 상황에서 보통 사람은 편법을 써서라도 일을 성사시키려 한다. 이것은 하나님의 계획과 목적을 방해하는 일이다. 하나님이 처리하실 쓰레기만 더 쌓이는 셈이다. 이래서는 하나님이 원하시는 대로 하시기가 어렵다.

"하지만 목사님, 모든 사람이 저를 저만치 앞지르고 있다고요. 도대체 제 차례는 언제 오는 겁니까? 제 친구들은 모두 결혼했고, 제 동창들은 모두 돈방석에 앉아 편안한 생활을 즐기고 있어요. 우리 회사에서 '저만 빼고' 모두 승진했다고요!" 이런 걱정을 할 수도 있다.

그러나 우리는 하나님이 자연의 법칙을 초월하는 분이심을 잊지 말아야 한다. 하나님이 손가락 하나만 까딱하시면 우리가 잃어버린 땅을 모두 회복하고도 남는다. 하나님의 한 조각 은혜만 임하면 갑자기 멋진 도우미가 나타나거나 아예 우리가 조직 전체의 책임자가 될 수도 있다.

얼마 전에 큰 공장에서 18륜 디젤 트럭을 수리하는 기계공을 만난 적이 있다. 그는 일터에서 오랫동안 부당한 대우를 받아 왔다고 했다. 퇴근 후 술자리 회식에 참여하지 않았다고 동료들에게 따돌림을 당한다는 것이다. 그는 오랫동안 온갖 부당함과 모욕을 견뎠다. 회사 내 최고의 기계공이었고 근면성실했으며 매번 최고의 성과를 기록했지만, 7년 동안 승진이나 인센티브는커녕 봉급 인상조차 없었다. 모든 원인은 관리자가 그를 좋아하지 않았기 때문이다.

이 얼마나 화나는 상황인가! 앙심을 품기에도 딱 좋다. 부당한 회사다. 당장 때려치우고 다른 일터를 알아볼 수도 있다. 그러나 그는 계속해서 묵묵히 최선을 다했다. 하나님이 억울함을 풀어 주실 줄 알았기 때문이다. 그는 상사를 위해 일하지 않고 하나님을 기쁘시게 하기 위해 일했다.

어느 날 느닷없이 회사의 사장이 그를 불렀다. 말단 직원인 그는 사장을 만나본 적도 없었다. 사장은 은퇴할 때가 되어서 회사를 대신 맡을 사람을 찾고 있다고 했다. 그런데 그는 깜짝 놀랄 말을 했다.

"자네한테 회사를 맡기고 싶네."

기계공은 깜짝 놀라 황급히 대답했다.

"저도 그러길 바라지만, 제게는 회사를 인수할 돈이 없습니다."

"내 말을 이해하지 못하는군. 자네는 돈이 필요 없네. 내게 돈이 있으니까. 나는 회사를 맡아 줄 사람을 찾고 있네. 내가 시작한 일을 계속할, 믿을 만한 사람 말일세. 나는 이 회사를 자네에게 '주고' 싶네."

기계공은 그 회사를 공짜로 완전히 넘겨받았다!

대화 도중에 나는 문득 궁금해졌다.

"그런데 사장이 당신을 어떻게 알고 선택했을까요?"

"지금까지도 그분이 어떻게 제 이름을 알았는지 모르겠어요. 왜 저를 선택했는지도요. 제가 말할 수 있는 사실은 거의 하루아침에 제가 말단 직원에서 회사 전체의 책임자가 되었다는 것뿐입니다!" 그는 한

바탕 크게 웃더니 말을 이었다. "있잖아요, 목사님. 이제 직원들이 저를 더 이상 놀리지 않는답니다."

억울함을 풀어 주시는 하나님을 잘 보여 주는 예라고 생각하지 않는가? 하나님은 그의 모든 억울함을 차고 넘치도록 갚아 주셨다. 그런 하나님이 우리에게도 똑같은 일을 행하고자 하신다.

"목사님, 아무리 그래도 제게는 전혀 와닿지 않는 이야기군요. 허무맹랑해요." 이런 식으로 말하는 사람들이 분명 있을 것이다.

생각해 보라. 우리가 섬기는 하나님은 우리가 요구하거나 상상하는 것보다 더 큰 것을 주시는, 참으로 후한 분이시다. 우리가 화를 품고 직접 악을 악으로 갚으려 하지 않고 묵묵히 할 일을 할 때, 하나님의 복은 소리 없이 임한다.

항상 용서의 손길을 펼치고 사랑으로 악을 갚으라. 때가 되면 하나님이 좋은 것으로 우리에게 갚아 주신다. 하나님은 우리가 받아 마땅한 복, 그 이상으로 채워 주신다.

하나님께 맡기라

억울함을 푸는 열쇠는 하나님께, 하나님의 방식에 맡기는 것이다. 우리가 직접 원수를 갚으려 하면 하나님의 길을 막는 것이다. 하나님의 뜻에 따르는 것과 우리 뜻대로 하는 것, 두 가지 선택사항이 있다. 하나님의 처리에 맡기는 사람은 "내가 얼마나 무서운 사람인지 똑똑히 보여 주겠어"라고 말하지 않는다. 이런 태도는 하나님의 길만 가로막을 뿐이다. 하나님이 진정한 공의를 이루시도록 길을 열어 두는 방법은 그분께 온전히 맡기는 것이다.

누군가 등 뒤에서 우리에 관해 수군댈 때도 이렇게 생각하라. '문제 없어. 하나님이 나를 보호해 주실 거야. 하나님이 다 갚아 주실 거야.'

누군가 우리 친구들을 모두 저녁 식사에 초대하고 우리만 빼놓았다고 해도 화낼 필요는 없다. '별 것 아니야. 하나님이 내 필요를 아시니 더 좋은 친구들을 보내 주실 거야.'

이 얼마나 자유로운 삶의 태도인가! 전혀 분노할 필요도 없고 일일이 나서서 모든 불공평한 상황을 바로잡거나 앙갚음할 필요도 없다. 하나님이 우리를 대신해 싸우시니 우리는 전혀 걱정하거나 편법으로 상황을 바로잡으려고 하지 않아도 된다. 하나님이 다 갚아 주신다고 약속하셨으니 우리는 얼굴에 미소를 띠고 노래를 부르며 힘찬 발걸음으로 나아가기만 하면 된다.

부당함 앞에서 올바른 태도는 하나님께 모두 맡기고 자유를 누리는 것이다. 그럴 때 하나님은 언제나 풍성하게 갚아 주신다.

몇 년 전에 어떤 사람이 우리 부부에게 사업상 커다란 손해를 입혔다. 그는 거래 내용도 제대로 기록하지 않았고 수상쩍은 행동을 하다가 결국 우리를 상대로 엄청난 액수의 사기를 친 것이다.

아내와 나는 당장 달려가서 앙갚음을 해주고 그를 파멸시키고 싶었다. '그가 우리에게 커다란 고통을 안겨 주었는데 우리가 그를 망가뜨리지 못할 이유가 뭔가?' 이런 유혹에서 벗어나기는 정말 어려웠다. 하지만 우리는 올바른 길을 선택하기로 했다. 하나님께 모든 문제를 맡기기로 한 것이다.

우리는 조용히 기도했다. "하나님, 무슨 일이 일어났는지 다 보셨지요? 저희가 어떤 일을 당했는지 다 아시지요? 이 사람이 얼마나 나쁜 짓을 저질렀는지 다 아시지요? 그래도 저희는 복수하지 않겠습니다. 대신 하나님이 저희 삶에 들어와 억울함을 풀어 주시도록 문을 활짝 열어 놓겠습니다."

이런 기도를 몇 년이나 드렸지만 아무 조짐도 나타나지 않았다. 우리는 하나님의 공의로우심을 끊임없이 마음에 되새겨야 했다.

'공의의 하나님이 우리 억울함을 갚아 주실 거야. 하나님이 사건을 해결해 주실 거야.'

세월은 흘러 우리가 그 사건을 까마득히 잊고 있던 어느 날이었다. 하나님이 초자연적인 방법으로 개입하셔서 상황을 바로잡아 주셨다. 하나님은 그 사람을 우리 삶에서 완전히 지워 버리셨을 뿐 아니라 그가 앗아간 모든 것을 더욱 풍성하게 갚아 주셨다. 불행히도 우리를 속였던 그는 가족과 사업, 평판을 비롯한 모든 것을 잃었다. 나는 누구도 불행해지기를 원하지 않지만 그것 또한 하나님의 공의일 것이다. 나쁜 일을 행하고 남을 속이면서 끊임없이 악의 씨앗을 뿌리는 사람은 결국 자신이 파멸하게 된다. 뿌린 대로 거두는 것이다.

하나님은 우리 부부에게 차고 넘치는 복을 주셨다. 우리는 지금 아름다운 집에서 물질적 부족함을 조금도 느끼지 못하고 살고 있다. 하나님은 사랑스런 아이들과 멋진 친척들을 주셨고, 우리를 높여 리더가 되게 하셨다. 이렇게 하나씩 따져 보니 하나님은 우리가 요청하고 생각한 것보다 훨씬 큰 복을 주셨다. 그런데 우리가 하나님의 시험을 통과하지 못했더라면 어땠을까? 지금처럼 복을 누리며 살지 못했으리라. 그 사실은 틀림없다. 우리에게 못된 짓을 했던 그 사람과 직접 싸우려 했다면, 그에 대한 분노와 원망을 가슴에 묻어 두었더라면 과연 하나님이 이만한 복을 주셨을까?

우리 상황을 하나님께 맡기면 우리 혼자 힘으로 문제를 해결하려고

했을 때보다 훨씬 좋은 결과를 얻을 수 있다. 하나님은 진정한 공의를 회복해 주는 분이시다.

아무리 억울한 상황을 당했어도 줄곧 올바른 행동만 해왔다고 하자. 올바른 길로만 가고 원수를 매번 용서했다. 상대의 잘못을 감싸주고, 누군가 모욕을 줄 때는 이를 악물고 참았다. 많은 학대를 당했음에도 좋은 태도를 잃지 않았다. 그렇게 몇 년을 지냈지만 이제는 지쳤다. 다 포기하고 싶은 생각이 밀려온다. '하나님, 이 상황을 바꿔 주고 계시기는 한 겁니까? 도대체 언제 공의가 회복되는 겁니까? 제가 어떤 일을 겪고 있는지 알고는 계신 겁니까?'

어떤 경우라도 포기하지 말라! 끝까지 올바른 길을 고수해야 한다. 하나님이 우리 인격을 다듬고 계시며 우리는 시험을 통과하고 있는 것이다. 시험이 클수록 보상도 크다는 사실을 기억하라.

우리의 시간이 아니라 하나님의 시간이 되어야 공의가 회복된다. 하루아침에 이루어지지 않을 때도 많다. 정말 오랫동안 원수를 사랑했는데도 아무런 변화의 기미가 보이지 않을 수도 있다. 부당한 일 앞에서도 올바른 태도를 잃지 않았으나 아주 오랜 시간이 흘러서야 결실을 맺기도 한다. 따라서 희망이 보이지 않는 상황에서도 믿음을 잃지 않는 강한 의지와 결단력이 필요하다.

선지자 사무엘은 어린 다윗을 이스라엘의 다음 왕으로 기름을 부었다. 그로부터 얼마 후에 다윗은 거인 골리앗을 물리치면서 국가의 영웅으로 떠올랐다. 만민이 그를 사랑했고 그의 인기는 점점 치솟아만 갔다. 하지만 당시 이스라엘의 왕인 사울은 시기심이 극에 달해 다윗에게 온갖 부당한 일을 저지르기 시작했다.

가끔 다윗은 아픈 사울을 위해 하프를 연주해 그의 심신을 달래 주었다. 그런데 어느 날 사울은 갑자기 창을 집어 자신을 위해 하프를 타고 있는 다윗에게 던졌다. 다행히 창은 살짝 빗나갔고, 목숨에 위협을 느낀 다윗은 왕궁에서 즉시 도망쳤다. 사울이 자신을 죽이려 한다는 사실을 깨달은 다윗은 숨을 곳을 찾아 전국의 산을 돌아다녔다. 그때부터 몇 달 동안 동굴을 찾아다니는 도피 생활이 시작되었다.

다윗은 아무 잘못도 하지 않았다. 그는 존경하는 마음으로 대했건만 사울은 은혜를 원수로 갚아도 유분수지, 심지어 그를 죽이려고까지 했다. 정말 어처구니없는 노릇이었다. 다윗으로서는 절망하기 쉬운 상황이었다. "하나님, 사울이 왜 저를 괴롭힙니까? 저는 아무 잘못도 하지 않았습니다. 언제 제가 왕으로 선택해 달라고 하더이까? 하나님이 저를 선택하셨지 않습니까? 그런데 이 꼴이 뭡니까?"

하지만 다윗은 이렇게 불평하지 않았다. 사울을 죽일 기회가 있었는데도 그러지 않고 훌륭한 태도를 유지했다. 사울이 부당한 행동을 했어도 여전히 사울의 지위와 권위를 존중했다.

상사나 경영자, 부모 혹은 리더의 위치에 있는 누군가가 우리를 부당하게 대우할 때가 있다. 아무리 생각해도 그들의 행동이 틀렸고, 그들도 그 사실을 아는 것 같다. 그래서 똑같이 갚아 주고 싶다. 경멸하고 무시하고 싶다. 솔직히 그들은 크게 한 번 당해 봐야 정신 차릴 사람들이다. "상사가 먼저 무례하게 굴었잖아. 그는 형편없는 사람이야. 정중하게 대해줄 가치가 없는 사람이라고." "우리 부모님은 항상 다투셔. 그런 부모님께 내가 순종할 수 있겠어?" "그렇게 설득했는데도 내 남편은 교회에 나오질 않아. 그런 인간을 어떻게 존경할 수 있겠어?"

이런 태도는 옳지 않다. 하나님은 상대방의 옳고 그름과 상관없이 그의 지위와 권위를 존중하라고 말씀하신다. 상대방이 잘못했다고 우리도 덩달아 무례하게 말하고 행동해도 된다는 말씀은 성경 어디에도 없다. 하나님은 타인의 권위를 인정하지 않는 사람을 권위 있는 자리에 앉히지 않으신다.

아랫사람에게 친절하게 대하고 존경 받을 만한 행동을 하는 윗사람을 누가 존경하지 않겠는가? 그런 존경은 아무나 할 수 있다. 진정한 시험은 우리 인생에 '사울'이 나타났을 때 찾아온다. 타인이 특별한 이유 없이 우리를 괴롭힐 때 말이다.

1950년대 말에 우리 아버지는 소위 잘나가는 목사였다. 당시 아버지가 목회하시던 휴스턴 내의 교회는 나날이 부흥해서 곧 크고 아름다운 새 건물을 건축했다. 아버지는 교파의 주 대표셨고, 모든 사람이 떠오르는 리더로 인정해 교회 내 지위는 점점 높아졌다. 1958년, 아버지는 하나님의 일을 더욱 깊이 파고들기로 결심했다. 아버지는 자신의 영적 여행이 멈추고 교회가 현실에 안주하는 것을 원치 않으셨다.

아버지는 성경을 연구한 끝에 하나님은 자기 백성에게 상상을 초월할 정도로 많은 것을 주시려 한다는 사실을 깨달았다. 성경에서 배운 진리에 고무된 아버지는 성도들에게 자신의 생각을 전하셨다. 아버지가 보신 하나님은 까다롭고 인색한 분이 아닌 좋으신 분이며 우리의 하늘 아버지셨다. 아버지는 하나님이 행복과 건강과 온전함을 주시길 원하신다고 설교하셨고, 아프거나 가난한 성도들을 위해 기도하기 시작하셨다.

그런데 성도들의 반응은 예상 밖이었다. 대부분의 성도들은 아버지의 신선한 깨달음을 별로 인정하지 않았다. 그들은 기존의 방식에 깊이 빠져 있었다. 아버지의 열정적이고 격렬하기까지 한 메시지는 전에 듣던 말씀과 전혀 달랐기 때문에 달가워하는 성도가 별로 없었다.

아버지는 성경에 있는 그대로 가르쳤을 뿐인데도 그들은 아버지가 묘사한 초자연적인 하나님이 교파의 방향과 맞지 않는다며 화를 냈다.

결국 아버지의 퇴출 여부를 놓고 투표가 이루어졌다. 다행히 투표 결과는 아버지의 잔류 쪽으로 크게 기울었다. 하지만 이후 몇 달 동안 몇몇 성도는 투표 결과에 아랑곳없이 아버지를 심하게 대하고 크게 무시했다. 이에 아버지는 교회를 떠나는 것이 최선책이라는 결론을 내렸다. 아버지의 상심은 말할 수 없을 만큼 컸다. 몸과 마음과 영혼을 쏟아 부은 곳을 떠나 완전히 무(無)에서 다시 시작해야 했으니 말이다.

아버지는 자신을 괴롭힌 성도들에 대한 화와 분노를 품은 채 교회를 떠날 수도 있었다. 하지만 아버지는 그런 어리석은 감정을 훌훌 털어 버리셨다. '하나님이 모두 보상해 주실 줄 믿습니다. 제가 어디 가든지 번영할 줄 믿습니다. 아버지께서 제 억울함을 풀어 주실 거죠?'

아버지는 하나님과 동행하기로 결심하셨다. 그리고 1959년에 안정적으로 자리를 잡은 큰 교회를 떠나, 작고 낡은 폐가게에 새로운 터전을 삼으셨다. '이스트 휴스턴 사료 및 철물'이란 이름의 가게는 바닥 곳곳에 구멍이 뚫린, 쓰러지기 직전의 건물이었다. 그러나 아버지와 약 90명의 개척자는 그곳을 말끔히 치웠고, '레이크우드 교회'로 명명한 후 5월 첫 주에 첫 예배를 드리기 시작했다.

회의적인 사람들은 말했다. "얼마 가지 못할 겁니다. 가망이 없어요. 아무도 오지 않을 겁니다. 아예 지나가는 바람을 잡겠다고 해요."

정말 그랬다. 레이크우드 교회는 도시 전체에 바람을 일으켰다! 그리고 지금은 전 세계에 바람을 일으키고 있다! 45년이 지난 지금까지도 레이크우드 교회는 여전히 성장하고 있다. 여전히 하나님의 기적과 축복과 은혜를 경험하고 있으며 전 세계 모든 사람의 가슴에 감동을 일으키고 있다.

하나님은 당신의 억울함을 풀어 주기 위한 계획도 세워 놓고 계신다. 마음의 근심을 하나님의 손에 온전히 맡기면 하나님은 당신 인생의 실타래를 풀어 주실 것이다. 틀어진 상황을 바로잡아 주실 것이다. 하나님은 악을 갚아 주시고 오히려 악을 복으로 바꿔 주겠다고 약속하셨다. 누군가에게 얼마나 큰 상처를 받았는지, 타인의 행동이나 말 때문에 우리 인생이 얼마나 뒤로 후퇴했는지는 전혀 문제되지 않는다. 하나님은 뒤틀린 상황을 바로잡아 주시고 차고 넘치는 복으로 우리의 억울함을 풀어 주신다.

하나님은 우리의 틀어진 상황을 바로잡아 주신다.

우리는 하나님께 모두 맡기고 용서의 삶을 살면 된다. 우리가 직접 나서서 복수할 필요가 없다. 하나님은 우리가 어떤 고초를 당했는지, 누가 우리를 괴롭혔는지 다 알고 기록하고 계신다. 성경은 우리가 스스로 복수하지 않아도 하나님이 알아서 갚아 주신다고 말씀한다. 하나님은 우리가 당한 만큼만 갚아 주시는 인색한 분이 아니시다. 하나님의 손은 얼마나 크신지, 차고 넘치도록 주고 또 주신다.

202 | 긍정의 힘

YOUR
BEST LIFE
NOW

20_ 실망감을 물리치라

믿음은 먼 기억 속에 있는 것도, 먼 미래에 있는 것도 아니다
언제나 현재형인 믿음은 바로, 지금, 이 순간이다

오늘을 온전히 살면서
하나님이 예비하신 놀라운 미래로 나아가기 위한 비결 중 하나는 실
망감 퇴치법을 습득하는 것이다. 실망감은 우리를 과거에 묶어놓는
주범이므로 그것부터 깨끗이 처리한 후 다음 단계로 나아가야 한다.

우리는 모두 때때로 실망감의 공격을 받는다. 그토록 원하던 승진
기회를 놓치거나 많은 공을 들였던 큰 판매 계약이 실패로 돌아간 것
처럼 비교적 간단한 문제일 수도 있다. 정말 원하던 집을 사기 위해 대
출을 받으려 했으나 심사에서 탈락한 경우도 마찬가지다. 그런가 하
면 심각한 상황도 있다. 가정이 파괴되거나 사랑하던 사람이 죽은 경
우, 불치병에 걸린 경우가 그렇다. 어떤 경우든 실망감은 우리를 혼란
에 빠뜨리고 우리의 믿음을 부술 만큼 강력한 힘이 있다. 실망감을 미

4부_ 나는 과거의 망령에서 벗어날 것이다 **203**

리 발견하고 옳은 항로를 유지하면서 그것을 처리하는 일은 그래서 중요하다.

실망감을 퇴치하고 과거에서 벗어나는 두 과정은 대개 동전의 양면과 같다. 특히 자기 자신에게 실망했을 때는 더욱 그렇다. 스스로 저지른 잘못에 얽매이기 시작하면 결국 자신만 파멸할 뿐이다. 우리는 잘못을 인정하고 용서를 구한 다음에 앞으로 나아가야 한다. 실수와 실패, 상처, 고통, 죄악에서 빨리 벗어날수록 치료의 속도는 빨라진다.

그러나 우리를 가장 괴롭히는 실망감은 주로 다른 사람의 말과 행동에서 찾아온다. 남에게 상처를 입은 많은 사람이 그 상처를 자꾸 끄집어내는 바람에 새로운 출발의 기회를 놓치는 경우가 잦다. 따라서 아무리 불공평하고 실망스러운 일을 겪었더라도 그 일을 깨끗이 털어버리는 태도가 중요하다.

누군가에게 버림받았는가? 누군가에게 몹쓸 짓을 당했는가? 사랑하는 사람의 생명을 구해 달라고 밤낮 기도했는데도, 결국 그는 죽고 말았는가?

실망감은 대부분 실패로 이어진다. 물론 실패를 경험했을 때 아픈 감정을 느끼는 것은 당연하다. 어떤 상황에도 눈 하나 꿈쩍하지 않는 냉혈한이 될 수는 없다. 심지어 하나님도 우리가 고통을 겪어 놓고도 한번 싱긋 웃고 나서 아무 일 없었다는 듯이 제 갈 길을 가기를 기대하지는 않으신다. 실패를 겪었을 때는 후회하고 슬퍼하는 것이 당연하다. 하나님이 우리를 그렇게 창조하셨는데 어쩌겠는가? 일자리를 잃었을 때 실망하는 것은 당연하고, 관계가 깨졌을 때 상심하는 것이 당연하다. 사랑하는 사람을 잃었을 때는 슬프게 우는 것이 정상이다.

문제는 몇 년 전에 일어난 일로 지금껏 슬퍼하고 우는 것이다. 이는 미래를 포기하는 행동이므로 과감히 털어버리고 앞으로 나아가는 결단이 필요하다. 실망감은 결단 없이 저절로 사라지지 않는다. 자리를 박차고 일어나 이렇게 말하라. "정말 괴로운 사건이었어. 얼마나 실망했는지 몰라. 하지만 이제 더는 신경 쓰지 않을래. 잠재력을 온전히 발휘하는 데 방해가 되거든. 미래를 보면서 전진할 거야."

사탄은 거짓말로 우리를 속여 자기연민과 근심걱정, 무기력감, 앙심을 품게 만든다. "왜 하필이면 내게 이런 일이? 하나님은 나를 사랑하시지 않는 게 분명해. 내 기도에는 귀도 기울이지 않으셔. 내가 뭘 잘못했기에 이혼이란 아픔을 겪어야 하지? 내 사업이 왜 망한 거야? 제가 사랑하는 사람을 왜 데려가셨어요? 내 인생은 왜 항상 꼬이기만 하는 거지?"

쏟은 물은 주워 담을 수 없다.

사실 이런 의문은 이해할 만하고, 너무 오래 의문에 사로잡혀 있지만 않다면 오히려 유익할 수도 있다. 하지만 의문은 잠시, 더 이상 어찌 할 수 없는 문제를 따지는 데 낭비할 시간은 없다. 쏟은 물은 주워 담을 수 없는 법이다. 지나간 일은 지나간 일일 따름이다. 우리는, 과거는 과거대로 묻어 두고 계속 인생길을 걸어가야 한다. 큰 실패를 경험했거나 기도한 일이 응답되지 않았는가? 일이 뜻대로 풀리지 않았는가? 당신 혼자만 그런 일을 겪은 것이 아니다. 훌륭하고 뛰어난 많은 사람이 그런 일을 겪었다.

과거에 갇혀 있지 말라
우리 아버지는 결혼을 무척 빨리 하셨다. 내 생각에는 그리 잘하신 결정 같지는 않다. 어쨌든 처음에는 정말 원해서 결혼하셨지만 점차 부부 사이가 멀어지기 시작했고, 결국 이혼하셨다. 아버지는 크게 상심하고 좌절하셨다. 하나님이 모든 복을 거두어 가셨다는 생각만 들었다. 새 가족은 물론이고 다시 설교 강단에 서는 일은 꿈조차 꿀 수 없었다. 이혼 직후는 아버지의 인생에서 가장 어두운 순간이었다. 보통 사람 같으면 다 포기하고 절망의 구렁텅이에서 허덕이다가 인생을 마감했을 것이다. 아버지에게도 죄책감이 하염없이 밀려왔다. 자신을 탓하고 하나님의 용서를 거부하고 싶은 마음이 굴뚝 같았다. 실망감에 인생의 목표고 뭐고 그냥 주저앉고만 싶었다.

다행히 몇 년이 지나 아버지는 무슨 수를 써서라도 마음의 답답함을 털어버려야겠다고 마음 먹으셨다. 더는 잃어버린 것을 한탄하지 않고 하나님의 자비와 사랑을 구하기로 결심하셨다.

아버지가 하나님의 용서와 자비를 받아들이자 하나님은 아버지의 삶 속에서 새로운 역사를 시작하셨고, 마침내 아버지는 영적 능력을 회복함과 동시에 목회 활동도 재개할 수 있었다. 아버지는 다시 강단에 서셨고 하나님이 기뻐하시는 일을 하기 시작하셨다. 그리고 자신을 향한 하나님의 계획을 완성해 나가기 시작하셨다.

하지만 다시 결혼하여 새로운 가정을 꾸미리라고는 아버지도 전혀 생각지 못하셨다. 어느 날 아버지는 성도를 문병하러 병원에 가셨다가 젊고 아름다운 여인을 만났다. 도다라는 특이한 이름을 가진 그 여인은 간호학과 학생으로 그 병원에서 일하고 있었다.

아버지는 그 여인에게 한눈에 반하셨다. 그때부터 어떻게 해서든 그녀를 보기 위해 그 병원에 갈 구실만 찾으셨다(어쩌면 성도 중 누구라도 아파서 그 병원에 입원했으면 하고 바라셨을지도 모를 일이다).

물론 그 여인은 그런 상황을 전혀 모르고 있었다. 그저 아버지가 병원에 너무 자주 오니까 한번은 친구에게 이렇게 말했다고 한다. "저 목사님의 교회처럼 아픈 사람이 많은 곳은 생전 처음 봤어!" 아버지가 자신을 보기 위해 온다는 사실은 생각도 못했던 것이다.

이미 짐작했겠지만, 결국 아버지는 도디와 결혼에 골인하셨다. 하나님은 두 분에게 네 명의 평범한 자녀와 한 명의 별난 아이, 나 조엘을 선물로 주셨다.

하나님은 아버지에게 단순히 목회 활동의 회복을 넘어 엄청난 성장을 허락하셨다. 아버지는 50년 이상 세계 곳곳을 여행하면서 수백만 명에게 말씀을 전하셨고, 1950년대 말에 휴스턴에 레이크우드 교회를 창립하신 이후 40년 이상 담임 목사로 활동하셨다. 아버지가 실망감에 젖어 과거를 떠나보내지 않았더라면 이런 복은 결코 찾아오지 않았을 것이다. 물론 쉽게 이혼을 선택하는 등, 어려운 상황을 무조건 회피하라고 말하고 싶지는 않다. 우리 아버지는 지옥 같은 고통을 뚫고 지나오셨다. 그 이혼을 둘러싼 주위 환경을 알면 누구도 아버지가 쉬운 길을 택했다고 말하지 않을 것이다.

우리는 과거의 실망감과 좌절감, 죄의식을 벗어 버려야 한다. 하나님은 새로운 일을 하시길 원하신다. 하나님은 사탄이 우리에게서 빼앗은 모든 것을 차고 넘치도록 회복시켜 주시길 원하신다. 그러니 잃어버린 기회를 놓고 좌절하고 한탄하지 말고 하나님이 주실 멋진 미래를 기대해야 한다.

가끔 관계 회복을 바라는 사람들이 내게 기도를 부탁한다. 부부 사이가 회복되기를 기도하는 사람도 있고, 사업의 회복이나 동료 관계의 회복을 위해 하나님을 붙잡는 사람도 있다. 나는 그들이 끝까지 기도하고 하나님의 복을 기대하기를 바란다. 하지만 알아야 할 사실이 하나 있다.

하나님은 다른 사람의 의지를 꺾지 않으신다.

하나님은 모든 사람에게 어떤 길로 갈지 선택할 수 있는 자유 의지를 주셨다. 그래서 우리가 아무리 열심히 기도하고 아무리 오래 믿음의 태도를 유지해도 상황이 우리 뜻대로 바뀌지 않을 때가 있다.

중요한 인간관계의 고리가 끊어지고 사업이 파산해도 상심하지 말라. 몇 년씩이나 상처와 고통을 안고 방황하지 말라. 상처가 마음속에서 곪아 미래까지도 오염되면 정말 큰일이다. 하나님이 우리를 위해 새로운 복을 예비해 놓고 계시니 이제 과거는 날려 버리자.

하나님은 첫 번째 문이 닫히면 두 번째 문을 열어 더 크고 좋은 복을 내놓으신다. 고난의 상처를 영광의 상처로 바꿔 주시며, 실망감을 승리감으로 바꿔 주길 원하신다. 단, 앞으로 하나님의 새로운 복을 온전히 누릴 수 있을지는, 과거를 떨쳐 버리려는 우리의 의지가 얼마나 크냐에 달려 있다.

우리는 하나님이 마무리하신 일에 의문을 품지 말아야 한다.

'그때 그랬어야 했는데.' '그 대학을 갔어야 하는 건데.' '그 직장을 선택했어야 했는데.' '그 사람이랑 결혼했어야 했는데.' 이미 지나간 상황 때문에 속을 끓이는 부정적 태도는 버리라. 바꿀 수 없는 문제가 아닌 바꿀 수 있는 문제에 초점을 맞추라. 과거에 대한 후회는 미래에 대한 희망과 꿈을 파괴할 뿐이다.

누구나 과거를 돌아보면 아쉬운 일이 한두 가지쯤은 발견되기 마련이다. 어제는 지나갔고 내일은 누구도 장담할 수 없다. 그러니 오늘을 위해서 살라. 현재 있는 곳에서부터 출발하라. 과거에 대해서는 할 수 있는 일이 하나도 없지만 오늘에 대해서는 할 수 있는 일이 참 많다.

과거의 어처구니없는 선택 때문에 울화병에 걸리기 직전인가? 인생이 엉망진창이 되어서 이제는 회복 불가능이라는 생각이 드는가? 과거의 바보 같은 선택 때문에 이제 하나님이 주신 온전한 삶을 살기는 글렀고 어떻게든 남은 인생을 버텨 보는 수밖에 없다고 생각하는가? 정말 바보 같은 생각이다. 하나님은 우리 자신보다 더 우리의 회복을 갈망하신다! 우리가 과거에 연연하지 않고 매일 믿음과 기대로 살아가면 하나님은 사탄이 빼앗아 간 모든 것을 되갚아 주신다.

▋ 하나님에게는 많은 계획이 있으시다

과거의 그릇된 선택이나 불순종 또는 죄 때문에 우리 인생을 향한 하나님의 '첫 번째 계획'을 놓치지 않았는가? 좋은 소식이 있다. 하나님은 우리를 인생의 최종 목적지로 안내하시기 위한 '두 번째 계획'과 '세 번째 계획'을 넘어 무한히 많은 계획을 세워 놓고 계신다.

자신의 잘못된 선택이 아니라 타인의 어리석은 결정 때문에 극심한 고통과 비탄 속에 살아가는 사람도 있다. 하지만 어떤 경우든 과거에 연연해선 안 된다. 과거는 어디까지나 과거일 뿐이다. 우리를 곤란하게 만든 사람을 용서하고 현재의 상황에서 새롭게 출발하라. 과거의 상처를 자꾸 떠올리고 괴로워하는 것은 오늘 나타날 하나님의 복을 멀리 쫓아 버리는 것이다. 과거에 묶여 있으면 그만큼 손해다.

선지자 사무엘은 이스라엘의 첫 번째 왕인 사울에게 매우 실망했다. 원래 사울은 겸손하고 조심성이 많은 젊은이였다. 하나님의 지시에 따라 사무엘은 수많은 군중 속에서 사울을 뽑아 이스라엘의 왕으로 선포했다. 그리고 사울을 하나님이 기뻐하시는 왕으로 만들기 위해 몸과 마음을 아끼지 않고 도왔다.

그러나 불행히도 사울은 하나님께 순종하는 삶을 거부했고, 결국 하나님은 그런 그를 더 이상 왕으로 보지 않으셨다. 이때 사무엘의 심정이 어떠했을까? 우리가 어떤 사람과의 관계에 많은 시간과 노력, 돈과 애정을 쏟아 붓고 그를 세우기 위해 최선을 다했는데 상황이 꼬이기 시작했다면, 커다란 상실감을 느낄 것이다.

사무엘의 심정이 바로 그랬다. 그는 실망과 비통을 감당할 수 없어 망연자실해졌다. 아픈 가슴을 달래고 있는 그에게 하나님은 중요한 질문을 던지셨다. "사무엘아, 언제까지 사울을 위해 애통하겠느냐?" 하나님은 오늘날 우리에게도 똑같이 물으신다. "실패한 관계 때문에 언제까지 슬퍼하겠느냐? 깨진 꿈을 놓고 한탄하겠느냐?" 지나친 슬픔은 이만저만한 문제가 아니다. 실망감에 젖어 있는 것은 우리 삶에 새로운 복을 부어 주시려는 하나님을 가로막는 행위다.

하나님은 계속 사무엘에게 말씀하셨다. "너는 기름을 뿔에 채워 가지고 가라 내가 너를 베들레헴 사람 이새의 집에 보내리니 이는 내가 그 아들 중에서 한 왕을 예선하였음이니라"(삼상 16:1). 하나님의 말씀을 달리 표현하면 이렇다. "사무엘아, 네가 그만 슬퍼하고 앞으로 나아가면 너에게 더 나은 내일을 주겠다."

잊지 말라. 하나님은 언제나 새로운 계획을 갖고 계신다. 사울은 하나님의 첫 번째 선택이었으나, 그가 불순종의 길을 걸었을 때 하나님은 "사무엘아, 미안하구나. 사울이 어리석어서 내 모든 계획을 망쳐 놓았구나"라고 말씀하지 않으셨다. 하나님의 새로운 계획은 끝이 없다. 자책감을 떨쳐버리고 성경의 말씀대로 행동하면 우리의 미래는 전보다 훨씬 더 밝아질 것이다.

하나님이 사무엘에게 무슨 일을 시키셨는가? "기름을 뿔에 채워라." 새로운 태도를 가지고 얼굴에 미소를 지으며 앞을 향해 힘찬 발걸음을 내딛으란 뜻이다.

사무엘은 하나님에 대한 믿음을 버릴 수도 있었다. "하나님, 저는 도저히 못하겠어요. 너무 마음이 아파요. 사울에게 모든 것을 쏟아 부었는데, 다 물거품이 되어 버렸잖아요."

만약 그랬다면 사무엘은 성경 역사상 가장 위대한 왕인 다윗을 놓쳤을지도 모른다. 우리도 마찬가지다. 실망감에 빠져 허우적대면 하나님의 새로운 역사를 놓칠 수도 있다. 하나님의 새로운 계획은 우리의 상상 이상으로 좋으니까 슬픔을 딛고 일어나 앞으로 나아가라.

아침에 눈을 뜰 때마다 과거의 실수와 실망스러운 일을 멀리 날려 버리라. 그리고 하나님이 사랑과 용서의 하나님이시며 우리를 위해 놀라운 복을 준비하고 계심을 항상 되새기라.

실수하지 않는 사람은 세상에 단 한 명도 없다. 실수했을 때 올바른 태도는 자신을 낮추고 하나님의 용서와 자비를 받아들이는 것이다. 자신을 용서하는 태도는 매우 중요하다. 그렇지 않으면 후회 속에서 살게 되며, 후회는 우리의 믿음을 갉아먹는다. 믿음은 먼 기억 속에 있는 것이 아니라 언제나 현재형이다.

바로 지금, 하나님은 실망을 희망으로 바꿔 주신다.

바로 지금, 하나님은 쓰라린 상처를 영광의 상처로 바꿔 주신다.

4부_ 나는 과거의 망령에서 벗어날 것이다 | **211**

YOUR BEST **!** LIFE NOW

Your
Best
Life
Now

5부 나는 역경을
통해 강점을 찾는다

21 먼저 마음으로 일어서라

22 하나님의 타이밍을 기다리라

23 시험의 목적

24 잘 풀리지 않을 때도 하나님을 신뢰하라

YOUR BEST LIFE NOW

21_ 먼저 마음으로 일어서라

마음만 먹으면 행복해질 수 있고
결심만 하면 강하게 일어설 수 있다

자기 뜻대로 되지 않을 때나 시험이 찾아올 때 너무 쉽게 포기하는 사람들이 많다. 평정을 잃고 허둥대거나 화를 내다가 곧 좌절감에 완전히 무릎을 꿇고 만다. 특히 오랫동안 문젯거리나 병마와 싸워온 사람은 그냥 현실에 순응하는 경우가 드물지 않다. "이렇게 아픈 지도 꽤 됐어. 아무래도 낫기는 힘들어. 그냥 이대로 살지 뭐." "우리 부부가 뭐 하루 이틀 싸우나? 벌써 수년째야. 이제 와서 무슨 변화를 기대하겠어?" "번번이 승진 기회가 눈앞에서 날아갔다고. 난 여기까지밖에 안되나 보군."

하지만 오늘을 온전히 살려면 더 굳은 의지가 필요하다. 최선의 삶을 살기 위한 다섯 번째 단계는 역경을 통해 강점을 발견하는 것이다. 역경 앞에서 우리의 태도는 이래야 한다. "여러 번 좌절을 맛보았지.

하지만 넋 놓고 앉아 있을 수만은 없어. 반드시 승리를 쟁취할 거야. 반드시 부부관계를 회복할 거야. 반드시 이 문제들을 뚫고 내 길을 가겠어."

누구나 인생의 난관에 부딪히게 마련이다. 살다 보면 우리 뜻대로 되지 않는 일이 얼마나 많은가. 이처럼 외부 상황이 우리를 쓰러뜨릴 때 승리의 삶을 사는 비결은 내부, 즉 마음에서부터 일어서는 것이다.

의사에게 절망적인 통보를 받았는가? 가장 중요한 고객을 놓쳤는가? 자녀에게 큰 문제가 생겼는가? 커다란 실패를 겪어 인생이 나락으로 끝없이 추락하는 기분이 드는가?

좋은 소식이 있다! 우리는 어떤 시련 앞에서 주저앉아 있을 필요가 없다. 외부적으로는 넘어져 있어도 마음으로는 일어설 수 있다. 우리는 승자의 태도와 마음가짐, 믿음을 가질 수 있다. 부정적인 생각에 빠져 불평하고 하나님을 원망하는 사람이야말로 진정한 패자다. 고난이 올수록 마음을 단단히 먹고 믿음을 고백하라. "하나님, 왜 제게 이런 고난이 찾아왔는지 이해할 수 없습니다. 하지만 하나님이 이 상황까지도 통제하시리라 믿습니다. 하나님은 모든 것이 합력하여 선을 이룰 것이라 말씀하셨습니다. 저를 위해 악을 선으로 바꿔 주시겠다고 약속하셨습니다. 이 고난의 길에서 저와 동행해 주실 줄 믿고 감사드립니다." 마음으로 일어서는 사람은 어떤 역경에도 쓰러지지 않는다.

두 다리로 굳게 서라

"너희가 능히 대적하고 모든 일을 행한 후에 서기 위함이라"(엡 6:13). 지금까지 우리는 나름의 최선을 다했다. 열심히 기도했고 믿음을 잃지 않았다. 또 진리의 말씀 위에 굳게 서서 한 발짝도 물러서지 않았다. 그런데도 아무런 변화의 조짐이 보이지 않는다. 이제는 좌절감이 거친 파도처럼 밀려온다. "다 소용 없잖아! 이제 알았어. 앞으로도 변하는 것은 없을 거라는 사실을."

아니다. 절대 포기하지 말라! 우리가 할 일은 믿음의 반석 위에 굳게 서서 기도하고 또 기도하는 일뿐이다. 마음으로 굳게 서 있으면 하나님이 보상해 주시는 날이 반드시 온다. 몸의 질병이 우리를 넘어뜨려도 영과 정신은 일어서 있어야 한다. 마음과 정신과 의지만 바로 서 있으면 못할 일이란 없다.

직장 사람들이 틈만 나면 깔보고 괴롭혀서 견디기 힘든가? 그런 사람들의 말은 한 귀로 듣고 한 귀로 흘려보내는 것이 바람직하다. 그들이 외부적으로는 우리를 넘어뜨릴 수 있어도 우리 마음은 어쩌지 못한다. 그들에게 우리의 기쁨까지 빼앗겨서야 되겠는가? 외부의 압력이 아무리 거세도 낙심과 좌절을 쫓아버리고 마음으로 굳게 서라.

"적이 나를 때려눕힐 수는 있을지 몰라도 나를 기권하게 만들 수는 없어. 적의 모든 공격이 끝나면, 연기가 걷히고 먼지가 가라앉으면, 난 다시 일어설 거야." 성경은 누구도 우리의 기쁨을 앗아갈 수 없다고 말한다. 누구도 우리에게 부정적인 태도를 강요할 수 없다. 어떤 상황도, 어떤 역경도 우리를 절망 속에 가둘 수 없다.

왕이 되기 전의 다윗과 그 부하들은 어느 날 정찰을 떠나 하나님이 시키신 일을 하고 있었다. 그런데 그들이 멀리 나가 있는 사이에 무법자들이 이스라엘의 도시를 공격했다. 약탈자들은 집들을 모조리 불태우고 재물을 약탈했으며 여자와 아이들을 납치했다. 정찰에서 돌아온 다윗과 부하들은 놀라 입을 다물지 못했고, 눈물이 마를 때까지 울었다. 하지만 폐허더미 위에 앉아서 연기와 재로 가득한 도시를 보던 다윗은 마음에서부터 일어서기로 결심했다. 승리자의 정신이 고개를 들기 시작했다. 그는 잃은 것들을 한탄하며 앉아만 있지 않았다. "그 하나님 여호와를 힘입고 용기를 얻었더라"(삼상 30:6). 용기백배한 다윗은 "나가 적을 공격할 테니 갑옷을 도로 입어라"고 말했고 부하들은 그대로 따랐다. 다윗과 부하들이 용기 있게 나아가자 하나님은 초자연적인 방법으로 그들이 잃어버린 모든 것을 회복시켜 주셨다. 다윗이 먼저 마음으로 일어서지 않았더라면 그런 기적이 가능했을까?

혹시 가만히 앉아서 하나님이 상황을 바꿔 주시기만 기다리고 있지는 않은가? 하나님은 우리가 마음으로 일어서길 기다리고 계심을 기억하라. 우리가 할 일을 다해야 하나님도 우리 삶 속에서 초자연적인 회복의 역사를 시작하신다.

지금 인생의 어두운 터널을 지나고 있는가? 누군가에게 속거나 괴롭힘을 당해서 상실감에 주저앉아 울고만 싶은가? 인생이 너무 불공평하고 앞으로 희망이 보이지 않아서 모든 걸 포기하고만 싶은가? 그렇다면 당장 태도부터 바꿔야 한다. 안에서부터 일어서야 한다. 우리가 승자의 정신을 가질 때 하나님은 새로운 일을 시작하신다.

바울과 실라가 하나님을 전파하고 사람들을 돕던 어느 날이었다. 그들의 행동을 못마땅하게 여긴 일부 종교 지도자들이 지역 관원들에게 그들이 말썽을 일으킨다고 거짓말을 했다. 관원들은 바울과 실라를 체포해 심하게 때린 후에 감옥에 가두었다.

바울과 실라가 투덜거리고 불평했을까? 하나님을 원망하고 자신들의 신세를 한탄했을까? 오히려 그들은 고난의 한복판에서 하나님을 찬양했다. 마음으로 일어선 것이다. 역경의 한복판에서 믿음을 잃지 않고 하나님을 찬미할 때 하나님의 기적적인 힘은 반드시 나타난다. 바울과 실라가 한밤중에 하나님을 찬송할 때 갑자기 커다란 지진이 일어나 감옥의 문이 저절로 열리고 그들을 묶었던 쇠사슬이 풀렸다.

우리가 마음으로부터 일어서기 시작하면 상황도 바뀌게 되어 있다. 그러니 역경이 다가올 때 징징대거나 불평하거나 신세를 한탄하지 말고 오히려 승자의 태도를 품어야 한다.

기나긴 기다림에 지쳐 마지막 희망의 끈마저 놓고 싶은가? "중독된 지 너무 오래라서 끊기는 틀렸어. 그것 없이는 도저히 살 수 없다고." "월급은 쥐꼬리만한데 빚은 산더미야. 언제쯤에나 돈 걱정 않고 살 수 있을까? 앞이 안 보여." "그토록 오래 기도했는데 아직도 우리 아이들은 하나님 소리조차 듣길 싫어해." "더는 견딜 수 없어."

정말 백기를 들고 항복하고 싶은가? 안 될 말이다. 패배자의 정신을 벗어던지고 긍정적인 사고와 믿음을 받아들이라. "이 시험을 이기고야 말 거야. 오랫동안 병을 달고 살아왔지만 이 고통도 곧 끝날 거야. 수년 동안 이 중독에 빠져 있었으나 이제는 자유할 거야. 우리 자녀가 아직 정신을 차리지 못했지만 나와 내 집은 주님만 섬길 거야."

하나님의 도우심이 있으면 마음으로 다시 일어서고도 남는다. 우리가 더 강하고 단호하다는 사실을 적에게 보여 줘야 하지 않겠는가? 적을 향해 목소리를 높여 외치자. "내 목숨을 걸고서라도 믿음의 반석 위에 굳게 서리라. 희망을 포기하고 그저 그런 삶에 만족하지 않겠어. 더 나은 미래에 대한 믿음을 잃지 않겠어. 그날이 아무리 더디게 와도 마음으로 굳게 선 채 기다리겠어."

하나님은 우리가 불평쟁이가 아닌 승자가 되기를 원하신다.

현실에 순응하여 낙심하고 풀이 죽어 있을 이유는 전혀 없다. 수백

번을 넘어져도 다시 일어서야 한다. 하나님은 우리의 결단력과 의지를 눈여겨보고 계신다. 우리가 스스로 할 수 있는 일을 다 했을 때, 친히 개입하셔서 우리가 할 수 없는 부분을 해결해 주신다.

기뻐할 줄 아는 사람이 되라

하나님의 마음에 합한 사람인 다윗 역시 완벽하지는 않았다. 실수도 많이 하고 낙심하기도 했지만, 그가 남들과 다른 점은 기도했다는 것이다. "하나님이여 내 속에 정한 마음을 창조하시고 내 안에 정직한 영을 새롭게 하소서"(시 51 10). 우리도 이런 기도를 드려야 한다. "하나님, 제게서 이 부정적인 태도를 없애 주세요. 제가 포기하지 않도록 도와주시고 제 안에 바른 영을 새롭게 해 주세요."

낙심과 절망 속에서 우왕좌왕하기에 인생은 너무나 짧다. 아무리 고난이 닥쳐오고 아무리 큰 실패를 경험했더라도, 또 누군가 혹은 어떤 상황이 우리를 넘어뜨리려 해도, 마음만큼은 굳게 서 있어야 한다. 사탄을 신경쇠약에 걸리게 만드는 비결은 인생의 밑바닥에서도 좋은 태도를 유지하는 것이다.

역경 앞에서 많은 사람이 의심의 구름 속을 헤매다가 결단력과 믿음을 잃어버린다. 끝까지 좋은 태도를 유지할 의지가 없기 때문이다. 특이한 사실은 정신이 똑바르지 않으면 고난이 더 오래 지속된다는 점이다. 의학적 연구에 따르면, 정신력이 강한 사람이 쉽게 낙심하는 사람보다 더 빨리 건강을 회복한다고 한다. 그래서 하나님은 우리에게 강한 의지를 주셨다. 원래 우리는 절망과 패배 속에서 살도록 창조되지 않았다. 부정적인 정신은 우리 에너지를 고갈시키며 우리 면역

5부_ 나는 역경을 통해 강점을 찾는다 | **219**

체계를 약화시킨다. 육체적 질병이나 정신병에 오래 시달리는 사람들을 자세히 살펴보면 대개는 마음이 무너진 사람들이다.

성경을 보면 많은 신앙의 선배들이 죽음으로 믿음을 지켰다. 믿음으로 충만한 삶을 살면 믿음으로 죽을 수도 있다. 나는 이 땅에서의 내 마지막 순간을 충만한 기쁨과 믿음과 승리 속에서 살다가 가고 싶다. 나는 오늘을 온전히 살고, 하늘나라에 갈 시간이 되었을 때 굳게 선 마음으로 죽음을 맞기로 결심했다. 우리는 모두 그런 결심을 해야 한다.

마음만 먹으면 행복해질 수 있고, 결심만 하면 강하게 설 수 있다. 하기로 마음만 먹으면 못할 일이 없다. 역경의 파도가 밀려올 때 스스로 다짐하자. "내 안에는 하나님의 힘이 가득해. 나는 극복할 수 있어. 승리의 삶을 살 수 있어. 마음을 굳게 세울 수 있어." 하나님은 우리 안에 자신감을 심어 놓으셨다. 우리는 그 힘을 발휘하기만 하면 된다. 더는 고난 앞에서 작아질 필요가 없다.

뒷걸음치지 말라

내가 어렸을 적에 우리 집에는 '스쿠터'라는 개가 있었다. 엄청 덩치가 큰 독일산 셰퍼드로, 동네의 개들 사이에서 대장으로 군림하고 있었다. 스쿠터는 강하고 빨랐으며 잠시도 가만있지 못했다. 아무도 못 말리는 녀석이었다.

어느 날 우리 아버지가 자전거를 타러 나가셨는데 스쿠터가 그 뒤에 바짝 붙어서 따라다녔다. 아버지는 스쿠터를 보며 미소 지으셨다. 아버지의 얼굴에는 자랑스러운 기색이 역력했다. 스쿠터가 달릴 때 근육이 씰룩거리는 모습이 호랑이라도 상대할 수 있을 것 같았다.

아버지와 스쿠터가 한참을 가는데 어느 집에서 조그만 치와와가 달려 나와 약 30~40미터 앞에서 깽깽거렸다. 그러더니 겁도 없이 짖으면서 스쿠터에게 달려들었다. 아버지는 생각했다. '불쌍한 꼬마 같으니라고. 상대를 잘못 골랐군. 스쿠터가 화나면 너는 끝장이야!' 하지만 그 작은 치와와는 전속력으로 달려와 목청이 터지도록 짖어댔다. 아버지는 스쿠터가 그 강아지를 죽이지는 않을까 슬며시 걱정했다.

그런데 치와와가 가까이 올수록 스쿠터는 겁쟁이처럼 고개를 떨어뜨렸다. 마침내 치와와가 눈앞까지 다가오자 스쿠터는 아예 땅바닥에 드러누웠다! 스쿠터의 내면은 외향만큼 크지 못했던 것이다.

우리도 스쿠터와 같을 때가 얼마나 많은가. 하나님의 모든 자원을 마음껏 사용할 수 있음을 알면서도 막상 역경이 닥쳐오면 종종 우리는 뒷걸음치고 땅바닥에 드러눕는다. 목소리 큰 놈이 이긴다는 말이 이런 상황을 두고 한 말이리라. 우리는 '목소리 큰' 역경에 전혀 굴복할 필요가 없다. 우리 안에는 하나님의 힘이 충만하며, 우리는 용사보다도 강하다. 그런데도 환란이 다가오면 우리는 스쿠터처럼 하나님이 주신 힘을 사용하지 못하고 뒷걸음만 치는 경우가 허다하다. 쉽게 포기하고 "나는 할 수 없어. 내가 감당하기엔 무리야"라고 말한다.

겁쟁이의 태도를 버리고 마음으로 일어서서 하나님의 힘을 활용하라. 강하게 서서 믿음의 선한 싸움을 싸우라. 우리에게는 몇 번을 넘어졌더라도 다시 일어설 힘이 있다. 고난 앞에서 스쿠터처럼 완전히 드러누워서야 되겠는가? 다윗을 본받아 우리 주 하나님 안에서 용기를 얻고 앞으로 나가자.

하나님은 우리에게 승리의 삶을 예비해 놓으셨지만 우리도 할 일이 있다. 인생에 어떤 시련이 닥쳐도 마음으로 굳게 서기로 결단하라.

22_ 하나님의 타이밍을 기다리라

하나님은 보이지 않는 곳에서 모든 조각을 맞추고 계신다
우리가 보지 못하고 느끼지 못할 때 가장 크게 역사하신다

우리는 모든 일이 당장 이루어지길 바라는 경향이 있다. 우리는 항상 성급하다. 엘리베이터가 도착하기를 기다리지 못하고 발을 동동 구른다. 꿈을 위해 기도하면서 당장 이루어지길 바란다. 하지만 하나님이 기도에 응답하시고 꿈을 이뤄 주실 때는 정해진 타이밍이 있다. 우리가 아무리 조바심을 내도, 아무리 열심히 기도해도, 하나님의 정해진 타이밍은 바뀌지 않는다. 모든 일은 언제나 하나님의 시간표대로 이루어진다.

때로 우리는 하나님의 타이밍을 이해하지 못해 화내고 좌절한다. 그리고 결국 질문을 던진다. "하나님, 도대체 언제나 제 남편을 바꿔 주실 겁니까? 언제 제 짝을 찾아 주실 거예요? 언제나 제 사업이 자리 잡겠습니까? 도대체 언제나 제 꿈을 이루어 주실 겁니까?"

하나님의 타이밍을 이해하기만 하면 스트레스는 모두 날아간다. 하나님이 만물을 다스리시고 완벽한 타이밍에 일을 성사시킴을 알면 우리는 쉼을 얻는다. "이 묵시는 정한 때가 있나니 … 비록 더딜지라도 기다리라 지체되지 않고 정녕 응하리라"(합 2:3). 다른 번역본에 보면 "일초도 늦지 않으리라"고 했다. 다음 주가 될지, 내년 혹은 10년 뒤가 될지는 알 수 없다. 언제가 되든지 우리는 하나님의 완벽한 타이밍을 믿는 믿음 안에서 평안을 얻는다.

믿음으로 열심히 기도하면 24시간 내에 반드시 응답될까? 그러면야 좋겠지만 전혀 사실이 아니다. 하나님은 비밀번호만 입력하면 곧바로 현금을 내놓는(물론 예금 잔고가 있을 때!) 자동 예금 출납기와는 다르시다. 하나님의 응답을 받으려면 인내심이 요구된다. 그런 의미에서 인내심 역시 믿음의 한 부분이다. 우리가 자신에게 던져야 할 질문은 같다. '어떤 태도로' 기다릴 것인가? 육체적, 정신적, 영적으로 어떤 태도를 유지할 것인가? 하나님이 놀라운 복을 예비하셨음을 믿고 올바른 태도와 기대감으로 기다릴 것인가, 아니면 분노하고 좌절하며 "하나님, 아직도 제 기도를 들어주시지 않는군요. 대체 언제까지 기다려야 합니까?" 하고 불평할 것인가?

한 번 생각해 보자. 어차피 기다려야 할 바에야 인생을 즐기며 기다리는 것이 낫지 않은가? 하나님이 변화를 이끌어 내시는 동안 기뻐해야 마땅하지 않은가? 어차피 시간을 앞당기기 위해 우리가 할 수 있는 일은 없다. 하나님이 정한 타이밍에 결과를 내실지 알기에 우리는 조바심을 풀고 삶을 누려야 마땅하다.

몸부림칠 필요 없다. 하나님은 도대체 뭘 하고 계시냐며 궁금해할 필요도 없다. 적당한 때에 하나님이 약속을 지키실 줄 믿고 평안을 누리면 된다. 하나님의 약속은 올바른 시간에 반드시 이루어진다. 이 사실을 알 때 얼마나 큰 자유가 찾아올지 상상만 해도 즐겁다.

참된 믿음으로 사는 사람은 성경에서 말하는 하나님의 '쉼터(안식)' 안에서 쉼을 얻는다. 하나님의 쉼터에 있는 사람은 걱정하지도, 자기 뜻대로 하려고 고집 부리지도 않는다. 모든 이유를 일일이 알아내려고 하지도 않고 하나님의 역사하심에 의심을 품지도 않는다. 하나님의 쉼터는 온전한 믿음이 있는 곳이다. 하나님의 쉼터에 있는 사람은 완벽한 타이밍에 하나님이 모든 약속을 이루신다는 것을 안다.

때로 우리는 이런 의문에 사로잡힌다. "왜 내 삶에서는 하나님이 역사하시지 않지? 기도하면서 믿고 기다려 왔어. 그런데 하나님은 내 결혼에 전혀 관심이 없으신 것 같아. 직장 문제가 아직도 해결되지 않았어. 이러다가 내 꿈은 물거품이 되겠어!"

아니다! 외부에서 어떤 일이 일어나고 있든 상관없이 하나님은 우리 삶을 위해 쉬지 않고 일하고 계신다. 우리 눈에는 아무런 진척이 보이지 않을 수 있다. 3개월 전이나 3년 전이나 상황이 똑같아 보인다. 그럼에도 우리는 우리 인생의 깊은 곳에서 하나님이 일하고 계심을 믿어야 한다.

우리가 보지 못하고 느끼지 못하고 있을 때 하나님이 가장 크게 역사하시는 경우가 많다.

나아가 하나님은 보이지 않는 곳에서 모든 조각을 맞추고 계신다. 하나님이 모든 상황을 정렬하고 계시니, 언젠가 정한 때가 오면 하나님이 해오신 모든 일은 모습을 드러내고야 만다. 순식간에 상황이 좋아질 때의 기쁨을 상상해 보라.

224 | 긍정의 힘

완벽한 때가 있다

다윗은 누구보다 큰 꿈을 품고 있었다. 세상을 바꾸겠다는 열정이 있었다. 그러나 아버지의 양을 돌보는 목동으로 오랜 세월을 보내야 했다. 아마 하나님이 자신을 잊으셨는지도 모른다는 생각이 문득 다윗의 머리를 스쳤을 것이다. "하나님, 제가 지금 여기서 뭘 하고 있는 겁니까? 여기서는 미래가 없어요. 저는 하나님을 위해 뭔가 큰일을 하고 싶습니다. 언제쯤이나 제게 기회를 주실 겁니까?"

그러나 다윗은 하나님의 타이밍을 기다릴 줄 알았다. 어둠 속에서도 믿음을 잃지 않고 있으면 정한 때에 하나님이 자신을 높여 주시리라 확신했다. 그는 완벽한 때에 하나님이 자신의 꿈을 이뤄 주실 줄 믿고 이렇게 말했다. "내 시대가 주의 손에 있습니다"(시 31:15). 해석해 보면 이렇다. "하나님, 당신은 만물을 다스리시는 분입니다. 제 눈에는 아무 변화가 보이지 않아도 하나님은 보이지 않는 곳에서 일하고 계십니다. 적당한 때에 이 상황을 바꿔 주실 줄 믿습니다." 결국 하나님은 다윗을 들에서 불러내셔서 골리앗을 물리치고 이스라엘의 왕이 되게 하셨다.

하나님은 자연의 법칙과 인간의 방법에 얽매이지 않으신다. 우리가 하나님을 믿고 좋은 태도를 유지하며 현재의 위치에서 충성을 다할 때, 조급하게 억지로 일을 성사시키려고 하지 않을 때, 하나님은 적당한 때에 우리를 세워 주시고 꿈을 이뤄 주신다.

당장 하나님의 역사가 나타나지 않는 이유는 다음 두 가지 중 하나다. 첫째, 우리의 기도 내용이 하나님의 뜻에 맞지 않기 때문. 둘째, 아직 때가 되지 않았기 때문. 하나님이 억지로 우리의 기도를 들어주시려면 가장 이상적인 계획에서 벗어나실 수밖에 없을 것이다.

5부_ 나는 역경을 통해 강점을 찾는다 | **225**

하나님은 전체 그림을 보신다

오늘날 우리 교회의 텔레비전 프로그램은 미국뿐 아니라 전 세계 수많은 국가에서 방송되고 있다. 이것은 내 오랜 꿈이었다. 원래 나는 아버지의 설교가 전 세계의 방송을 타기를 바랐다. 하지만 아버지는 인생의 황혼기를 훌쩍 넘기실 때까지도 방송에는 별로 뜻이 없으셨다. 그저 편안한 맘으로 교회를 섬기고 싶어 하셨을 뿐이었다.

한번은 내가 우리 예배를 방송하기로 여러 라디오 방송국을 섭외해 놓고 아버지에게 말했다. "아버지가 일주일에 한 시간씩만 스튜디오에 나오시면 모든 프로그램은 저희가 알아서 다 만들게요."

그러나 아버지의 대답을 듣고 나는 실망했다. "얘야, 그러고 싶지 않구나. 내 나이 벌써 일흔 다섯이다. 다른 일을 벌이고 싶지 않아."

그때 나는 속으로 말했다. '하나님, 저는 젊습니다. 제 꿈은 전 세계를 감동시키는 겁니다. 저에겐 에너지가 넘칩니다. 현재에서 머물지 않고 더 많은 일을 하고 싶어요.'

그러나 마음 깊은 곳에서 또 다른 목소리가 들렸다.

'인내하거라. 지금은 때가 아니다.'

이에 나는 좋은 태도를 유지하고 아버지를 존중하기로 결정했다. 서두르거나 좌절하지 않았고 내 힘과 시간표대로 밀고 나가지도 않았다. 그저 믿음 안에서 최선을 다하며 기다렸다.

시간은 점점 흘러, 하나님이 전 세계에 희망의 메시지를 전달하겠다는 내 꿈을 잊어버리셨다는 생각마저 들었다. 하지만 몇 년 후에 우리 아버지가 하나님 곁으로 떠나셨을 때 드디어 하나님의 역사가 곁으로 드러났다. 나는 내가 직접 목사가 되어 복음을 전할지는 꿈에도 생각지 못했다! 내가 카메라 앞에 서게 될 줄 누가 알았겠는가. 지금

돌이켜보면, 하나님은 처음부터 우리 아버지가 아니라 나를 통해 그 꿈을 이루시기로 계획하셨던 것이다. 내가 인내하면서 하나님의 완벽한 타이밍을 기다리지 않았다면 지금의 내가 있을지 의심스럽다.

우리가 항상 하나님의 방법을 이해할 수 있는 것은 아니다. 하나님의 방법이 상식과 반드시 일치하는 것도 아니다. 그러나 일면만 보는 우리와 달리 하나님은 전체 그림을 보신다. 우리가 하나님의 계획에 합당하다 하더라도 그 계획에 참여할 다른 사람이 준비가 덜 됐을 수도 있다. 우리의 기도가 하나님의 뜻대로 응답되기 위해서는 하나님이 다른 사람이나 상황을 바꾸셔야 할 때도 있다. 모든 조각이 하나로 합쳐져야 하나님의 완벽한 때가 오는 법이다.

그러니 조급해하지 말라. 하나님이 우리를 위해 모든 상황을 조정하고 계신다. 우리가 느끼거나 보지 못해도, 10년 전이나 상황이 마찬가지처럼 보여도, 하나님의 때에 한 치의 오차도 없이 들어맞게 되어 있다. 하나님의 때가 되면 어떤 어둠의 세력도 하나님을 막지 못한다. 정한 때가 되면 어느 누가 방해해도 하나님은 일을 이루시고야 만다.

순식간에 상황이 바뀐다. 순식간에 사업이 번창하고, 순식간에 남편이 예수님을 영접하고, 순식간에 방황하던 자녀가 돌아온다. 하나님의 때만 되면 우리의 꿈과 희망이 이루어지는 것은 순간이다.

30대 중반의 아름다운 여인 셸비는 결혼하기를 몹시도 바랐다. 쉬지 않고 기도했지만 이상하게 한 번도 남자와 진지한 관계를 맺어본 적이 없었다. 지난 2-3년 동안은 데이트조차 해 본 적도 없었다. 절망감이 밀려왔다. 하나님이 자기 결혼을 위해 아무 일도 하고 계시지 않으니 평생 혼자 살아야 하는가보다 하는 생각마저 들었다.

그러던 어느 날 셸비가 차를 몰고 퇴근하는 길에 타이어에서 바람이 나갔다. 어쩔 수 없이 도로가에 차를 세웠는데, 몇 초 후에 다른 차가 뒤에 서더니 젊고 잘생긴 한 남자가 내렸다. 그는 셀비의 타이어를 갈아 주었을 뿐 아니라 그녀에게 저녁 식사를 같이 하자고 신청했다. 그로부터 약 일 년 후에 둘은 결혼했고, 지금까지 서로 사랑하며 행복하게 살고 있다.

위의 사건이 일어난 확률을 따져 봐도 결코 우연이 아니다. 하나님이 두 사람의 삶 속에서 역사하신 것이다. 두 사람이 만난 타이밍을 생각해 보자. 우선, 절묘한 타이밍에 셀비의 타이어에 이상이 생겼다. 도로의 교통량도 적당했다. 차가 너무 많으면 그 남자가 늦게 도착했을 테고 교통량이 너무 적으면 그가 너무 빨리 도착했을 것이다. 남자의 차가 교통 신호에 걸린 횟수도 적당했다. 모든 타이밍이 백 분의 일 초도 어김없이 맞아떨어져 그는 셀비의 차 바로 뒤에 서게 된 것이다.

그러므로 하나님이 우리 삶 속에서 역사하고 계심을 누구도 부인할 수 없다. 하나님은 우리가 깨닫지 못하고 있는 순간에도 일을 하고 계신다. 우리가 믿음을 붙잡고 있으면 하나님의 때는 반드시 온다.

나도 20대 초반에 셀비와 비슷한 경험을 했다. 나는 고등학교는 물론이고 대학교 때까지 스포츠에 깊이 빠져 데이트 한 번 제대로 해 보지 못했다. 일주일에 4-5일은 밤늦게까지 야구를 하느라 바빴으니 말이다. 연애를 할 시간이 없었다. 그러다가 어느 순간부터 칙칙한 사내들 사이에 파묻혀 있는 것이 지긋지긋해졌고, 아름다운 여인을 만나고 싶은 마음이 들었다.

나를 좋은 사람에게 인도해 달라고 하나님께 기도드렸다. "저를 위해 이미 좋은 상대를 예비해 놓으신 줄 압니다. 적당한 때에 그 여인을 만나게 해 주시리라 믿습니다."

이 년이 가고 삼 년이 흘러도 아무 일이 일어나지 않았다. 그래도 나는 조급해하거나 억지로 인연을 만들려고 애쓰지 않았다. "하나님, 왜 아무 일도 하지 않으십니까?"라며 화내지 않고, 하나님의 쉼터 안에서 최선을 다했다.

어느 날 내 손목시계가 멈추었다. 친구와 운동하러 체육관에 가는 길에 시계방에 들러 배터리를 교체하기로 했다. 시계방에 들어섰을 때 내 눈에 띈 것은 세상에서 가장 아름다운 여인이었다! '하나님, 제 기도를 들어주셨군요!'

나는 용기를 내서 말을 걸었고 그녀가 독실한 크리스천이라는 사실을 알아냈다. 나는 속으로 쾌재를 불렀다. 그날 나는 배터리뿐 아니라 그녀의 마음을 샀으며, 지금까지 그 마음을 소중히 간직하고 있다.

아내 빅토리아가 일하던 시계방까지 나를 인도한 모든 요인을 생각해 보자. 마침 내 시계의 배터리가 떨어졌다. 하지만 굳이 시계방에 갈 이유는 없었다. 월마트나 잡화점으로 갔어도 상관없었다. 나는 수많은 시계방 중에서 특별히 빅토리아가 일하던 곳에서 발걸음을 멈추었다. 휴스턴에는 멋진 시계방이 수백 개가 넘었는데도 말이다. 또 마침 내가 들렀을 때 빅토리아가 일하고 있었다. 만약 그녀가 쉬는 날이었다면 다른 사람이 나를 맞았을 것이다. 하나님이 다스리시기 때문에 모든 조각이 완벽히 맞아떨어진 것이다.

오늘을 온전히 사는 비결의 하나는 하나님의 타이밍을 신뢰하는 것이다. 우리 눈에는 하나님의 역사가 보이지 않을 수 있다. 하지만 지금 이 순간도 하나님은 보이지 않는 곳에서 모든 조각을 하나로 맞추고 계신다. 우리 인생을 향하신 계획을 차근차근 실행에 옮기고 계신다.

지금 어두운 터널을 지나고 있는가? 어떤 변화의 조짐도 보이지 않는가? 아무리 따져 보아도 앞길이 막막하기만 한가? 하지만 하나님은 우리가 문제를 맞닥뜨리기 훨씬 전부터 우리를 위해 조각을 맞추기 시작하셨다.

하나님의 방법에 맡기라

하나님의 타이밍에서 벗어나는 것은 하나님의 은혜에서 등을 돌리는 것이다. 하나님의 은혜를 등지고 혼자 일하는 것은 깜깜한 어둠 속에서 헤매는 꼴이나 다름없다. 물론 하나님의 일을 한다고 해서 꼭 고난이 없는 것은 아니다. 그러나 하나님의 타이밍을 벗어나서는 아무리 믿음의 선한 싸움을 해도 일은 끝없이 꼬이고 영원히 기쁨을 얻을 수 없다. 반면에 하나님의 타이밍에 따르면 아무리 큰 고난의 한복판에 있어도 그분이 필요한 모든 은혜를 부어 주시니 기쁨이 충만하다.

우리는 하나님의 타이밍을 기다릴 줄 알아야 한다. 그럴 때 하나님은 정한 때에 우리의 꿈을 이뤄 주시고 우리의 기도에 응답해 주겠다고 약속하셨다. 정한 때가 되면 하나님의 응답은 반드시 나타난다.

23_ 시험의 목적

공기의 저항이 없으면 독수리는 날 수 없고 물의 저항이 없으면 배가 뜰 수 없다

아무리 성공한 사람이라도 고난과 시련이 있고 일이 뜻대로 풀리지 않을 때가 있기 마련이다. 불행이 찾아올 때 무조건 자신이 잘못해서 하나님이 벌을 내리시는 것이라 생각하는 사람이 있다. 하나님이 주시는 모든 시련에는 신성한 목적이 있다는 사실을 모르기 때문이다. 하나님이 직접 시련을 만드시지는 않지만 때로 하나님은 우리가 시련을 통과하게 만드신다.

유혹과 시련이 찾아오는 이유는 우리가 영적으로 강해지고 성장하기 위해서 그것이 필요하기 때문이다. 외부의 압력은 그릇된 태도나 불순한 동기, 세상과의 타협 등, 개선이 필요한 부분을 밝혀 준다. 이상하게 들릴지 모르지만, 조금만 다른 눈으로 보면 시련은 오히려 우리에게 유익한 과정이다.

인생의 환난이 올 때 비로소 우리 본 모습이 적나라하게 드러난다.

시험의 목적은 우리의 자질과 인격과 믿음을 검증하는 것이다. 우리는 평생에 걸쳐 다양한 시험에 직면하며, 우리가 싫어하든 좋아하든 하나님은 그 시험을 사용하여 우리를 단련하시고 깨끗하게 청소하신다. 시험의 궁극적인 목적은 하나님이 원하시는 사람으로 우리를 빚는 것이다. 하나님과 협력하여 하나님이 밝혀 주신 부분을 재빨리 고칠 때, 우리는 시험을 통과하고 더 멋진 사람으로 거듭나게 된다.

주위 사람보다 우리를 먼저 바꾸신다

인생의 시련을 많이 겪다 보니 나는 하나님이 상황보다는 나 자신을 바꾸는 데 더 관심을 두신다는 사실을 발견했다. 하나님이 상황을 바꿔 주시지 않는다는 말은 아니다. 분명 하나님은 상황을 바꾸실 수 있고 또 자주 그렇게 하신다. 하지만 내 경우를 보면 어려운 상황은 대개 나의 가장 약한 부분에 대한 하나님의 시험이었다.

누구나 자신의 약점에 대한 시험을 경험했을 것이다. 질투심이 약점인 사람의 눈에는 만나는 모든 사람이 자신보다 재물이 많은 것처럼 보인다. 가장 친한 친구가 입고 있는 비싼 새 옷이 자꾸 눈에 밟힌다. 바로 옆에서 일하는 사람이 쥐뿔도 없는 주제에 멋들어진 새 차를 몰고 출근하는 게 아닌가. 오랫동안 아무 연락도 없던 친척에게서 전화가 왔는데 글쎄 복권에 당첨되었단다.

현재 이런 종류의 시험을 통과하고 있는가? 이때 남의 경사에 함께 기뻐해 주고 진심으로 축하해 주는가, 아니면 잔뜩 부아가 나서 투덜대는가? "하나님, 저 사람보다 제가 더 열심히 일하고 더 착하게 살았는데 왜 저한테는 좋은 일이 일어나지 않죠? 저는 헌금도 빼 먹은 적이 없어요. 그런데 왜 제게는 새 차를 살 돈을 주지 않으세요?"

이것이 믿음의 시험이다. 우리 인격 속에서 불순물을 뽑아내기 위해 하나님이 주시는 시험이다. 하나님이 우리를 단련하시는 것이다. 이 시험을 통과했을 때 찾아오는 복과 은혜는 우리 상상을 초월한다.

나는 식당에 가면 메뉴판이 오기도 전에 주문을 끝낸다. 그만큼 참을성이 없다. 기다리는 것은 딱 질색이다. 일이 내 뜻대로 안 풀리면 도무지 견디질 못한다. 하지만 내 경험상, 조바심을 낼수록 기다리는 시간은 점점 더 길어진다. 내가 행사에 늦었다고 서두르라고 닦달하면 아내의 옷 입는 시간은 더 길어진다. 반대로, 내가 서두르지 않으면 오히려 아내는 나보다 빨리 옷을 입고 아이들과 차에서 기다린다. 희한하게도 내가 조급해할수록 꼭 무슨 일이 일어나 시간을 지체시킨다. 이를테면 딸 알렉산드라가 아내의 화장품을 숨겨 놓거나 다리미가 고장나거나 딸의 신발이 사라지는 것이다. 사실, 전혀 이상한 일은 아니다. 아내는 모르지만 하나님이 옷 입는 아내를 통해 나를 단련하고 계시는 것이다.

하나님은 여러 가지 상황을 통해 내 안의 문제를 깨우쳐 주시고 그것을 고치게 도와주신다. 외부 상황이나 다른 사람을 움직이셔서 나를 성장시키시고 하나님이 원하는 사람으로 나를 빚어 가신다.

하나님은 우리 주위의 사람을 일종의 거울로 사용하신다. 우리는 그런 거울을 통해 어떤 부분을 바꿔야 할지 깨닫게 된다.

"상사 때문에 견딜 수 없어. 정말 미치겠다니까! 저렇게 무능한 사람은 난생 처음이야. 언제까지 저런 한심한 인간과 같이 일해야 하는 거야? 하나님, 대체 언제 저 사람을 회사에서 쫓아내 주실 건가요?"

5부_ 나는 역경을 통해 강점을 찾는다 | **233**

생각을 조금만 바꿔 보라. 하나님이 당신을 변화시키려 하신다는 생각이 들지 않는가? 하나님이 일부러 눈엣가시 같은 사람을 당신 옆에 보내셨는지도 모른다. 당신에게 원수 사랑하는 법을 가르치고 계신지도 모른다. 아니면 견디기 힘들거나 짜증나는 상황을 무조건 회피하지 않고 인내하는 법을 가르치시고 당신을 좀 더 강한 사람으로 만드시려는 것인지도 모른다.

하나님은 주위 사람을 바꾸시기 전에 우리부터 바꾸신다.

어느 날 교회에서 중요한 모임이 있는데 조금 늦게 출발하게 되었다. 교통만 혼잡하지 않으면 약속 시간에 딱 맞춰 도착할 수 있는 상황이었다. 그런데 그날따라 도로에 나오자마자 신호란 신호는 모조리 걸리는 게 아닌가. 심지어 내 평생 한번도 빨간 불이 들어오지 않던 신호까지 나를 가로막았다!

나는 운전하면서 기도하기 시작했지만 기도하면 할수록 더 많은 정지 신호가 나를 방해했다. 최대한 세게 액셀을 밟으면서 과속 단속 경찰관이 있는지 분간할 수 있는 능력을 달라고 하나님께 내내 기도했다. 이대로라면 모임에 겨우 도착할 수 있을 것 같았다.

그러나 교통량은 더욱 많아지기 시작했다. 가슴이 털썩 내려앉았다. '안 돼! 도대체 무슨 일이야?' 설상가상으로 차가 점점 느려지더니 급기야 완전히 멈춰서고 말았다. '하나님, 저는 이 모임에 꼭 가야 합니다. 제발 도와주세요.' 나는 하나님이 내 인내심을 시험하고 계신다는 사실을 깨닫지 못하고 있었다. 약 십 분 동안 속을 부글부글 끓인 후에야 교통이 조금씩 뚫리기 시작했다. 잠시 후에 정체의 원인을 알게 되었다. 도로 우측에 차 한 대가 고장난 채 서 있었던 것이다.

비상등을 깜박이고 있는 그 차에 가까이 갈수록 내 마음에 떠오르는 감정은 곤란에 빠진 그 차 운전자에 대한 연민이 아니었다. 원망이었다. '왜 저런 고물차를 끌고 나오고 난리야. 당신 때문에 얼마나 많은 사람이 피해를 봤는지 알기나 해? 나도 모임에 늦게 생겼다고!' 분노가 치밀었다. 도끼눈을 하고 고장난 자동차를 보는데 이럴 수가! 범퍼에 붙인 레이크우드 교회 스티커가 눈에 들어왔다. 이상한 기분이 들어 속도를 줄이고 자세히 보니, 한 사람이 웃으며 내게 손을 흔들고 있었다. 얼떨결에 나도 웃음으로 맞받아치면서 그의 가장 친한 친구인양 손을 흔들었다. 그러면서 생각했다. '저 사람이 진실을 알았다면!'

문득 하나님이 내게 뭔가 가르치시려는 게 아닌가 하는 생각이 들었다. 교통 혼잡을 통해 하나님이 내 인격의 불순물, 즉 개선해야 할 부분을 보여 주시려는 게 분명했다.

이런 상황에서는 아무리 남을 탓하거나 상황을 바꾸려고 악을 써봐야 아무런 소용이 없다. 심지어 상황을 바꿔 달라는 기도도 통하지 않는다. 하나님의 목적이 상황이 아닌 우리 자신을 바꾸시는 데 있기 때문이다. 이런 경우에는 하나님과 빨리 협력할수록 혼란에서 빨리 벗어날 수 있다. 재빨리 교훈을 받아들이고 나쁜 태도와 부정적인 감정을 다스리면 영적 여행의 다음 단계로 나아가게 된다. 시험의 목적은 바로 우리를 단련시키는 것이다. 시험으로서 찾아오는 인생의 고난은 우회할 수 없고 정면 돌파해야 하는 것이다.

우리는 하나님이 시험을 통해 우리를 단련하신다는 사실을 깨달아야 한다. 하나님은 우리를 빚으시고 단련시키신다. 하지만 우리가 곤란을 피하는 데만 급급하면 하나님이 제대로 일하실 수가 없다. 주위의 상황과 사람에만 정신이 팔려 있으면 내면을 돌아보고 하나님이 밝혀 주시는 문제를 처리할 여유가 없다.

"하나님, 이 상황을 바꿔 주시면 제가 변하겠습니다." 우리는 이렇게 기도할 때가 얼마나 많은가! 우리가 태도를 바꾸고 하나님이 밝혀 주시는 문제를 처리한 후에야 하나님은 상황을 바꿔 주신다.

하나님이 우리를 자주 궁지에 모시는 이유는 시험을 통해 우리를 성장시키시려는 것이다. 우리의 인생길에 마음에 들지 않는 사람과 상황이 끼어들지만 그것은 하나님이 우리의 거친 모서리를 둥글게 깎아내기 위해 주시는 시험일 뿐이다. 우리가 시험을 통과할 때까지 하나님은 문제점을 계속해서 끄집어 내신다.

인생은 완료형이 아니라 진행형이다

우리는 완성품이 아니라 완성을 향해 나아가고 있는 작품이다. 우리가 아무리 발버둥쳐도 하나님은 자신의 뜻을 밀고 나가신다. 하나님은 옹기장이시고 우리는 진흙이다. 부드럽고 잘 구부러지는 진흙이 좋은 진흙이다. 그래서 우리가 고집만 앞세우는, 딱딱하고 거친 진흙일 때 하나님은 우리를 주무르고 두드려서 좋은 진흙으로 만드신다.

인생의 시련을 좋아할 사람은 없지만, 시련은 성장과 발전의 기회다. 우리가 그토록 격렬하게 싸우는 대상이 우리를 더 높은 단계로 인도해줄 도약대일 수 있다. 시련은 우리를 훈련시키고 우리의 강인함과 활기, 생동감을 유지시키며 우리를 성장시킨다. 그러니 포기하고 도망갈 이유가 전혀 없다. 징징대거나 불평할 필요도 없다.

시험은 우리의 믿음과 인격, 참을성을 한 단계 끌어올리기 위한 하나님의 방법이다.

굳게 서서 믿음의 선한 싸움을 싸우라. 저항이 없으면 발전할 수 없다. 공기의 저항이 없으면 독수리는 날아오를 수 없고, 물의 저항이 없으면 배가 뜰 수 없다. 우리를 짓누르는 중력이 없으면 걸을 수 없다.

인간은 모든 것을 쉽게 얻으려고만 하는 존재다. "하나님, 교통 혼잡을 거치지 않고도 인내심을 배울 수 있는 방법은 없습니까? 고통 없이 하나님을 사랑하고 신뢰하는 법을 가르쳐 주실 수는 없습니까?" 아쉽게도 지름길은 없다. 육체적, 정신적, 영적으로 손쉽게 성숙할 수 있는 길은 없다. 하나님과 협력하고 하나님이 드러내 주시는 문제를 해결하며 좋은 태도로 선한 싸움을 싸우되, 승리를 얻을 때까지 잠시도 쉬지 말아야 한다. 하나님은 우리에게 고난이 없을 것이라고 약속하지 않으셨다.

인생의 어려운 순간은 십중팔구 시험의 순간이다. 이때 고집을 부리면 시험 기간만 길어질 뿐이다. 하나님이 우리의 거친 모서리를 깎아 둥근 자갈로 만들려고 하신다. 우리는 하나님의 그런 뜻을 헤아리고 협력해야 한다. 믿음의 반석 위에 굳게 서서 믿음의 선한 싸움을 싸워야 한다.

하나님은 우리 각자를 용사로 부르셨고 승리를 예비해 놓으셨다. 우리가 하나님과 협력하고 좋은 태도를 유지하면 어떤 시련이 닥쳐와도 모든 것, 그러니까 인생의 좋은 것뿐 아니라 나쁜 것까지 포함한 모든 것이 협력하여 우리의 선을 이룬다.

24_ 잘 풀리지 않을 때도 하나님을 신뢰하라

우리는 선한 싸움을 싸우면서 점점 강해진다
고난은 우리 등을 떠밀어 하나님이 정하신 목적지로 이끈다

교파 내에서 우리 아버지의 미래가 매우 밝아 보였던 1958년에 나의 누나 리사는 소아마비 비슷한 결함을 안고 태어났다. 의사들은 앞으로 리사가 걷는 등의 정상 활동을 할 수 없고 아마 24시간 남의 보호를 받아야 할 것이라고 했다. 우리 부모님은 하늘이 무너지는 절망을 느끼셨다고 한다.

그때는 우리 가족에게 있어 가장 암울한 시기였다. "하나님, 정말 너무하십니다. 저희에게 왜 이런 일이 일어나야 합니까? 최선을 다해 당신을 섬기고 있는 우리에게 이런 시련을 주시다니요!" 하지만 우리 부모님은 이런 불평을 하지 않으셨다. 하나님이 주시는 모든 시험에는 목적이 있다는 사실을 잘 아셨기 때문이다.

아버지는 불만을 품고 하나님과 멀어지기보다는 오히려 하나님께

더 가까이 나아갔다. 그리고 전보다 열심히 성경을 찾기 시작하시더니 새로운 모습의 하나님, 이를테면 사랑과 치유, 회복, 기적의 하나님을 발견하셨다. 그리고 교회로 돌아가 새로운 열정으로 말씀을 선포하셨다. 뿐만 아니라 부모님은 리사가 회복되리라 믿기 시작하셨다.

아버지는 성경을 연구하신 끝에 희망과 치유, 승리의 삶에 관한 메시지를 전하기 시작하셨다. 하나님이 자기 백성들에게 복을 주시겠다는데 성도들이 기뻐하지 않을 이유가 없다고 굳게 믿으셨다. 그러나 많은 성도들이 그런 아버지를 못마땅하게 생각했고, 결국 교회를 사임하셔야 했다.

레이크우드 교회는 그 어둠 속에서 탄생했다. 하나님은 고난을 사용하여 아버지의 비전을 키워 주셨고 새로운 목회의 길을 열어 주셨다. 원수가 심어 놓은 악을 선으로 바꿔 주셨다. 게다가 고난의 한복판에서 리사의 건강까지 회복시켜 주셨다. 하지만 아버지가 시련에 올바로 대처하지 못하셨다면 이 모든 일은 불가능했을 것이다.

대부분 사람들은 고난을 통해 복을 주시는 하나님을 믿지 못하고 당장 불평만 늘어놓는다. 물론 하나님이 인생의 험한 파도를 일으키시지는 않는다. 하지만 우리가 나름의 최선을 다하고 믿음으로 굳게 서면, 하나님은 고난을 사용하여 우리를 더 높은 단계로 인도하신다.

아무리 큰 고난이 우리를 무너뜨리려고 달려들어도, 그것은 하나님이 주시는 성장의 기회라는 사실을 기억하라. 아버지가 1999년 1월에 하늘나라로 가신 후 하나님은 내 마음에 레이크우드 목회에 대한 강력한 비전을 심어 주셨다. 그러나 주위에서는 하나같이 비관적인 시각으로 바라보았고, 사실 그럴 만도 했다. 왜냐하면 나는 한 번도 설교라는 것을 해 본 적이 없었으니까! 단 한 번도!

고난은 우리의 등을 떠밀어 하나님이 정하신 목적지로 이끈다

나는 15년간 눈에 띄지 않는 곳에서 레이크우드 교회의 텔레비전 프로그램 제작을 맡아왔다. 가끔 아버지는 나를 사람들 앞으로 끌어내리려고 하셨으나 나는 설교와 목회에는 전혀 뜻이 없었다. 무대 뒤에서 묵묵히 내 일을 하는 것이 가장 좋았다. 아버지가 세상을 떠나시기 한 주쯤 전에 부모님은 누나네 집에서 저녁 식사를 하고 계셨다. 식사 도중에 아버지가 불쑥 내 얘기를 꺼내셨단다. "조엘에게 전화를 걸어 이번 주일에 나 대신 설교할 수 있는지 물어봐야겠어."

그러자 어머니가 웃으며 말씀하셨다. "여보, 시간 낭비예요. 조엘은 절대 하지 않을 거예요."(어머니는 나를 너무 잘 아신다니까!)

하지만 아버지는 아랑곳없이 우리 집으로 전화를 거셨고, 물론 내 대답은 어머니의 예상대로였다. 전에도 여러 번 그랬듯이 나는 크게 웃으면서 말했다. "아버지, 저는 목사가 아니잖아요. 목사님은 아버지시니까 설교는 아버지가 하세요. 한 가지는 약속드리죠. 아버지 모습이 정말 멋지게 나오게 해 드릴게요."

나는 아버지의 웃음을 들으면서 수화기를 놓고 저녁 식사를 계속했다. 그런데 다른 날과는 달리, 아버지의 말씀이 자꾸 귓가에 맴돌았다. 아무 이유도 없이 설교하고픈 마음이 불일듯 일어나기 시작했다. 왠지 모르게 설교를 해야 한다는 생각이 들었다. 알다시피 나는 설교는커녕 수천 명 앞에 연사로 선 적도 없었다. 그런데도 나는 무작정 아버지께 다시 전화를 걸었다. "마음이 바뀌었어요. 한 번 해 볼게요."

물론 아버지는 도저히 믿을 수 없다는 반응이셨다.

나는 한 주 내내 연구하고 말씀을 준비하여 다음 주일에 레이크우드 교회에서 난생 처음으로 설교를 했다. 의외로 성도들의 반응은 썩

괜찮았다. 그런데 그날이 아버지 인생의 마지막 주일이었다. 아버지는 5일 후인 금요일 밤에 세상을 떠나셨다.

아버지가 돌아가신 지 사흘째 되던 날 아침, 나는 며칠 동안 일어난 사건들을 묵상하면서 잠시 기도를 드렸다. 그 주 안에 아버지를 기리는 특별 기념 예배를 드리기로 되어 있었다. 그런데 뜬금없이 다시 한번 설교를 하고픈 욕망이 밀려왔다. 나는 어머니께 전화했다.

"어머니, 이번 주일에는 누가 설교하나요?"

"음, 나도 모르겠구나. 하나님이 적당한 사람을 보내 주시리라 믿고 기도하는 수밖에 없겠구나."

"그래서 말인데요, 제가 하는 게 어떨까 생각 중이에요."

그걸로 끝이었다. 우리 어머니는 통화할 때 할 말을 다 하신 후에는 그냥 전화를 끊어 버리신다. 그날도 "생각 중이에요"라는 내 말이 다 끝나기도 전에 어머니는 "그래? 정말 잘됐구나. 사람들에게 알려야지. 나중에 보자"라고 말씀하시고는 끝. 전화는 이미 끊어진 상태였다.

"어머니, 잠깐만요. 하겠다는 말이 아니라 생각 중이라니까요."

"뚜…뚜…뚜…." 이미 늦었다.

이틀 후 기념 예배 때 어머니는 8천 명 앞에서 이렇게 선포하셨다. "아들 조엘이 이번 주에 설교하게 되어 얼마나 기쁜지 모릅니다."

아뿔싸, 이젠 꼼짝없이 걸렸구나!

그날 밤 우리 지역 텔레비전에서는 온통 아버지에 관한 뉴스가 흘러나왔다. 휴스턴의 언론들은 아버지의 부음을 전하면서 미사여구로 아버지의 공로를 찬사했다. 내가 막 텔레비전을 끄고 잠자리에 들려는데 뉴스 해설자가 특별 기념 예배에 관한 마지막 멘트를 날렸다. "이번 주 일요일에는 오스틴의 아들 조엘이 설교 강단에 섭니다."

순간 나는 혼자 중얼거렸다.

"하나님, 당신의 메시지로 알겠습니다. 제가 하겠습니다."

아버지가 돌아가신 후에 대부분의 언론은 레이크우드 교회의 미래를 부정적으로 이야기했다. 온통 남아 있는 우리가 제대로 해내지 못할 거라는 이야기였고, 비관론자들은 아버지처럼 강력하고 역동적인 리더가 죽은 후에는 특히 큰 교회일수록 명맥을 유지한 경우가 거의 없었다는 점을 꼬집었다. 심지어 한 기사는 노골적인 비난도 서슴지 않았다. "최악의 상황은 아들 중 한 명이 교회를 물려받는 것이다."

이런 기사를 무시하려고 하면 할수록 기사 한 마디 한 마디가 내 귀를 떠나지 않았다. 용기를 내고 마음을 추스르다가도 우리 교회의 몰락을 예견하는 기사만 들리면 울화통이 터졌다.

나는 선택의 기로에 있었다. 하나님을 믿을 것인가, 아니면 부정적인 기사들을 믿을 것인가? 나는 대중의 의견이나 인기투표에 연연하지 않기로 결심했고, 부정적 기사들이 내 마음을 오염시키지 못하도록 철저히 방어했다. 내 영적 여행을 방해하는 어떤 이야기에도 귀를 기울이지 않았다. 무엇보다도 40년 이상 레이크우드 교회를 사용하신 하나님이 우리 아버지가 떠나셨다고 해서 우리를 버리실 리 없었다.

재미있게도, 비관론자들조차 우리가 현 상태만 유지한다면 그럭저럭 버틸 수 있다고 말했다. 그러나 하나님의 계획은 달랐다. 레이크우드 교회는 꾸준히 성장하여, 2003년에는 「포브스(Forbes)」에 의해 매주 25,000명이 출석하는 '미국 최대의 교회'로 선정되었다. 레이크우드 교회의 부흥 신화는 아직도 계속되고 있다!

하나님은 고난을 성장의 디딤돌로 삼아 주시겠다고 약속하셨다.

"나는 평범한 사람일 뿐이야. 하나님이 나 같은 사람을 사용하시겠어? 내가 뭘 할 수 있겠어?" 그렇지 않다. 하나님은 당신과 나 같은 평범한 사람을 들어 특별한 일을 행하신다. 힘이 센 사람이나 많이 배운 사람이 아니라, 하겠다는 의지가 있는 사람을 찾으신다. 능력 있는 사람이 아니라 기꺼이 나서는 사람을 찾으신다. 우리가 가진 조그만 능력을 드리면 하나님은 그것을 몇 곱절로 부풀려 주신다. 우리를 통해 우리가 생각지도 못한 큰일을 행하신다. 우리를 향하신 하나님의 계획은 상상을 초월할 정도로 크고 방대하다.

먼 훗날 우리가 우리 인생의 가장 처절했던 순간을 되돌아보면, 하나님이 그런 시련의 순간을 통해 우리를 복 받기에 합당한 사람으로 단련시키고 훈련시키셨음을 절실히 깨닫게 될 것이다. 고난이 우리의 등을 떠밀어 하나님이 정하신 목적지로 이끈다니, 흥미롭지 않은가?

그렇다. 때로 우리에게는 강제적인 힘이 필요하다! 하나님이 강제로 나를 안전 지대에서 끌어내지 않으셨다면 지금까지도 나는 무대 뒤에 숨어 움츠리고 있을 것이다. 하나님은 우리가 꾸준히 성장하기를 원하시며, 때로 작은 고난을 주시거나 압박을 가하심으로써 우리를 앞으로 나아가게 만드신다. 그러니 당황할 필요가 없다. 고난을 통해 하나님이 우리를 성장시켜 주신다는 사실에 오히려 기뻐해야 마땅하다.

믿음의 선한 싸움을 싸우는 동안 우리는 점점 강해진다. 사실 하나님은 고난을 견디기에 충분한 재능을 이미 우리 안에 숨겨 놓으셨다. 게다가 하나님은 우리를 정한 목적지까지 이끄시기 위해 어떤 도움도 아끼지 않으신다. 하나님이 작은 압박으로 우리를 안전지대에서 끌어내 '믿음지대'로 이끄실 때, 우리는 상상할 수 없을 만큼 성장한다.

YOUR BEST!LIFE NOW

Your
Best
Life
Now

6부 베푸는 삶을 살라

25 베푸는 즐거움

26 하나님의 친절과 자비를 실천하라

27 연민의 마음을 열라

28 씨앗을 뿌리는 것이 우선이다

29 씨 뿌리기와 자라기

25_ 베푸는 즐거움

우리가 남에게 베풀면 하나님이 우리에게 그대로 갚아 주신다
정말 멋지지 않은가!

오늘을 온전히 사는 데 가장 큰 걸림돌 중 하나는 이기주의의 유혹이다. 물론 하나님은 우리가 최고의 삶을 누리고 번영하기를 바라시며 우리를 위해 놀라운 은혜를 준비하고 계신다. 이것을 믿는 것까지는 좋은데, 정도가 심하면 자칫 이기주의로 흐르기 쉽다. 베푸는 삶을 살면 이기주의의 함정을 피할 뿐 아니라 이루 상상할 수 없을 만큼 큰 기쁨을 누릴 수 있다. 베푸는 삶은 최선의 삶을 살기 위한 여섯 번째 단계다.

오늘날 많은 사람들은 오직 자신을 위해 산다고 자랑스럽게 말한다. 전혀 부끄러움을 느끼지 못한다. 다른 사람한테 전혀 관심이 없고 불쌍한 사람을 도울 시간도 없다. 자신에게 무엇이 필요한지, 자신에게 무엇이 유익한지가 유일한 관심사다. 아이러니하게도 이기주의는 오히려 우리를 비참한 삶으로 내몬다. 아무리 많은 이익을 챙겨도 결코 만족감은 얻지 못한다.

하나님이 주시는 큰 기쁨을 맛보고 싶은가? 하나님이 부어 주시는 놀라운 복과 은혜를 경험하고 싶은가? 그렇다면 자기 자신을 잊으라. 남이 나를 위해 뭘 해줄까 계산하지 말고 내가 남을 위해 뭘 해줄까 고민하라. 우리는 자기만 생각하는 이기주의적 존재로 살도록 지어지지 않았다. 하나님은 우리를 베푸는 사람으로 창조하셨다. 베풀며 사는 법을 깨닫지 못하는 한, 우리는 결코 진정한 만족감을 얻을 수 없다.

우리는 받는 법이 아니라 주는 법을 배워야 한다.

화가 나거나 걱정이 밀려올 때, 또는 기쁨이 사라지는 걸 느낄 때는 십중팔구 '내' 문제를 생각하고 있을 때다. 내 인생의 걱정거리나 불만, 내일 내가 뭘 해야 하는지에 관한 생각이다. 이처럼 '나'에 사로잡혀 있을 때 우리를 찾아오는 것은 절망과 낙심뿐이다. 항상 자기의 문제, 내게 무엇이 필요한지만 생각하고 주위 사람들의 여러 가지 필요를 거들떠보지 않는 것은 매우 이기적인 모습이다.

우리는 베푸는 사람으로 지음받았다

남의 꿈이 이루어지도록 도와야 자신의 꿈도 이룰 수 있다. 우리가 베푼 그대로 하나님이 갚아 주시기 때문이다. 남의 필요를 채워 주면 하나님은 반드시 우리의 필요를 채워 주신다.

얼마 전에 하나님과 자기 자신에게 극도로 실망하여 삶을 포기하다시피 한 사람을 만났다. 그는 한때 남부럽지 않을 만큼 성공했지만 몇 번의 잘못된 선택으로 사업과 가족, 집, 평생 모은 돈을 몽땅 날린 상태웠다. 나는 깊이 좌절한 그에게 힘을 실어 주기 위해 애썼다. 그를 위해 기도한 후에 몇 가지 실질적인 조언을 전달했다. "당신 자신의 문제에서 관심을 돌리세요. 당신이 저지른 실수와 잃어버린 모든 것을 잊으십시오. 행복한 삶을 정말 되찾고 싶다면 관심의 초점을 바꿔야 합니다. 밖으로 나가서 곤경에 빠진 다른 사람을 도와주세요. 뿌린 대로 거두는 법입니다. 현재 당신의 문제가 아무리 크다 해도 당신보다 더 큰 문제를 안고 있는 사람이 분명 있습니다. 당신보다 더 가슴 아픈 사연을 안고 신음하는 사람이 있다는 걸 아셔야 합니다. 당신은 누군가의 삶을 바꿀 수 있습니다. 남의 짐을 덜어 주고 누군가에게 새로운 힘과 소망을 불어넣어 줄 수 있습니다."

그 사람은 내 조언을 가슴에 새기겠다고 약속했다. 그리고 약물 중독자를 돕는 레이크우드 성도들과 협력하기 시작했다. 그는 신세 한탄하던 모습에서 벗어나 마약 중독자를 돌보았다. 마약 중독자들의 친구가 되어 그들의 하소연을 들어주고 그들을 위해 기도하며 그들이 더 나은 삶을 바라보도록 격려했다. 베푸는 자로 변신한 것이다.

몇 주 후에 그가 교회에 모습을 드러냈다. 기쁨으로 얼굴이 환하게 빛나고 입이 귀에 걸릴 정도로 웃고 있었다.

"아니, 무슨 일이 있었기에 이렇게 완전히 딴 사람이 되셨습니까?"

그는 흐르는 눈물을 닦으며 대답했다. "목사님, 지난 두 주간 코카인 중독자를 돌보며 지냈습니다. 제 평생 그토록 기쁜 적은 없었습니다. 너무나도 행복한 시간이었어요. 저는 평생 저 자신을 위해서만 살았습니다. 직장에서 성공하려고 애썼고 제가 원하는 일을 했지요. 어떻게 하면 제가 행복해질까 고민하며 살았어요. 이제야 무엇이 정말로 중요한지 알았습니다."

그는 그 주에 누군가 찾아와 자신에게 일자리를 제시했다고 말했다. 차에서 생활하는 신세에서 벗어나 아파트로 거처를 옮길 예정이었다. 그는 자신이 받는 사람에서 베푸는 사람으로 변한 지 몇 주 만에 얼마나 놀라운 일이 일어났는지 얘기하고 또 얘기했다. 자신을 잊고 남을 돕기 시작하면서부터 그의 인생이 바뀌기 시작한 것이다.

우리는 단순히 자신의 만족이 아니라 남에게 베풀기 위해 지음을 받았다. 이 진리를 깨닫지 못한 사람은 하나님이 예비하신 풍성하고 기쁨 충만한 삶을 잃어버린 사람이다. 우리가 남에게 도움의 손길을 뻗으면 하나님이 우리의 필요를 반드시 채워 주신다.

지금 외로움을 느끼고 있다면 한탄만 하지 말고 외로운 사람을 도우라. 사는 낙이 없다면 자신의 문제를 잠시 잊고 다른 사람의 어려움을 돕는 일을 하라. 우리 자녀가 하나님을 찾기를 바란다면 다른 사람의 자녀가 하나님과 친밀한 관계를 맺도록 도우면 된다. 돈 문제로 골머리를 썩이고 있다면 우리보다 더 적게 가진 사람을 돕는 것이 최선의 해결책이다. 하나님은 우리가 베푼 그대로 갚아 주신다.

"하지만 나는 줄 게 없어"라고 말하는 사람이 있을지 모르겠다. 절대 그렇지 않다. 조금만 생각해 보면 줄 것이 너무나 많다. 하다못해 남에게 웃음을 줄 수도 있다. 남을 안아 줄 수도 있고 밥을 지어 줄 수도 있고 병원이나 노인 센터를 방문해 자원봉사를 할 수도 있다. 누군가에게 격려의 편지를 써 줄 수도 있다. 우리의 손길과 우리의 웃음을 애타게 기다리고 있는 사람이 분명히 있다. 사랑에 목말라 있는 사람도 있고 친구가 필요한 사람도 있다. 격려가 꼭 필요한 사람도 있다. 하나님은 우리를 자유로운 존재로 창조하셨지 독불장군으로 만드시지는 않았다. 우리는 서로를 너무나 필요로 한다.

생명을 구하는 포옹

태어난 지 며칠 안 된 쌍둥이의 불가사의한 이야기를 들어본 사람이 있을 것이다. 쌍둥이 중 한 아이가 심장에 큰 결함을 안고 태어났는데, 의사들은 하나같이 그 아이가 곧 죽게 될 것이라 예상했다. 며칠동안 그 아기는 병세가 계속 악화되어 죽기 직전까지 이르렀다. 그때한 간호사가 쌍둥이를 하나의 인큐베이터에 함께 넣자는 의견을 내놓았다. 이는 병원의 방침에 어긋나는 일이었기에 담당 의사는 잠시 고민했지만, 결국 엄마 자궁에서처럼 두 아이를 한 인큐베이터 안에 나란히 눕히기로 했다.

그리하여 쌍둥이는 한 인큐베이터 안에 눕게 되었다. 그런데 건강한 아이가 팔을 뻗어 아픈 동생을 감싸안았다. 갑자기 아무런 이유도 없이 동생의 심장이 안정을 되찾기 시작했고 혈압이 정상으로 돌아왔다. 그 다음에는 체온이 제자리로 돌아왔다. 동생은 조금씩 나아졌고, 현재 두 아이는 완전히 정상으로 무럭무럭 자라고 있다. 소문을 들은 한 신문사가 인큐베이터 안에서 서로를 포옹하고 있는 쌍둥이의 사진을 찍고는 '생명을 구하는 포옹' 이라는 제목을 붙였다.

지금 누군가 우리의 포옹을 필요로 하고 있다. 누군가 우리의 사랑과 손길을 기다리고 있다. 우리의 손과 목소리에는 치유의 능력이 숨겨져 있다. 하나님은 우리를 도구로 사용하여 많은 사람에게 희망과 치료, 사랑, 승리를 주시고자 하신다. 자신의 곤경과 필요에서 눈을 떼고 남에게 복을 전달하는 도구 역할에 더 관심을 쏟으라. 그럴 때 하나님은 우리가 생각하거나 요구한 것보다 훨씬 많은 복으로 우리에게 갚아 주신다.

축복의 통로가 되라

자기중심적인 삶은 이제 그만! 우리에게는 줄 것이 너무도 많다. 자기 자신을 삶의 중심에 두는 사람은 스스로 하나님의 복을 놓칠 뿐 아니라 남의 기쁨과 복까지 빼앗는 사람이다. 복의 통로가 되어야 할 우리가 그 일을 소홀히 하면 남의 복을 빼앗는 것과 무엇이 다르겠는가? 남의 흠과 잘못을 꼬집어 비판하기는 정말 쉬운 일이다. 그러나 하나님은 우리더러 남을 세워 주라고 하신다. 믿음과 승리의 말을 해 주는 축복의 통로가 되라고 하신다.

"하지만 통 시간이 없어요. 너무 바빠서 말이죠." 꼭 이렇게 말하는 사람들이 있다. 남을 칭찬하는 데 도대체 얼마나 시간이 걸린다는 말인가? 아내에게 "사랑하오. 당신이 내 아내라서 정말 기뻐요"라고 말하기가 그리 어려운가? 직원에게 "자네는 일을 정말 잘하는군. 열심히 일해 주어서 고맙네"라고 말하는 데 몇 분이나 걸리는가?

마음으로만 고마워하고 칭찬하는 것으로는 부족하다. 표현하라. 아침마다 이렇게 다짐하라. "오늘 다른 사람들에게 행복을 전염시킬 거야. 어려움에 빠진 사람을 도와줄 거야." 받는 인생이 아니라 주는 인생을 살아야 한다.

"하지만 제 문제만 해도 머리가 아파요. 나 자신을 추스르기도 벅차요." 이해는 한다. 하지만 남을 도우면 우리 자신의 문제는 더 이상 걱정할 필요가 없다. 우리의 문제는 하나님이 알아서 해결해 주시기 때문이다. 자기 자신에게서 눈을 떼고 주위 사람들의 필요로 시선을 돌리면 불가사의한 역사가 일어난다.

"주린 자에게 네 식물을 나눠 주며…벗은 자를 보면 입히며…네 빛이 아침같이 비칠 것이며 네 치료가 급속할 것이며"(사 58:7-8). 상처받은 사람들에게 도움의 손길을 뻗으면 하나님이 우리 필요를 책임져 주신다. 우리가 남에게 축복을 전달하는 통로 역할에 매진하면 하나님은 항상 풍요로움으로 우리를 축복해 주신다.

복을 받기보다는 복의 통로가 되는 데 더 관심을 가지라. 하나님의 사랑과 복과 선하심을 다른 사람과 나눌 수 있는 기회를 적극 모색하라. 남을 열심히 도우면 우리의 모든 삶은 하나님이 책임져 주신다.

머리로만 생각할 게 아니라 나누는 삶의 실천이 중요하다. 집이나 창고에 오랫동안 사용하지 않고 쌓아 둔 물건이 있으면 그것을 유용하게 활용할 사람에게 주는 것이 옳다. 불필요한 물건을 다락방이나 지하실 혹은 차고에 쌓아 둬서 무엇하겠는가.

자신에게 필요하지 않은 물건을 복의 씨앗으로 사용하는 게 현명하지 않겠는가.

어느 집에나 집에 굴러다니는 물건이 있을 것이다. 몇 년째 입지 않은 옷, 지난 번에 이사했을 때부터 지금까지 상자에 그대로 넣어 둔 주방 기구, 유아용 침대와 아기 옷 등 수년째 사용하지 않은 품목이 있을 것이다. 우리에게 필요하지 않은 물건은 복의 씨앗으로 바꾸는 것이 현명하다. 뿌린 만큼 나중에 복을 거둘 수 있기 때문이다. 우리가 선행을 베풀면 하나님은 풍성한 복으로 갚아주신다.

오늘을 온전히 살려면 베푸는 생활방식을 추구해야 한다. 받는 삶이 아니라 주는 삶 말이다. "어떻게 해야 복을 받을 수 있을까?"라는 태도를 버리고 "어떻게 은혜를 베풀 수 있을까?"라는 태도를 기르라.

옛날에 사냥꾼들은 원숭이를 잡기 위해 원숭이가 좋아하는 바나나 등의 먹이를 커다란 통에 넣었다. 그리고 원숭이의 팔이 겨우 들어갈 정도의 구멍을 뚫었다. 원숭이가 이 구멍에 팔을 넣어 먹이를 잡으면 팔을 뺄 수 없다. 그런데도 원숭이는 어찌나 고집이 센지 사냥꾼이 다가올 때까지도 움켜쥔 손을 풀지 않다가 결국 사냥꾼에게 잡히고 만다. 불행히도 원숭이처럼 어리석은 행동을 하는 생명체가 또 있다. 바로 인간이다. 많은 사람이 꽉 쥔 손을 놓지 않고 살아간다. 가진 것을 움켜쥐는 데만 정신이 팔려서 그로 인해 하나님이 예비하신 자유와 풍성한 복을 잃고 있다는 사실을 깨닫지 못한다. 돈과 자원과 시간에 대해 이기적인 것이 바로 사람들이다.

우리는 어떠한가? 혹시 무엇을 먹일까, 무엇을 입을까에 정신이 팔려 있지는 않은가? 남을 축복하라는 하나님의 잔잔한 음성을 무시하고 있지는 않은가? 그렇다면 지금이라도 꽉 움켜쥐고 있는 손에 힘을 풀어야 한다. 주먹을 꽉 쥐고 있으면 하나님이 복을 쥐어 주실 수 없다. 우리는 받는 자가 아닌 주는 자가 되어야 한다. 우리의 도움이 필요한 사람은 멀리 있지 않다. 세상에는 도움의 손길에 목말라 있는 사람이 도처에 깔려 있다. 이타주의적인 삶은 바로 하나님의 인격을 닮은 삶이다. 하나님은 베푸시는 분이시므로 베푸는 모습만큼 하나님을 닮은 모습도 없다.

남에게 베푸는 모든 선은 결국 우리에게 되돌아오게 되어 있다.

베푸는 삶은 영적 원칙이다. 우리가 웃음을 주면 남도 웃음으로 응답한다. 우리가 어려운 사람에게 아낌없이 베풀면 하나님은 우리가 어려울 때 남을 통해 도움을 받게 만드신다. 우리가 남에게 베풀면 하나님이 우리에게 그대로 갚아 주신다. 정말 멋지지 않은가!

26_ 하나님의 친절과 자비를 실천하라

아무 걱정하지 말고 선한 일에만 힘쓰라
공정하신 하나님은 우리 행동뿐 아니라 동기까지도 헤아리신다

남을 어떻게 대하느냐에 따라 우리가 얼마나 큰 하나님의 복과 은혜를 받을지 결정된다. 남을 선으로 대하고 있는가? 친절하고 이해심 있는 삶을 살고 있는가? 사랑의 언행을 보이는가? 남을 귀중하고 특별한 존재로 여기고 있는가? 남을 푸대접하면서 복 받기를 기대해선 안 된다. 무례하고 몰인정한 사람은 결코 승리의 삶은 살 수 없다.

우리는 남을 선으로 대하고 있는가?

하나님의 자비와 친절과 선하심을 나눌 사람이 없는지 주위를 빈틈없이 돌아보라. 특히 우리의 친절을 받을 가치가 없는 사람에게도 친절하라. 그들을 대할 때도 사랑과 예의를 잃지 말아야 한다.

한창 바쁜데 동료가 도와줄 생각은 않고 근처를 어슬렁거리며 약올

려도, 하나님은 우리가 참는 데서 한 걸음 더 나아가 친절하게 대하기를 바라신다.

누군가 전화를 걸어 막말을 할 때는 나쁜 생각을 품기 쉽다. '뭐, 이런 사람이 다 있어? 어차피 얼굴 볼 일도 없을 테니 욕이나 하고 나서 끊어 버려야지.' 하지만 그런 마음을 품지 말자. 하나님은 우리가 크고 선한 마음을 품기를 바라신다.

쇼핑몰 점원이 아무 이유 없이 내게 화를 내면 똑같이 되갚아 주고 싶은 마음이 드는 게 당연하다. 하지만 그것은 아무나 할 수 있는 일이다. 하나님은 우리가 더 고차원적인 삶을 살기를 원하신다. 성경은 말씀한다. "원수를 사랑하라. 앙심을 품고 우리를 이용하는 사람에게 선을 베풀라."

누군가 우리에게 화를 낼 때 똑같이 반응하기보다는 하나님의 은혜와 자비를 보이는 게 어떨까? 어떤 상황에서든 친절과 격려의 말을 할 수 있어야 한다. 게다가 상대방에게는 그럴 만한 사정이 있는지도 모른다. 자녀가 불치병에 걸렸거나 배우자가 집을 나갔을 수도 있다. 악을 악으로 갚으면 갈등만 고조될 뿐이다. 어쩌면 우리의 악의적인 말 한마디가 상대를 완전히 KO시키는 결정타가 될 수도 있다. 이는 하나님을 기쁘시게 하는 행동이 아니다.

누군가 우리를 어처구니없이 대할 때야말로 상처 받은 심령을 도울 수 있는 절호의 기회다. 남에게 아픔을 주는 사람은 스스로 아픔을 안고 있는 사람임을 잊지 말라. 누군가 무례하게 굴고 몰지각한 행동을 할 때는 상대에게 풀리지 않은 문제가 있음을 직감해야 한다. 해결하기 어려운 골칫거리나 분노를 품고 있음이 분명하다. 이때 우리가 똑같이 화를 내면 상황을 악화시키는 지름길이다.

6부_ 베푸는 삶을 살라 **255**

악을 악으로 상대해서는 절대 안 된다. 누군가 우리를 부당하게 대했다고 우리도 똑같은 태도로 상대하면 상황은 더 나빠진다. 화를 내는 사람에게 똑같이 화를 표출하면 불에 기름을 붓는 것과 다름없다. 선으로 악을 극복해야 한다. 누군가 우리에게 상처를 주더라도 오히려 인정을 베풀고 용서하며 선한 행동을 해야 한다. 큰 마음을 품고 항상 친절과 예의를 잃지 말라. 사랑의 길을 걷고 올바른 태도를 유지하라. 하나님은 우리의 일거수일투족을 눈여겨보고 계신다. 우리가 선한 일에 힘쓸 때 하나님이 반드시 지켜보고 계시며 올바른 행동과 태도가 악을 이기게 해 주신다. 선한 행동으로 일관하면 분노에 분노로 대적할 때보다 훨씬 좋은 결과가 나타난다.

하나님은 우리가 지도록 내버려두지 않으신다. 당장은 다 잃을 것처럼 보여도 나중에 돌이켜보면 하나님이 정말 귀중한 것을 지켜 주셨음을 알게 된다. 뿐만 아니라 하나님은 우리에게 정당한 보상까지 허락하신다. 따라서 우리가 할 일은 주위 상황에 상관없이 항상 침착하고 평화로운 태도를 유지하는 것이다.

▌선으로 악을 이기라

어느 날 밤 나는 피자를 주문했다. 나는 그 음식점에 자주 피자를 주문했고 그때마다 직원은 전화번호를 물었다. 그래서 시간을 조금이라도 줄이고자 상대가 묻기도 전에 전화번호를 말했다.

그 밤에 여직원이 전화를 받자 나는 정중하게 말했다. "안녕하세요. 제 번호는 713에…"

"(퉁명스럽게 내 말을 끊으며) 잠깐만요! 아직 고객님 전화번호를 받을 준비가 되지 않았어요. 준비되면 말씀드릴 테니 기다려요!"

매우 무례한 어조였고 태도였다. 많은 손님을 상대하는 사람이 어떻게 그럴 수 있는지 도저히 이해할 수 없었다. 속에서 울컥! 하고 치밀어 오르는 것이 있었다.

"야, 이 아가씨야! 잘 들어! 고객에게 그딴 식으로 말하는 게 어딨어? 그 따위로 일하려면 당장 때려치우라고!"

당장이라도 이렇게 쏘아붙이고 싶었다. '피자 30개를 주문한 후 거짓 주소를 불러 줘서 골탕을 먹일까?' 그녀가 수많은 피자를 들고 엉뚱한 곳에서 허탕을 치고 있는 통쾌한 모습이 눈에 선했다.

다행히 나는 곧 평정심을 되찾을 수 있었다. 자신에게 '이봐, 너는 목사야. 제대로 행동하라고!' 라고 다그치며 마음을 가다듬었다.

항상 그러지는 못하지만, 이번에는 선으로 악을 갚기로 결심했다. 그 여직원은 무엇 때문인지 몰라도 기분이 좋지 않은 것이 분명했다. 나는 무슨 수를 써서라도 여직원의 기분을 돌려놓기로 결심하고 작전에 돌입했다.

먼저 칭찬으로 시작했다.(솔직히 억지로 칭찬거리를 만들어 내야했다!) "당신네 피자는 정말 맛있어요. 자주 배달시켜 봤지만 한 번도 늦은 적이 없었어요. 정말 운영 능력이 뛰어나시군요!" 나는 계속 여직원의 기분을 띄웠다. "전화도 어쩜 그렇게 신속하게 받으시나요? 대단하세요! 당신 가게의 사장과 이야기할 기회가 있으면 당신 봉급을 올려주라고 꼭 말해야겠어요." 곧 그녀는 웃으며 내 전화번호를 받았을 뿐 아니라 콜라와 닭튀김에다 공짜 피자 쿠폰까지 덤으로 주었다.

이것이 바로 선으로 악을 이기는 것이다. 나는 그 여직원이 직장이나 집에서 어떤 문제가 있었는지 모른다. 남의 사생활을 어떻게 알겠는가? 하지만 그녀의 기분이 좋지 않다는 것쯤은 쉽게 알 수 있었다. 그녀에게는 격려해 주고 위로해 줄 사람, 자신이 중요한 존재이고 유능하다는 사실을 일깨워 줄 사람이 필요했다. 피자 주문이야 어떻게 되든 그것이 문제가 아니었다. 꼭 필요한 사람에게 하나님의 선하심을 나누어 줄 수 있는 놀라운 기회를 나는 절대 놓칠 수 없었다.

사랑은 사람의 허물을 덮는다. 허물 있는 사람을 사랑하기는 쉽지 않지만 누구에게서든 장점을 찾아내는 것이야말로 진정한 사랑이다.

악을 악으로 갚는 일은 아무나 할 수 있다. 그러나 하나님은 자기 백성이 상처 받은 마음을 어루만져 주길 바라신다.

성경 속에서 누구보다도 큰 원한을 품어 마땅한 인물이 있다면 요셉일 것이다. 형들은 채색 옷을 입은 요셉을 미워하여 그를 깊은 구덩이에 빠뜨린 후에 죽이려 했다. 그러나 '선한 마음(?)'을 발휘하여 그를 죽이지 않고 노예로 팔았다. 이후 몇 년 동안 요셉은 갖은 고생을 해야 했다. 그런데도 그는 좋은 태도를 유지했고 하나님은 그런 그에게 계속 복을 주셨다. 그가 모함으로 감옥에 갇힌 지 13년 만에 하나님은 불가사의한 방법으로 그를 애굽의 2인자로 높여 주셨다.

요셉이 식량 공급을 책임지고 있을 때 기근이 세상을 강타했고, 요셉의 형들이 가족의 식량을 구하고자 애굽으로 찾아왔다. 그들은 처음에 요셉을 알아보지 못했다. "내가 누군지 모르겠어요? 요셉이에요. 형들이 구덩이에 던졌던 그 요셉 말이에요. 형들이 죽이려다가 노예로 팔아넘긴 요셉이요."

그때 형들의 심정은 어땠을까? 그들의 가슴을 짓누르던 공포를 상상해 보라. 요셉이 자신들로 인해 받았던 커다란 고통을 되갚는다면? 생각만 해도 끔찍했다. 이제 그들의 목숨은 요셉의 손에 달려 있었다.

요셉은 형들을 죽이라고 명령할 수도, 감옥에 처넣고 평생 썩게 만들 수도 있었다. 그러나 그러지 않았다. "두려워 말아요. 형들을 해치지 않아요. 오히려 은혜를 베풀겠어요. 필요한 음식을 모두 줄게요."

이처럼 고운 심성을 가진 요셉이 어떻게 복 받지 않을 수 있겠는가? 하나님의 은혜가 그에게 강하게 작용하는 것은 너무도 당연했다. 요셉은 자비를 베풀 줄 알고 사람을 바로 대할 줄 아는 사람이었다.

누군가 우리에게 엄청난 잘못을 했다면 화내고 원한을 품을 만하다. 우리를 속이고 학대한 사람 때문에 인생을 송두리째 빼앗겼다는 기분이 들 수도 있다. 그러나 원한을 털어내고 원수를 용서할 때 악을 선으로 극복할 수 있다. 우리에게 상처를 준 사람에게 오히려 선을 베푸는 경지에 도달할 수 있다. 그렇게만 한다면 하나님의 새롭고 풍성한 은혜가 우리에게 반드시 임할 것이다. 하나님이 우리를 높여 주시고, 우리 손해를 갚아 주시며, 잘못된 상황을 바로잡아 주실 것이다.

도저히 용서할 수 없는 원수를 용서하고 우리를 이용하거나 학대한 사람에게 선을 베풀면 하나님은 악을 오히려 선으로 바꿔 주신다. 얼마나 억울한 일을 당했든지, 우리에게 상처를 준 사람이 누구든지, 누구의 잘못이든지 간에, 시시콜콜하게 따지려 하지도 앙갚음을 하지도 말아야 한다. 원한을 품지도 말고 되갚으려 하지도 말고, 그저 하나님의 자비를 실천하라. 항상 선을 따르기 위해 힘쓰라!

"하지만 그건 공평치 않잖아!"

맞다. 삶은 공평하지 않다. 하지만 최종 승패를 결정하시는 분이 하나님이시라는 사실을 잊지 말라. 하나님은 만물의 주재시다. 그런 하나님을 믿고 원수를 축복하면 결코 패하지 않는다. 하나님께는 우리를 일시에 회복시키고도 남을 능력이 있으시다.

6부_ 베푸는 삶을 살라 | **259**

손해를 보더라도 선을 베풀라

매번 나만 손해 보는 게 아닐까 하는 생각이 들기도 한다. 자녀는 배은망덕하고 부인은 이혼소송에서 유리한 고지를 점하고 있다. 회사를 위해 평생을 바쳤더니 이제 나이가 드니까 명예 퇴직 이야기를 꺼내기 시작한다. 나만 착하게 살려고 발버둥치는 것 같다. 집에서 나만 평화주의자다. 사람들은 우리가 친절하고 베풀기 좋아한다는 점을 알고서 내게 감사하기는커녕 나를 이용하려고만 한다.

그러나 누가 뭐래도 하나님만큼은 당신의 착한 마음을 알아 주신다. 당신의 일거수일투족까지도 놓치지 않으신다. 모든 선행을 일일이 기록하셨다가 때가 되면 갚아 주신다.

그러니 아무 걱정하지 말고 선한 일에만 힘쓰라. 공정하신 하나님은 우리의 행동뿐 아니라 이면의 동기까지도 헤아리신다.

우리가 손해를 감수하면서 남에게 선을 베풀 때 자주 오해하는 부분이 있다. '사람들이 나를 짓밟아도 참아야지. 사람들이 나를 이용해도 꾹 참아야지. 그들이 내 것을 빼앗고 있지만 그래도 참아야지.' 이렇게 생각하고 있다면 즉시 이렇게 바꿔야 한다. '사람들이 내 것을 빼앗고 있는 게 아냐. 그냥 내가 주고 싶어서 주는 것뿐이야. 하나님이 보상해 주실 줄 알기에 내 복을 사람들에게 나눠 주는 것뿐이야.'

하나님은 우리의 친절과 자비를 지켜보고 계신다. 우리가 사람들을 친절하게 대하고 선행을 베풀면 하나님은 또 다른 사람들을 통해 우리 앞에 복을 '넉넉히 떨어뜨려 주신다.' 여기저기서 복이 넝쿨째 굴러들어오고 하나님의 초자연적인 은혜가 우리를 감싸며 예기치 못한 행복이 우리를 찾아온다. 가는 길마다 하나님이 예비해 놓으신 복이 우리를 맞이할 것이다.

27_ 연민의 마음을 열라

언제나 마음의 소리에 귀를 기울이고 있으라
하나님의 뜻이라고 판단되면 즉시 사랑을 표현하라

우리 아버지와 내가 탄
비행기가 제3세계 국가로 향하던 중에 연료를 채우기 위해 중간 어디
쯤의 작은 섬에 착륙했다. 한 시간 여유가 있었기에 잠깐 비행기에서
내렸다. 그 섬의 공항은 초가 지붕을 얹은 임시 건물이라서 의자 몇 개
와 간이 식당 하나만 있을 뿐이었다. 내가 간단히 요기하고 돌아왔을
때 아버지는 지저분한 차림의 내 또래 젊은이와 이야기하고 계셨다.
비행기에서 내릴 때부터 내 시선을 끌었던 젊은이였다. 그는 공항 바
깥의 바닥에 누워 있었는데, 꽤 오래 거기 있었던 것이 분명했다.

아버지는 한 시간 내내 그와 이야기를 나누셨다. 그리고 마침내 떠
날 시간이 되자 지갑에서 돈을 꺼내 그에게 주셨다. 이상하게 여긴 나
는 비행기에 타자마자 아버지에게 물었다. "아버지, 무슨 일이래요?

아까 그 젊은이는 여기서 뭘 하고 있대요? 뭔가 사연이 있나보죠?"

"미국으로 돌아가는 중에 돈이 다 떨어져서 오도 가도 못하고 여기서 2주나 있었다는구나. 그래서 고향 갈 차비를 준 거란다."

말씀하시는 아버지의 눈에 눈물이 글썽였다. "땅바닥에 누워 있는 그 젊은이를 보니까 너무 불쌍하더구나. 그를 일으켜 세워 안아 주고 싶었단다. 힘내라고 위로해 주고 싶었어. 거기 누워 있는 사람이 내 아들이라면 어떠했을까 생각했단다. 그게 너라면? 그게 폴이라면? 내 자녀라고 생각하면 어떻게 그냥 지나칠 수 있겠니?"

아버지는 연민과 사랑의 씨앗을 뿌린 것이다. 물론 우리 아버지가 그 젊은이의 삶에 어떤 영향을 미쳤는지는 알 수 없다. 어쩌면 그 사람은 전에는 하나님의 사랑과 선하심을 한 번도 경험하지 못했을지도 모른다. 어떻든 그는 아버지와의 짧은 만남을 잊지 못할 것이다. 전혀 알지 못하는 낯선 사람이 절망에 빠진 자신을 도와줬으니 잊을 리가 있겠는가. 하나님의 선하심과 연민의 씨앗이 뿌려짐으로써 그의 삶은 크게 변했을 것이다.

여기서 주목할 점은 연민을 품고 그의 이야기에 귀를 기울여 준 우리 아버지에게서 모든 변화가 시작되었다는 것이다.

이 세상은 하나님의 사랑과 연민에 목마르다

어디를 가나 신음하는 사람천지다. 낙심한 사람, 꿈을 잃고 살아가는 사람, 큰 실수로 궁지에 빠져 있는 사람. 이들에게 바로 하나님의 연민과 무조건적인 사랑이 필요하다. 무엇이 잘못되었는지 꼬집어 비판하는 사람이 필요한 것이 아니다(그들도 이미 잘못을 알고 있는 경우가 대부분이다). 희망을 되돌려 주고 치료해 주고 하나님의 자비를 보여 줄 사람이 필요한 것이다. 그들을 격려해 주고 귀중한 시간을 투자하여 자신의 이야기를 진심으로 들어줄 사람, 친구가 필요하다. 이 세상은 그 무엇보다 연민과 무조건적인 사랑에 목말라 있다. 귀한 시간을 쪼개서 이 세상의 동반자를 도와줄 사람이 절실한 상황이다.

물론 우리는 모두 바쁘다. 누구나 자기 일이 있고 중요한 계획과 일정에 쫓기고 있다. 그래서 우리는 종종 다음과 같은 태도에 빠진다. "내 일이 방해받지 않았으면 좋겠어. 남의 문제에 신경 쓸 틈이 없어. 내 문제만 해도 머리가 돌 지경이라고." 하지만 "누가 형제의 궁핍함을 보고도 도와줄 마음을 막으면 하나님의 사랑이 어찌 그 속에 거할까보냐"(요일 3:17). 참으로 흥미로운 말씀이다. 누구나 연민의 마음이 있겠지만 그것을 여는지 또는 닫는지가 문제다.

하나님이 우리 마음에 남을 향한 사랑과 연민을 주신 것은 곧 남의 삶을 바꿀 수 있는 기회를 주신 것이다. 그러니 마음에서 솟아나는 사랑을 억누르지 말고 그 사랑에 따라 행동하라. 누군가 우리의 사랑을 목이 빠지게 기다리고 있다.

우리에게는 사랑으로 가득한 착한 영을 품을 잠재력이 있는 것이다. 남의 기분을 함께 느낄 수 있는 공감의 능력이 우리에게 있다. 하나님의 형상을 따라 지음 받았기 때문이다. 그런데 아쉽게도 우리의 이기주의가 연민의 통로를 막는 경우가 너무나 많다.

우리 마음이 열렸는지 닫혔는지 어떻게 알 수 있을까? 간단하다. 남에게 관심이 있으면 열린 것이고 자기 자신에게만 관심이 있으면 닫힌 것이다. 남을 격려하고 사기를 북돋우며 자신감을 심어 주기 위해 귀중한 시간을 내고 있는가? 하나님이 우리 마음에 불어넣어 주신 사랑을 따르고 있는가, 아니면 우리 자신의 일에 정신이 팔려 남의 문제 따위에는 관심조차 없는가?

오늘을 온전히 살고 싶다면 남을 불쌍히 여기는 마음을 항상 열어 두라. 궁핍한 사람을 도울 기회가 있으면 언제라도 자신의 일을 접어 두고 팔을 걷어붙일 자세가 되어 있어야 한다.

주위에 은혜를 베풀 만한 사람이 없는지 끊임없이 돌아보라.

연민의 마음을 닫아 둔 탓에 행복을 느끼지 못하고 온전한 삶을 살지 못하는 사람이 많다. 이들은 오직 자신들이 원하는 것에만 관심이 있다. 그래서 따로 속셈이 있지 않은 이상 좀처럼 남을 돕지 않는다. 자기중심적이고 이기적이다.

그러나 자신에게서 눈을 떼어 남을 돕는 데 시간을 내야 하나님의 풍성한 삶을 경험할 수 있다. 어디를 가든지 하나님의 사랑과 선하심을 발휘하고 표출해야 한다. 사랑의 사람이 되어야 한다.

"하지만 내 문제만 해도 골치가 아파. 남을 돕기 위해 내 시간을 전부 투자하면 언제 내 문제를 해결하고 내 필요를 채우지? 내 삶은 언제 바로잡으라고?" 명심하라. 남의 필요를 채우는 일을 우리 삶의 중심으로 삼으면 하나님은 반드시 우리의 필요를 채워 주신다. 우리의 문제를 하나님께 맡기면 하나님이 모든 것을 책임져 주실 것이다.

귀를 빌려 주라

종종 우리가 시간을 내서 들어주기만 해도 상대방의 삶에 치유의 역사가 시작되곤 한다. 오늘날에는 한이 맺힌 사람이 많다. 그러나 더 큰 문제는 그것을 이야기할 사람이 없다는 점이다. 그만큼 서로를 믿을 수 없는 세상이 되었다. 고통에 빠진 사람들을 정죄하고 비난하는 대신, 연민의 마음을 열고 그들의 친구로서 들을 귀를 빌려 주기만 하면 그들의 짐은 한결 가벼워진다. 그들의 문제에 일일이 해결책을 제시할 필요도 없다. 관심을 보여 주기만 해도 놀라운 일이 벌어진다.

어느 날 한 남자가 나를 찾아와 자신의 문제를 털어놓았다. 그것도 아주 자세히! 그의 말은 끝이 없었다. 반복되는 똑같은 이야기에 지친 나는 그의 긴 독백을 잠시 끊고 전문가로서 조언을 하려고 했지만 도무지 말문을 열 기회를 찾을 수 없었다. '내게 정말 훌륭한 조언이 있다고. 당신에게 딱 어울리는 멋진 성경 말씀을 알아. 당신이 정확히 뭘 해야 하는지 말해 주겠어.' 나는 몇 번이고 끼어들 기회를 엿보았지만 뜻을 이루지 못했다. 그의 독백을 듣고 또 들었으나 내가 말할 차례는 오지 않았다. 마침내 그의 장황한 이야기가 끝났고 내가 막 훌륭한 내 지혜를 뽐내려는 찰나였다. 다시 한숨소리가 들렸다. "선생님, 기분이 많이 나아졌습니다. 방금 하나님이 제가 뭘 해야 할지 알려 주셨어요." 그러고는 휙 나가 버리는 것이 아닌가! 나는 완전히 맥이 풀려서 그를 쫓아갈 기력조차 없었다.

문득 그에게 나의 심오한 지혜 따위는 필요 없다는 생각이 들었다. 그에게 필요한 것은 나의 조언이 아니라, 그의 말을 들어 줄 귀였다.

경청하는 법을 배우라. 그저 상대방의 고충을 들어 주고, 멋진 조언을 하는 일은 하나님께 맡겨야 할 때도 있다. 억지로 우리 의견을 말할 필요는 없다. 상대방에게 정말 필요한 것이 무엇인지 신중히 판단하라. 괜히 격려의 말을 해 준답시고 상대방의 입을 막는 경우가 얼마나 많은가. 속 시원하게 고민을 털어놓으려는 상대의 말을 끊고 어울리지도 않은 성경 말씀을 읽어 주거나 기도를 드리는 것이 옳은지, 잘 생각해 보라. 하나님은 억지로 시간을 내서라도 상대방의 말을 경청해 주라고 하신다. 때로 상대방이 원하는 것은 우리의 어설픈 충고가 아니라, 깊은 관심과 애정으로 귀 기울여 주는 것이다.

▌사랑이 흐르는 소리에 귀 기울이라

하나님은 늘 우리를 어려운 사람에게로 인도하신다. 마음의 문을 열고 보면 우리 안에 용솟음치는 하나님의 초월적인 사랑이 어려운 사람이나 우리의 도움이 필요한 상황으로 우리를 이끄심을 알 수 있다. 그러나 우리는 꼼꼼히 따져 본 후에 사랑을 베푸는 경향이 있다. 하나님의 이끄심을 너무 복잡하게 생각하는 것이다. 그러나 우리가 사랑을 느끼면 그것이 바로 하나님의 음성이다. 누군가에 대한 연민이 끓어오르면 그것이 바로 그에게 은혜를 베풀라는 하나님의 말씀이다. 사랑을 느끼는 즉시 그를 격려하고 도울 방법을 찾아야 한다.

그 사람이 겉으로는 웃고 있지만 그 속에는 우리가 모르는 고민거리가 있을지도 모른다. 오직 하나님만 사람의 마음을 꿰뚫어보신다. 하나님은 누가 상처받았는지, 누가 외로워하는지, 누가 잘못된 결정을 내리려 하는지 다 아신다. 우리가 용기와 믿음을 발휘하여 사랑의 손길을 뻗고 관심을 보이면 그의 삶이 본궤도로 돌아올지 누가 아는가? 우리의 말 한마디가 얼마나 큰 힘을 발휘할지, 우리의 조그만 친절이 어떤 기적을 일으킬지, 아무도 모른다. 오직 하나님만 아신다.

몇 년 전 아침, 갑자기 옛 친구에 대한 관심과 연민이 내 마음을 크게 흔들었다. 15년 동안 연락 한 번 못했지만, 그는 어릴 적 나와 가장 친한 친구였다. 그런데 그날따라 아무런 이유 없이 그에 대한 생각이 내 머리를 떠나지 않았다. 그러나 어떤 행동을 취하지는 않고 있었다.

그런데 문득 그것이 하나님의 음성일지 모른다는 생각이 들었다. 한참을 뒤진 끝에 그의 전화번호를 찾아 전화를 걸었다. 수화기를 통해 친구의 목소리가 흘러나오자 반가운 마음을 감출 수 없었다. "어이, 나 조엘이야. 오늘 하루 종일 네 생각을 했어. 잘 지내고 있냐?"

그러나 정적만 흐를 뿐 아무 대답이 없었다. '왜 이러지? 날 잊은 건가? 이상하군.' 나는 전화를 끊지 않고 기다렸다. 20초쯤 흘렀을까, 수화기 너머로 울음 소리가 들렸다. 나는 전에도 그가 눈물 흘리는 것을 본 적이 없었다. 그가 울다니, 나는 몹시 놀랐다. 마침내 그는 입을 열었다. "조엘, 최근에 아내가 나를 떠났어. 몹시 슬펐지. 그래서 종교도 없는 내가 기도를 다 했지 뭔가. '하나님, 당신이 계시다면, 또 나를 조금이라도 사랑하신다면 뭔가 증거를 보여 주십시오'라고 말이네. 기도를 마치자마자 너한테 전화가 온 거야."

하나님은 모르는 것이 없으시다. 하나님의 사랑과 연민이 이끄시는 대로 우리의 몸을 맡겨야 한다. 그럴 때 우리는 자포자기하고 외로움에 떨고 있는 사람의 기도에 대한 응답이 될 수 있다. 우리의 간단한 전화 한 통에 얼마나 큰 힘이 있는지 모른다. "오랫동안 당신을 생각했습니다. 당신을 걱정했습니다. 당신을 사랑합니다. 당신을 신뢰합니다. 당신을 위해 기도하고 싶습니다. 제가 당신과 함께 있겠습니다." 이런 말은 고통과 외로움에 떠는 사람에게 큰 힘이 된다. 우리는 간단한 희망의 말이 한 사람의 인생을 바꿀 정도로 강하다는 사실을 망각하고 살 때가 많다. 마음속에서 꿈틀대는 연민을 무시하지 말고 하나님이 일으키시는 사랑의 흐름에 몸을 맡기라. 하나님은 어디에서 어떤 식으로 사랑을 표현할지 알려 주실 것이다.

6부_ 베푸는 삶을 살라

사랑을 베풀다 보면 가끔 어리석게 보일 때도 있고 미신적이라는 말을 들을 수도 있다. 하지만 우리의 도움이 마지막 희망일지도 모르는 사람을 외면하느니 지나친 간섭을 한다는 말을 듣는 편이 낫다.

15년쯤 전에 레이크우드 교회에서 우리 어머니가 단상에 오르셔서 말씀을 전하셨다. 그런데 갑자기 어머니는 설교 도중에 고개를 푹 숙이더니 흐느끼기 시작하셨다. 어머니는 일 분 동안 그러시다가 고개를 들고 말씀하셨다. "그러지 마세요. 그러지 마세요. 여기에 있는 누군가가 해서는 안 될 일을 하려고 해요. 제발, 그러지 마세요."

전 교인이 마음에 감동을 받아 몇 분 동안 기도했다. 기도 중간에 청중석 뒤쪽 끝에서 아름다운 젊은 여인이 울면서 단상 쪽으로 걸어나왔다. 곧 우리는 결혼하지 않은 그녀가 임신하여 극도의 절망에 빠져 있다는 사실을 알았다. 그녀는 너무도 고통스러워 더는 살기를 포기하고 이미 유서까지 써 놓은 상태였다. 하지만 무엇이 이끌리듯 마지막으로 한 번 더 교회를 찾았다는 것이다. 그녀는 마음을 바꿀 생각이 없었으나 "그러지 마세요"라는 어머니의 말씀이 불가사의한 힘으로 그녀의 가슴을 녹였다. 그녀는 하나님의 사랑과 관심을 느끼기 시작했다. 한 사람이 목숨을 건지고 삶의 방향을 바꾸는 순간이었다.

이 사건 하나만 봐도 우리는 하나님이 주시는 연민을 무시하지 말고 따라야 한다. '바보 같은 짓이야. 사람들이 나보고 소설 쓰냐고 할게 분명해.' 우리 어머니가 이렇게 생각했더라면 그 젊은 여인과 뱃속의 아기는 어떻게 되었을까?

하나님이 도움이 필요한 사람에 관한 영감을 우리에게 언제 주실지 모른다. 누군가의 이름이 떠오르거나 그에게 연민이 느껴지면 당장 행동을 취하라. 전화를 하거나 찾아가는 등 접촉을 시도해야 한다.

하나님은 우리가 기도에서 그치지 말고 행동을 취하길 원하신다. 직접 찾아가 사랑과 연민을 표현하라고 말씀하신다. 물론 마음만 간직해야 할 때도 있다. 그러나 상대방과 얼굴을 맞대고 눈을 쳐다보면서 하나님이 그를 사랑하시고 우리도 그를 사랑한다고 말해야 할 때도 있다. 아무도 안아 주지 않는 사람을 감싸안아 줘야 할 때가 있다. 그가 너무 멀리 있다면 전화라도 걸어서 애정이 듬뿍 담긴 목소리로 그를 향하신 하나님의 사랑을 알려 줘야 한다. 아무리 멀어도 하나님이 가라고 하시면 찾아가서 하나님의 사랑과 연민을 전해야 한다. 우리가 갈 길은 한 치의 오차도 없이 하나님이 이끌어 주실 것이다.

사랑의 표현을 미루는 것은 금물이다. 마음속에 하나님의 연민이 솟아오르고 누군가에 대한 특별한 감정이 생길 때는 하나님의 특별한 목적이 있는 것이다. 하나님은 아무런 이유 없이 우리 맘에 연민을 불러일으키실 정도로 한가하지 않으시다. 그러니 우리는 군말 없이 하나님의 뜻에 따라야 한다. 하나님은 미래를 꿰뚫고 우리 인생의 큰 그림을 보는 분이시다. 우리 머리로는 이해할 수 없더라도 하나님의 연민이 시키는 대로 재빨리 행동을 취해야 한다.

되돌릴 수 없는 순간이 온다

몇 년 전, 아버지가 두 달 동안 신장 투석을 받으시던 어느 날이었다. 꼭두새벽부터 아버지가 전화를 하셨다. "애야, 통 잠이 안 오는구나. 병원에 가서 신장 검사를 받아 봐야겠다. 나 좀 데려다 주겠니?"

"물론이죠. 금방 갈게요." 시계를 보니 새벽 네 시였다. 나는 급히 부모님 댁으로 차를 몰았다. 운전을 하는데, 아버지에 대한 말할 수 없

6부_ 베푸는 삶을 살라 | **269**

는 사랑과 관심이 솟아나기 시작했다. 평상시 느끼는 사랑과 많이 다른 감정, 초자연적인 사랑이었다. 아버지가 우리에게 얼마나 잘해 주셨는지, 아버지가 얼마나 자랑스러운 분이신지, 그러다가 문득 아버지에게 사랑을 표현해야겠다는 마음이 솟아났다.

아버지를 모시고 병원으로 향하면서, 나는 내가 아버지를 얼마나 사랑하는지 표현했다. "아버지, 제가 할 수 있는 일은 뭐든 하겠어요. 그러니 안심하세요. 지금보다 더 좋은 아들이 될게요."

기계를 연결하고 투석이 진행되는 4-5시간 동안에는 내가 할 일이 없었기에 평상시에는 내 용무를 보거나 집에 갔다가 나중에 모시러 왔다. 그러나 그날은 내 마음 깊은 곳에서 아버지와 함께 있으라는 음성이 들렸다. 나는 의자에 앉아 치료가 끝날 때까지 기다리기로 했다.

사실, 그날은 원래 아버지를 모셔드릴 계획이 없었기에 일정을 빡빡하게 세워둔 상태였다. 하지만 나는 아버지와 함께 있는 것이 하나님의 뜻임을 알았다. 나는 아버지와 함께 식사하고 담소를 나누며 즐거운 시간을 보냈고, 투석 끝난 후에 아버지를 집에 모셔 드렸다.

부모님 댁을 나서려는데 아버지가 나를 다시 불러 꼭 껴안으셨다. 아버지는 평상시와 달리 오랫동안 나를 껴안고 말씀하셨다. "조엘, 너는 모든 아버지가 바라는 최고의 아들이란다." 아버지와 나만의 정말 특별한 순간이었다. 우리가 하나라는 느낌을 받았다. 아버지가 내 마음을 아셨고 나를 자랑스러워하신다는 사실에 날아갈 듯한 기분으로 그날 아침을 보냈다.

그것이 내가 살아 계신 아버지를 본 마지막 순간이었다.

더 이상 아버지를 껴안을 수도 사랑한다고 말할 수도 없다. 그날 아버지는 예기치 못한 심장발작으로 하나님의 부름을 받으셨다.

그러나 슬픔이 밀려오고 눈물이 흐르는 가운데서도 하나님의 은혜가 느껴졌다. '하나님이 얼마나 좋으신 분인지 몰라. 지금까지 나는 나 자신이 아니라 우리 아버지를 위해 사랑을 표현한다고 생각했어. 하지만 이제는 알겠어. 하나님이 무엇보다도 나 자신을 위해 내 마음에 사랑을 부어 주셨다는 것을.' 아버지의 마지막 순간에 내 사랑을 표현할 수 있어서 얼마나 다행인지 모른다. 그때 표현하지 못했다면 커다란 한이 되었을 것이다. 해야 할 말을 다 했고 할 일을 다 했으니 마음이 편하기 그지없다.

내가 그날 너무 바빴다면? 하나님이 내 마음에 부어 주신 사랑의 흐름을 따르지 않았다면? 마음에서 솟아오르는 사랑을 대수롭지 않게 생각하고 내 감정을 아버지에게 표현하지 않았다면? 아버지와 나 사이의 소중한 순간, 결코 되돌릴 수 없는 순간을 놓치고 말았을 것이다.

우리는 남에게 도움의 손길을 뻗치고 사랑의 흐름을 따르면서도 그것이 남을 위한 일이라고만 생각한다. 그렇지 않다. 직접 체험한 사람으로서 단언컨대, 하나님이 우리 마음에 연민을 불어넣으신 것은 남을 위해서기도 하지만 무엇보다도 우리 자신을 위해서다.

연민의 마음을 항상 열어 두라.

우리는 하나님이 우리 마음에 불어넣으신 사랑의 흐름에 즉시 편승해야 한다. 마음의 소리에 귀를 기울였다가 하나님의 뜻이라 판단되면 즉시 사랑을 표현하라.

지금 사랑을 표현하지 않으면 영원히 표현하지 못할 수도 있으니까.

28_ 씨앗을 뿌리는 것이 우선이다

어려운 상황은 씨앗을 뿌릴 수 있는 좋은 기회다
씨앗이야말로 어려움을 극복할 수 있는 열쇠이기 때문이다

오늘을 온전히 사는 데 가장 큰 걸림돌 중 하나는 이기주의다. 우리의 배만 채우는 데 급급한 이상, 하나님이 주시는 온전한 삶을 누릴 수 없다. 따라서 진정 성장하고 번영하길 원한다면 먼저 베푸는 자가 되어야 한다.

농부가 씨 뿌리기가 귀찮아 펑펑 놀았다면 과연 추수를 기대할 수 있겠는가? 평생 기다려도 쌀 한 톨 얻지 못한다. 땅에 씨를 뿌려야 수확을 기대할 수 있다. 이것은 하나님이 정하신 원칙이다. 마찬가지로 복을 거두고 싶다면 복의 씨앗을 뿌려야 한다. 뿌린 대로 거둔다. 행복을 거두고 싶다면 행복의 씨앗을 뿌려야 한다. 즉 남에게 행복을 선물해야 하는 것이다. 재물의 복을 거두고 싶다면 남의 삶 속에 재물의 씨앗을 뿌려야 하고, 우정을 거두고 싶다면 우정의 씨앗을 뿌려 누군가

의 친구가 되어 주어야 한다. 언제나 씨앗을 먼저 뿌려야 하는 것이다.

우리가 성장하지 못하는 이유는 씨를 뿌리지 않기 때문이다. 자기 중심적인 태도가 원인이다. 태도를 바꿔 남에게 사랑의 손길을 뻗지 않는 한, 우리는 모든 면에서 영영 미숙아 신세를 면할 수 없다.

"내 문제만 해도 정신이 없어. 남에게 씨앗을 뿌릴 여유는 없단 말이야. 어떻게 해야 내가 이 고통에서 헤어날 수 있을까?" 정말 어리석은 말이다. 자신의 문제를 해결하려면 먼저 다른 사람의 문제 해결을 도와야 한다. 한 마디로 땅에 씨앗을 뿌려야 한다!

❖기근

구약 시대에 가나안 땅에 무시무시한 기근이 찾아왔다. 음식과 물이 아예 바닥이 나는 바람에 모든 사람이 고통을 받게 되었다. 이때 이삭은 보통 사람의 생각으로는 이해할 수 없는 행동을 했다. 기근의 한복판에서 이삭은 그 땅에 씨를 뿌렸다. 그 해에 그는 뿌린 씨앗의 백 배나 얻었고 여호와께서 그에게 복을 주셨다. 궁핍할 때에 이삭은 누군가 구해주기만 기다리지 않았고, 믿음으로 행동을 취했다. 그는 기근의 한복판에서 일어나 씨를 뿌렸다. 그러자 하나님은 초자연적인 능력으로 그 씨앗을 증식시킴으로써 그를 궁핍에서 구해내셨다.

오늘날에도 여러 종류의 기근이 우리를 찾아온다. 재물이 부족한 기근도 있고 친구가 부족한 기근도 있다. 건강의 회복이 필요할 수도 가정의 평안이 절박할 수도 있다. 어떤 기근이 찾아오던 그것을 극복하기 위한 최선의 방법은 자신의 문제에서 눈을 떼고 남의 어려움을 돕는 것이다. 예컨대 큰 실패로 낙심해 있는

사람은 신세 한탄만 하고 있을 것이 아니라 또 다른 실패자를 찾
아 북돋아 줘야 한다. 다른 사람의 인생에 행복의 씨앗을 뿌려야
한다. 이것이 큰 열매를 거두는 비결이다. 언제나 씨앗을 뿌리
는 일이 우선이다.

우리가 남의 필요를 채워 주면 하나님은 반드시 우리의 필요를 채
워 주겠다고 약속하셨다. 따라서 우리 삶에 치료와 회복의 역사가 일
어나길 바란다면 밖으로 눈길을 돌려 다른 사람의 회복을 도와야 한
다. 성경은 고난 속에서 우리가 해야 할 일이 두 가지 있다고 말한다.
첫째, 하나님을 의뢰해야 한다. 둘째, 밖으로 나가 선을 행해야 한다.
다시 말해, 밭으로 나가서 씨앗을 뿌려야 한다.

어려운 상황을 오히려 씨앗을 뿌릴 수 있는 기회로 삼으라. 신세를
탓하기보다 어떤 씨앗을 뿌릴지 고민하라. 씨앗이야말로 우리의 어려
움을 극복할 수 있는 열쇠이기 때문이다.

고통의 순간에 씨앗을 뿌리라

내가 꼬마였을 때 자금이 넉넉하지 않은 레이크우드 교회는 첫 번
째 건축 프로젝트에 돌입했다. 한편, 얼마 떨어지지 않은 곳에서 작은
스페인 교회도 똑같이 건축을 추진하고 있었다. 어느 주일 아침, 아버
지는 건축 특별 헌금을 걷겠다고 광고했다. 그런데 그것은 우리 교회
가 아닌 그 스페인 교회를 위한 건축 헌금이었다. 그날 아침에 몇 천
달러가 걷혔고, 곧바로 우리는 그 돈을 스페인 교회에 전달했다. 사실
그 돈이 필요한 것은 스페인 교회가 아니라 우리 교회였다. 하지만 아

버지는 씨 뿌리기의 원칙을 아셨다. 기근을 극복하는 최선의 방법이 씨앗을 뿌리는 것임을 아셨던 것이다. 오래지 않아 우리 교회 건축을 위한 모든 자금이 마련되었다. 레이크우드 교회는 지금까지 여러 채의 건물을 지었는데, 언제나 씨 뿌리기의 원칙을 고수했다.

궁핍한 때에 우리가 할 일은 바로 씨앗을 뿌리는 것이다!

"흩어 구제하여도 더욱 부하게 되는 일이 있나니 과도히 아껴도 가난하게 될 뿐이니라 구제를 좋아하는 자는 풍족하여질 것이요 남을 윤택하게 하는 자는 윤택하여지리라"(잠 11:24-25). 아버지는 전심으로 남을 도울 때 하나님이 자신의 필요를 채워 주실 줄 아셨다. 남에게 아낌없이 퍼줄 때 하나님은 젖과 꿀이 흐르는 땅을 허락하신다.

나 역시 씨 뿌리기의 원칙을 적용하며 살고 있다. 주저앉고 싶은 유혹이 들 때마다 나 자신에게서 남을 돕는 일로 관심을 돌린다. 나는 기분이 가라앉을 때마다 아픈 사람들을 돕는다. 또 그럴 시간이 없을 때를 대비해서 책상 옆에 기도 제목을 적은 종이를 쌓아 놓았다.

어려운 순간에 자책하며 앉아 있기보다는 나가서 씨앗을 뿌리라. 아니, 씨를 뿌리기 위해 문제가 생길 때까지 기다릴 필요도 없다. 우리는 굳이 궁지에 몰렸을 때가 아니라도 항상 복의 통로가 될 기회를 찾아다녀야 한다. 매일 눈을 뜨자마자 남을 도울 방법을 찾아야 한다. 그런 사람에게는 하나님의 복이 따라다닌다.

물론 이기주의의 유혹은 떨쳐버리기 어려울 정도로 강하다. 선한 사람조차도 다음과 같은 태도의 함정에 자주 빠진다. "그런 게 내게 무슨 이익이 있어? 어디 나를 좀 도와줄 사람 없나? 내 인생의 실타래를 풀어 줄 사람은 어디 있지? 누가 내 문제 좀 해결해 줘!"

그러나 우리의 태도는 이와 정반대여야 한다. "오늘 내가 누구에게 은혜를 베풀 수 있을까? 어디 내가 도와줄 사람은 없을까? 누굴 격려해 줄까? 누구의 기운을 북돋아 줄까?"

나는 베푸는 사람이 되기로 결심했다. 나는 선한 일을 하고 복의 씨앗을 뿌릴 기회를 찾을 것이다. 왜냐고? 씨앗을 뿌리면 얼마나 큰 결실을 거두는지 알았기 때문이다! 나는 커다란 열매를 맺기 위해 열심히 씨앗을 뿌릴 것이다.

한 걸음 더 나아가라

우리는 더 큰 믿음을 발휘하여 특별한 일을 행해야 한다. 특별한 열매를 거두려면 특별한 씨앗을 뿌려야 하는 법이다. 매일 집에 죽치고 앉아서 텔레비전만 보느니 그 시간에 남을 위해 좋은 일을 하는 것이 낫지 않을까? 비싼 음식점에서 고급 요리를 먹는 것보다 그 돈을 아껴서 씨앗으로 사용하는 것이 낫지 않을까? 땅에 조금 더 큰 씨앗을 뿌리고 하나님이 어떤 일을 행하시는지 지켜 보라. "너희의 헤아리는 그 헤아림으로 너희도 헤아림을 도로 받을 것이니라"(눅 6:38). 다시 말해, 남에게 티스푼으로 퍼 주면 티스푼만큼의 복이 돌아오며, 삽으로 퍼 주면 삽만큼의 복이 찾아온다. 만약 덤프트럭으로 퍼주면 복을 가득 실은 덤프트럭이 우리에게 돌아올 것이다!

현재의 삶이 만족스럽지 않은 사람은 뿌리는 씨앗의 양을 늘려야 한다. 수확의 양이 씨앗의 양에 달려 있기 때문이다. 물론 생활이 그리 넉넉지 못한 사람도 있다. 근근이 하루하루를 버티는 사람도 있다. 내 맘 같아서야 그런 사람들에게 이렇게 말하고 싶다. "당신처럼 힘든 사람에게 어떻게 남을 도우라고 말하겠어요. 그 돈은 당신에게 꼭 필요합니다." 하지만 하나님의 원칙은 다르다. 큰 고난 속에서는 오히려 씨앗을 뿌리는 것이 그 고난을 벗어나 복을 받는 비결이다.

우리 부부는 어느 날 호텔에서 묵고 다음 날 아침을 먹었다. 그런데 젊은 웨이터가 가져온 계산서에는 "고맙습니다"라는 말만 쓰여 있었다. 그 웨이터가 음식값을 지불한 것이다.

처음에는 이런 생각이 들었다. '아니 이런! 정말 고맙지만 저 사람은 너무 젊잖아. 월급도 적을 텐데. 우리보다 돈이 더 필요할 거야.'

더군다나 우리의 아침 식사 값은 호텔 방값에 포함되어 있었다. 원래 아침 식사는 공짜였으므로 우리는 계산서에 사인만 하면 되었다. 당황한 아내는 이렇게 제안했다. "여보, 젊은이에게 말하고 돈을 돌려주는 게 어때요?"

그러나 나는 고개를 저으며 대답했다. "물론 그럴 수 있지만 그러지 않는 게 좋을 것 같아요. 그의 복을 빼앗을 수는 없지 않겠소? 그는 우리에게 선을 베풂으로써 씨앗을 뿌린 거요. 나는 그가 뿌린 씨앗을 파내고 싶지 않소. 그것은 오히려 그에게 피해를 주는 행동이에요."

우리는 그에게 돈이 필요하다는 것을 알았으나 그가 땅에 씨앗을 뿌린 이상 하나님이 몇 배로 갚아 주실 것도 알았다. 하나님은 분명 그에게 훨씬 큰 수확을 안겨 주실 것이다. 그래서 우리는 그의 값진 선물을 감사히 받았고 하나님이 그에게 풍성한 복을 주시기를 기도했다.

반면 하나님의 것을 빼앗는다면 결코 하나님의 복을 받을 수 없다. 하나님은 우리의 돈이나 시간, 재능을 필요로 하지 않으신다. 하나님이 스스로 아쉬워서 우리에게 뭔가를 요구하시는 게 아니다. 그것은 우리가 땅에 씨앗을 뿌려 큰 수확을 얻기를 바라시기 때문이다. 하나님은 스스로 정하신 법을 지키시는 분이므로 씨를 뿌리지 않고서는 누구도 수확을 바랄 수 없다. 정말 간단한 이치 아닌가? 우리가 하나

6부_ 베푸는 삶을 살라 **277**

님의 말씀을 따라 충성을 다하면 하나님은 씨 뿌리기와 수확의 원칙에 따라 우리에게 큰 복을 주신다. 베풀 것이 별로 없어도 능력껏 베푸는 자에게 하나님은 복을 아끼지 않으신다.

여유가 생길 때까지 기다리지 말고 지금 당장 베푸는 삶을 시작하라. 그것이 하나님께 더 많은 것을 받는 비결이다. 우리가 씨앗을 뿌리면 하나님은 더 많은 것으로 채워 주신다. 그러면 점점 더 많은 씨앗을 뿌릴 수 있게 되고, 마침내 헤아릴 수 없는 복 속에서 살게 된다. 그러나 지금 가지고 있는 것으로 충성하지 않는 사람에게, 과연 하나님은 더 많은 것을 맡기실까?

성경은 이 문제에 관해 명확하게 말씀한다. "너는 범사에 그를 인정하라 그리하면 네 길을 지도하시리라"(잠 3:6). 재물이나 사업 번창의 복을 원한다면 하나님을 인정해야 한다. 우리가 하나님께 영광을 돌릴 때 하나님은 우리를 높여 주신다. 흥미롭게도 성경은, 오직 재물에 대해서만 하나님을 시험해 보라고 말씀한다. 우리가 현재 가진 것으로 충성을 다하면 하나님은 우리에게 끝없는 복을 내리신다.

29_ 씨 뿌리기와 자라기

베푸는 행위는 보험에 드는 것과 비슷하다
베푸는 일은 하나님의 은혜를 저장해 놓는 것과 같다

사해는 지구상에서 가장 흥미로운 자연경관 중 하나다. 높은 미네랄 함유량으로 사해에서는 아무리 맥주병인 사람이라도 물 위에 둥둥 뜰 수 있다. 심지어 물 위에 누워 신문을 읽을 수도 있다. 관광시 이 지역에서 버스가 꽤 오래 머물기 때문에 의심이 많거나 모험심이 강한 관광객은 사해에 직접 몸을 담가볼 수 있다. 문제는 물에서 나오면 아무도 곁으로 오지 않는다는 것이다. 썩은 냄새가 진동을 하기 때문이다.

이스라엘 요단 강에서 물이 유입되는 사해는 물이 빠져나갈 통로가 없다. 그래서 처음 유입될 때만 해도 신선했던 물이 고인 상태에서 서서히 썩어간다. 보기에는 아름답고 연구 가치는 높을지 몰라도, 사해의 물은 마실 수 없을 정도로 썩어 있다.

주지 않고 받기만 하는 이기적인 사람들을 보면 사해와 같다는 생각이 든다. 하나님은 물이 유입되기만 하는 저수지가 아니라 끊임없이 흐르는 강으로 우리를 창조하셨다. 그런데 받기만 하고 주지 않는 이기적인 삶을 고집하면 우리는 점차 썩어 악취를 풍기게 된다. 같이 있으면 재미도 없고 짜증만 나서 어울리고 싶지 않은 사람으로 변질되는 것이다. 변질의 원인은 우리로부터 흘러나가는 것이 없기 때문이다. 물론 하나님은 우리 삶에 복을 부어 주시기를 원하신다. 그러나 우리가 오늘을 온전하게 살려면 하나님의 복을 우리를 통해 남에게 흘려보내는 법을 배워야 한다. 복을 흘려보낼 때 우리 안에 새로운 복이 흘러들어오고 우리 삶이 신선함을 유지할 수 있다. 우리는 흐르는 강이 되어야 한다. 이것이 진정한 번영과 행복을 얻는 비결이다.

하나님이 주신 기쁨은 다른 사람과 나눌 때 배가 된다.

"나는 지금 처리해야 할 문제가 많아. 이 문제를 모두 해결한 후에 나가서 남을 도와야지." 아니, 순서가 잘못 되었다. 남을 돕는 일이 우선이다. 먼저 베풀 때 하나님은 우리의 상황을 바로잡아 주신다. 먼저 씨를 뿌려야 수확이 있는 법이다. 몸이 건강해지길 원한다면 남이 건강을 회복하도록 도와야 한다. 행복을 원한다면 남이 행복한 삶을 살도록 도와야 하고, 돈 문제로 어려움을 겪고 있다면 가난한 사람을 도와야 한다. 씨앗을 뿌려야 수확을 기대할 수 있다!

어려운 시기를 지나고 있을 때는 스트레스 때문에 자신의 문제와 필요에만 초점을 맞추기 쉽다. 그런데 최고의 스트레스 탈출법은 자신에게서 시선을 떼고 남을 돕는 것이다. 자신의 필요에서 남의 필요로 관심을 돌릴 때 놀라운 기적이 일어난다. 자기에게 집중하지 않고 어떤 씨앗을 뿌릴지 고민할 때, 문제는 해결되기 시작한다.

하나님의 은혜를 저장해 놓으라

1세기에 그리스 고린도 도시에 있던 일부 크리스천들은 매우 가난하고 굶주려 있었다. "환난의 많은 시련 가운데서 저희…극한 가난이…"(고후 8:2). 그런 어려운 때 그들은 무엇을 했을까? "하나님, 왜 저희에게 이토록 가혹한 시련을 주십니까?"라며 불평하고 낙심했을까? 아니, 정반대다.

"환난의 많은 시련 가운데서 저희 넘치는 기쁨과 극한 가난이 저희로 풍성한 연보를 넘치도록 하게 하였느니라"(고후 8:2). 그들은 어려운 때 씨앗을 뿌렸다. 남의 필요를 채우기 위해 애쓰면 하나님이 자신의 필요를 채워 주실 줄 알았기 때문이다.

우리도 어려울 때 그래야 한다. 첫째, 기쁨으로 넘치고 둘째, 나가서 씨앗을 뿌려야 한다. 먼저 남을 도와야 우리도 도움 받을 수 있다.

일자리를 잃었을 때 가만히 앉아서 신세 한탄만 하지 말고 자원봉사를 지원하는 것은 어떤가. 새로운 기회의 문이 열릴 때까지 기다리는 동안 씨앗을 뿌리는 것이다. 더 좋은 차를 갖고 싶다면 지금 가진 차에 관해 불평하지 말고 누군가를 태워 주면서 씨앗을 뿌려야 한다. 사업 번창을 원한다면 남의 사업이 성장하도록 도와야 한다. 모든 복은 바로 씨앗을 뿌리는 데서 시작한다.

'이동식 애견 미용실'이라는 새로운 사업을 시작한 여자에 관한 글을 읽은 적이 있다. '나는 광고할 돈이 없어. 하지만 이 사업을 시작하려면 개 몇 마리는 공짜로 미용해 줘야 해. 고객을 끌기 위해 어떤 씨앗을 뿌릴까?' 그녀는 고민 끝에 동물학대방지협회의 유기견 보호소에 가서 개들의 입양 확률을 높이기 위해 공짜로 미용해 주기로 했다. 그렇게 몇 달이 지나자 사업은 나날이 번창했다. 현재 그녀의 가게

6부 _ 베푸는 삶을 살라 | **281**

에는 감당할 수 없을 정도로 고객이 넘쳐난다. 애완견을 그녀의 미용실에 데리고 가려면 적어도 서너 달 전에 미리 예약해야 한다!

특별한 씨앗을 뿌리면 특별한 열매를 거두는 법이다. 그 여자가 버려진 동물을 미용해 준답시고 동물학대방지협회에 처음 나타났을 때, 사람들은 이상한 눈초리로 봤을 것이다. 애완견에 미친 사람이거겠니 생각했을지도 모른다. 하지만 그녀는 개의치 않았다. 씨앗을 뿌려야 열매를 거둔다는 진리를 알고 있었기에 적극적으로 나선 것이다. 그녀는 기도와 함께 행동을 취했다. "하나님, 제발 제 사업을 번창하게 해주세요"라고 기도하는 데서 그치지 않고 어려운 때에 씨앗을 뿌리는 믿음을 발휘하자 하나님은 그녀를 위해 기적을 일으키셨다.

하나님이 당신에게도 똑같은 복을 주시기를 바라는가? 물론 가능하다. 단, 조건이 있다. 당신은 땅에 어떤 씨앗을 뿌리고 있는가? 하나님의 일을 위해 무엇을 드리고 있는가? 지금 당장 씨앗을 뿌리라.

남에게 베풀 때 우리는 하나님의 창고에 은혜를 쌓고 있는 것이다. 우리가 어려울 때 하나님은 그 창고에 쌓인 은혜를 꺼내 우리에게 돌려주신다. 오늘 당장은 별다른 어려움이 없는가? 그렇다면 얼마나 큰 복인지 모른다. 그렇더라도 베풀기를 멈추지 말아야 한다. 미래를 대비해야 하기 때문이다. 열심히 베풀어 놓으면 우리가 어려울 때 하나님이 나서서 도와주실 것이다. 베푸는 행위는 보험에 드는 것과 비슷하다. 베푸는 일은 하나님의 은혜를 저장해 놓는 일과 같다.

하나님은 우리의 모든 선행을 기록하고 계신다
한 친구는 내게 이렇게 말했다. "조엘, 나는 주고 또 주었지만 아무 열매도 거두지 못했어. 나는 평생 받지는 못하고 주기만 해야 하나?"

나는 말했다. "당장 아무런 일이 일어나지 않더라도 낙심하지 말게. 주는 일을 멈추지 말게. 주는 일은 하나님의 은혜를 저장해 놓는 것이라네. 하나님은 열심히 베풀면 나중에 갚아 주시겠다고 약속하셨네. 언젠가 자네에게 도움이 절실할 때 도움의 손길이 나타날 걸세."

앞서 말했듯이, 우리 아버지는 외국 공항에 발이 묶여 있던 젊은이를 만난 적이 있다. 아버지는 그에게 돌아갈 차비를 주셨다. 하나님의 은혜가 어떤 식으로 임하는지 아셨기 때문이다. 어려움에 처한 사람을 도우면 우리 자신이 어려울 때 하나님이 도울 사람을 보내 주신다.

몇 년 후에 아버지와 나는 인도에 갔다. 늦은 밤에 두 시간쯤 차를 달려 호텔로 돌아가고 있는데 갑자기 차가 망가졌다. 우리는 중간 지점에서 오도 가도 못하는 신세가 되었다. 새벽 한두 시쯤이었음에도 금세 사람들이 몰려들었고, 어느 샌가 50~60명이 우리를 둘러싸고 있었다. 인도의 그 지역에서 미국인 여행객은 흔한 사람도, 반가운 손님도 아니었다. 긴장감이 흘렀다. 우리는 그들의 언어를 할 줄 몰랐기에 신변의 위협까지 느낄 정도였다.

갑자기 인도의 그 지역에서는 보기 드문 고급 대형차가 나타났다. 한참 만에 처음 나타난 차였다. 그 차의 운전자는 도로가에 서 있는 우리를 발견하고는 차를 멈춰 세웠다. 그리고 상황을 파악한 후에 우리에게 다가와 영어로 말을 건넸다. 친절하고 부드러운 목소리였다. "겁내지 마세요. 제가 목적지까지 모셔드리겠습니다." 전에 한 번도 본 적이 없는 그 사람은 우리를 자기 차에 태워 무려 다섯 시간이나 걸리는 호텔까지 데려다 주었다! 안전하게 호텔에 도착한 우리는 그가 베푼 시간과 수고에 대해 사례하고자 했으나 그는 끝내 거절했다.

문득 몇 년 전에 아버지가 공항에서 도와준 젊은이가 생각났다. 그때 아버지는 투자를 한 것이다. 하나님의 은혜를 저장해 놓은 것이다. 아버지는 씨앗을 뿌렸기에 꼭 필요할 때 보상 받을 수 있었다.

하나님은 우리가 뿌린 모든 씨앗을 세고 계신다. 우리의 선행은 그냥 잊혀지는 법이 없다. 하나님이 다 보고 계신다. 우리가 어려울 때 하나님은 도와줄 사람을 보내 주신다. 남에게 베푼 은혜는 그대로 우리에게 돌아온다. 하나님은 우리가 상처 받은 사람들에게 보낸 미소 하나까지도 다 기억하고 계신다. 우리가 우리 일을 놓고 도움의 손길을 펼칠 때, 우리가 자신이나 가족에게 절실히 필요한 돈까지 남에게 줄 때 하나님은 다 보고 기록하고 계신다. 남에게 주던 주지 않던 달라지는 것은 없다고, 남에게 주면 손해라고 말하는 사람이 있는가? 그런 거짓말에 속지 말라. 하나님은 우리가 베푼 은혜가 우리에게 그대로 돌아온다고 하셨다. 우리가 어려울 때 하나님은 우리가 과거에 베푼 은혜를 보시고 하늘과 땅을 움직여 우리를 돌봐주신다.

어느 날 나는 우리 교회가 수년 동안 뿌린 씨앗들을 생각했다. 자랑하려는 말은 아니지만 우리 교회는 불쌍한 사람을 돕기 위해 막대한 돈을 내놓았다. 레이크우드 교회는 거의 반세기 동안 우리 도시뿐 아니라 전 세계의 수많은 사람에게 희망과 격려의 메시지를 비추는 등대 역할을 해 왔다.

2001년 6월, 휴스턴 지역에 열대성 태풍이 엄청난 홍수를 일으켜 도시의 낮은 지대를 상당 부분 휩쓸었다. 레이크우드 교회는 수마의 피해를 입지 않는 몇 안되는 지역에 있었다. 그래서 구조대원들은 우리 교회를 긴급 대피소로 지정하여 수재민들을 수송해 왔다. 사실 우리 교회는 그럴 여건이 되지 않았지만, 우리의 도움이 필요했고 수재민들이 찾아왔기에 교회 직원들은 급격히 불어난 홍수에 집을 빼앗긴 군중을 수용하기 위해 밤새 일했다.

한 텔레비전 방송국이 우리 교회 주차장에서 홍수 기사를 생방송으로 보도했다. 인터뷰 도중에 기자가 무엇이 필요하냐고 물었다. 한 직원이 대답했다 "음식과 옷, 담요 같은 구호물자가 필요합니다."

몇 시간 내에 우리 교회의 성도뿐 아니라 휴스턴을 넘어 전국으로부터 온갖 종류의 구호물자가 쇄도하기 시작했다. 그 결과 우리는 집을 잃은 수백 명의 수재민을 먹이고 입히고 재우고 돌볼 수 있었다. 삶의 터전을 잃은 사람들을 위한 음식과 담요 등의 구호품을 가득 실은 차와 트럭들이 몇 킬로미터나 줄을 이었다. 지금도 그 광경이 뇌리에 생생하다. 결국 구호품을 그만 보내달라고 요구해야 할 정도였다. 쌓아 둘 곳이 없었기 때문이다! 교회 바닥에서 천장까지 구호품이 잔뜩 쌓여 있었다.

우리 교회의 지향점은 언제나 베푸는 교회였다. 하나님이 베푸는 교회의 어려움을 간과하시겠는가? 우리가 수년 동안 베푼 은혜와 뿌린 씨앗은 하늘 창고에 차곡차곡 쌓였다. 그리고 우리에게 가장 필요할 때 하나님은 하늘 창고의 문을 열어 우리에게 은혜를 내려 주셨다.

언젠가 한 무신론자가 말했다. "이봐요, 그럼 내가 베풀지 않고 선을 행하지 않으면 하나님이 내 필요를 채워 주지 않는 거요?"

나는 대답했다. "그렇지 않습니다. 하나님의 사랑은 무조건이며 그분의 은혜는 값없이 주는 은혜입니다. 하나님은 자격이 없는 우리에게 정말 많은 것을 주십니다. 나는 단지 우리가 베푼 은혜와 선행이 하나님의 특별한 관심을 끈다고 말하고 있는 겁니다."

하나님은 우리가 베푼 은혜를 보고 계신다

성경에는 로마 군대의 백부장 고넬료 이야기가 나온다. 그는 좋은 사람이며 자주 기도하고 많이 구제했다(행 10:2 참조). 고넬료와 그의 가족은 복음을 받아들이고 예수님의 부활 후에 구원을 경험한 최초의 이방 가정이 되었다.

왜 그가 선택되었을까? 하나님은 왜 그에게 그런 영광을 주셨을까? 고넬료는 환상 중에 하나님의 사자를 보고 그 음성을 들었다. "네 기도와 구제가 하나님 앞에 상달하여 기억하신 바가 되었으니." 쓸데없이 남에게 베풀지 말라는 말은 귀담아 들을 필요가 없다. 고넬료가 선택된 것은 그에게 베푸는 마음이 있었기 때문이다.

우리가 베풀 때 하나님의 관심이 쏠린다. 그렇다고 돈으로 기적을 살 수 있다는 뜻은 아니다. 값을 치러야 하나님이 우리를 도와주신다는 말이 아니다. 하나님이 우리가 베푼 은혜를 보신다는 말이다. 하나님은 우리의 선행을 일일이 보고 계신다. 우리가 남을 도울 때마다 그 자리에 하나님이 계신다. 고넬료 이야기에서처럼 우리가 베풀 때 하나님은 크게 기뻐하시며 우리 삶에 무한한 복을 내려 주신다.

빅토리아와 나는 결혼한 지 몇 년 후에 집을 팔고 새 집을 사기로 했다. 집을 매물로 내놓았으나 반 년이 넘도록 이렇다 할 매입 제의가 들어오지 않았다. 우리는 꾸준히 기도로 하나님께 도움을 요청했으나 아무도 우리 집을 거들떠보지 않았다.

우리는 새 집을 몹시도 원했지만 현재의 집을 팔지 않으면 새 집을 살 수 없었다. 마침내 우리는 기도를 넘어 행동을 취하기로 결심했다. 집을 팔기 위해서는 특별한 믿음의 씨앗을 뿌려야 했다.

당시 우리는 주택 대출금을 빠른 시일 내에 갚기 위해 이중 상환 방

286 | 긍정의 힘

식을 채택하고 있었다. 우리는 하나님의 은혜를 사모하면서 기본 상환금만 붓고 나머지는 씨앗으로 뿌렸다. 4개월을 꾸준히 그랬더니 부동산 업자에게 전화가 왔다.

"좋은 소식이에요! 집을 사겠다는 사람이 나타났어요."

"정말이에요? 가격은 어떻게 했어요?"

"제가 직접 가서 말씀드리지요."

순간 가슴이 철렁했다. 부동산 업자가 제안 가격을 나중에 얘기하겠다는 것은 십중팔구 가격이 턱없이 낮다는 것을 의미하기 때문이다. 하지만 부동산 업자의 말을 들어보니 놀랍게도 우리가 요구했던 가격을 그대로 받기로 했다는 것이었다. 나는 몇 천 달러쯤 깎아야 할 거라고 생각했다. 우리가 믿음의 씨앗을 뿌렸더니 하나님은 구매자를 보내주셨을 뿐 아니라 생각지도 못한 복까지 덤으로 주셨다.

이것이 하나님의 방법이다.

그러나 열심히 기도하고 믿고 소망하는데도 변하는 게 없을 때가 있다. 이때가 특별한 씨앗을 뿌려야 할 때다. 특별 헌금을 드리는 등, 평소보다 더욱 분명한 방법으로 믿음을 표현해야 할 때다. 우리가 베푼 은혜는 고넬료의 경우처럼 하나님 앞에 상달된다. 그리고 그때부터 하나님은 새로운 복을 부어 주시기 시작한다.

오늘을 온전히 살고 싶다면 하나님의 주신 것을 쌓아 두지 말고 믿음의 씨앗을 뿌려야 한다. 기억하라. 베푸는 행위는 어려움에 처할 때를 대비한 보험과 같다.

우리가 남에게 후하게 베풀 때, 하나님도 우리에게 후한 은혜를 내려 주신다.

6부 _ 베푸는 삶을 살라 | **287**

YOUR BEST ! LIFE NOW

Your
Best
Life
Now

7부 나는 언제나 행복하기를 선택했다

30 행복은 감정이 아닌 선택이다

31 뛰어난 사람, 진실한 사람

32 이 세상 누구보다 행복하라

30_ 행복은 감정이 아닌 선택이다

최고의 인생을 살고 싶다면 열정과 소망을 버리지 말라
어떤 상황에서도 기쁨과 행복을 빼앗기지 말라

아직도 최선의 삶이 멀게만 느껴지는가? 최선의 삶은 절대 멀리 있지 않고 바로 코앞에 있다. 바로 오늘부터 최선의 삶을 살 수 있다! 하나님은 우리가 지금 당장 온전한 삶을 누리기 바라신다. 지금 최선의 삶을 살기 위한 일곱 번째 단계는 행복하기로 선택하는 것이다! 가족이나 사업을 비롯한 모든 영역에서의 문제가 완벽히 풀릴 때까지 기다릴 필요는 없다. 하나님은 우리가 바로 오늘부터 행복을 누리길 원하신다.

행복은 선택이다. 아침에 눈을 뜰 때 우리는 행복한 하루를 살기로 선택할 수도, 비뚤어진 태도를 가지고 불행하게 살기로 선택할 수도 있다. 모든 것은 우리 자신에게 달려 있다. 상황에 따라 흔들리는 사람은 결코 하나님의 풍성한 삶을 누릴 수 없다.

오늘을 온전히 살려면 미래에 대한 걱정을 날려 버려야 한다. 내일은 어떻게 될까 걱정하지 말고 한 번에 하루씩 살아가야 한다. 지금 이 순간을 최선을 다하는 것이다. 미래를 예측하고 목표를 세우며 예산과 계획을 세우는 것은 반드시 필요한 일이다. 그러나 항상 미래 속에서만 살아간다면 결코 하나님의 뜻대로 현재를 즐길 수 없다.

미래에 너무 초점을 맞추면 불확실하기 때문에 좌절하기 쉽다. 불확실성은 스트레스를 증폭시키며 불안감을 만들어 낸다. 하나님은 우리에게 내일을 사는 은혜가 아니라 오늘을 사는 은혜를 주셨다. 내일이 되면 또 하루를 살 수 있는 힘이 생기게 마련이다. 하나님이 내일 또 우리에게 필요한 것을 주실 것이다. 그러니 내일 일을 오늘 걱정할 필요 없다. 미래에 얽매이면 좌절하고 낙심하게 되어 있다.

우리는 한 번에 하루씩 사는 법을 배워야 한다. 우리는 의지라는 재능이 있기에 오늘을 온전히 살기로 선택할 수 있다. 하루라도 얼굴을 찡그리고 지내기엔 인생이 너무 짧다. 가족과 친구, 건강, 일 등, 인생의 모든 부분을 즐기며 살아가야 한다. 물론 인생을 살다보면 나쁜 일도 일어나고 상황이 우리 뜻대로 풀리지 않기도 한다. 사실, 그런 때일수록 행복을 누리기로 선택하는 과정이 더욱 필요하다.

행복은 우리가 느끼는 감정이 아니라 의식적으로 내리는 선택이다.

많은 사람이 끊임없이 혼란에 사로잡힌다. 틈만 나면 화를 내고 좌절하며, 문제가 생길 때마다 행복에서 멀어진다. 걱정이 머리를 떠나지 않아서 밤에 잠도 못 잔다. 동료를 사랑하지 않으며 작은 일에도 짜증을 부린다. 조금만 자기 뜻대로 되지 않으면 평정을 잃고 분노한다.

평안을 누리며 사는 것은 매우 중요하다. 평안을 누리려면 마음을 다스릴 수 있는 의지와 여유가 있어야 한다. 짜증 날 수밖에 없는 일이 생기더라도 마음을 단단히 먹고 이렇게 말하는 것이다.

"내 평안을 빼앗기지 않겠어. 내 감정을 잘 다스릴 거야. 화를 내거나 짜증내지 않겠어. 나는 행복을 선택하겠어."

대부분 다 작은 문제들 아닌가?

우리를 좌절하게 만드는 것은 대개 큰 문제가 아니다. 우리가 무엇 때문에 괴로운지 돌이켜보면 대개는 작은 문제가 원인이다. 그러나 작은 문제라도 제대로 처리하지 않으면 결국 큰 문제로 발전한다. 직장에서 하루 종일 보낸 후에 한참을 운전해서 집에 도착하여 주차를 하는데 도로에 아이들이 떨어뜨린 장난감이 있다면? 차를 멈추고 장난감을 치워야 한다. 하지만 피곤한데다 날씨까지 더워 영 귀찮다. 이런 상황에서는 분노하고 짜증내기 쉽다. 이때 우리는 상황의 배후에 누가 있는지 알아야 한다. 사탄이 우리의 평안을 빼앗고 가족과의 오붓한 저녁 시간을 망치며 기나긴 인생길에 놓인 조그마한 문제를 엄청난 문제인양 부풀리려 하고 있는 것이다. 그러므로 분노하지 않도록 유의해야 한다. 짜증을 내면 문제만 더 악화될 뿐이다.

"나는 그럴 수 없어. 나는 원래 신경질적인 사람이야. 쉽게 열이 확 받는 걸 어쩌라고!" 무슨 소리! 마음 먹기에 따라 얼마든지 다르게 행동할 수 있다. 게다가 하나님은 우리가 감당할 수 있는 시험만 주신다고 하셨다. 좁은 마음을 버리고 큰 꿈을 품으면 어떤 시련이 와도 냉정과 침착함을 유지할 수 있다.

하나님은 우리 마음에 평안을 주시지만 그것을 누리는 것은 우리가 마음 먹기에 달려 있다. 특히 우리는 인생의 거친 파도 속에서 하나님의 초자연적인 평안을 누릴 수 있어야 한다. 그 비결은 올바른 태도를 유지하기로 선택하는 것이다. 행복에 머물기로 선택하는 것이다.

나쁜 일이 생겼을 때 아무리 고함을 지르고 광분해도 바뀌는 것은 없다. 아무리 불평하고 한탄해도 상황은 조금도 좋아지지 않는다. 성경은 우리가 잠깐 보이다가 없어지는 안개와 같다고 말씀한다. 인생은 순식간에 지나간다. 그러니 화내고 짜증내고 걱정하는 데 귀중한 시간을 일 초라도 허비하지 말자. 시편 기자는 "이날은 주님이 만드신 날이다. 그래서 나는 기뻐하고 즐거워하겠다"라고 말했다. "내일 즐거워하겠다." "다음 주에 큰 문제가 없으면 기뻐하겠다"고 말하지 않았다. 하나님은 우리가 바로 오늘 즐거워하길 바라신다.

"하나님이 내 상황을 바꿔 주실 때까지 기다릴 거야." 가끔 이렇게 말하는 사람이 있다. 얼핏 보기에 맞는 말 같지만 전혀 틀린 말이다. 하나님은 우리가 바뀌길 기다리고 계신다. 우리가 태도를 바꾸고 현재의 상황에서 기뻐할 때 하나님이 우리 삶에 나타나셔서 역사하시기 시작한다. 행복할 만한 시간을 기다리고 있다면 평생을 기다리는 데 허비하고 말 것이다. 우리 인생은 항상 어딘가 부족하기 마련이다. 행복을 잃어버릴 만한 이유를 언제든지 찾을 수 있다는 말이다.

"결혼만 하면 행복할 텐데"와 같은 말이 주위에서 심심치 않게 들린다. 하지만 결혼하기 전에 행복하지 않은 사람은 결혼한 후에도 결단코 행복해질 수 없다. "목사님, 제가 남편감을 찾게 기도해 주세요. 결혼만 하면 행복할 거예요!"라고 말했던 여자들이 몇 달 후에 다시 찾아와 이렇게 말한다. "목사님, 이 남자가 사라지게 기도해 주세요. 이 남자만 없으면 행복할 거예요!"

결혼 상대자는 진정한 문제가 아니다. 남이 나를 행복하게 해 줄 수 없기에 우리는 우리 안에서 행복을 찾아야 한다.

하나님이 이미 주신 것을 무시하지 말고 감사할 줄 알아야 한다. 항상 자기 자신과 상황의 가장 좋은 면을 보고 현재 상태에서 만족할 줄 알아야 한다. 오늘은 우리가 원하는 수준에 이르지 못했을 수도 있다. 결혼 생활도 직장 생활도 완벽하지 않을지 모른다. 인생이 우리가 뜻한 대로 풀리지 않을 수도 있다. 그래도 우리는 현재에서 최선을 다하겠다고 결심해야 한다. 상황에 상관없이 행복을 누려야 한다.

오늘을 감사하라

"우리 아이가 기저귀 신세에서만 벗어나면 행복할 텐데요"라고 말했던 부모들이 몇 년이 지나면 이렇게 말한다. "아이들이 학교에 가고 시간 여유가 좀 생기면 행복할 텐데요." 몇 년이 더 지나도 상황은 달라지지 않는다. "아이들이 졸업하고 좀 한가해지면 제 인생을 즐길 수 있겠지요." 행복할 이유만 찾는 사이에 인생은 유수처럼 흘러간다. 행복할 때를 기다리다간 끝이 없다. 오늘, 매일, 인생길의 각 부분을 즐길 줄 알아야 한다.

아무리 좋은 일도 우리를 영원히 행복하게 해 주지는 못한다. 잠시 우리에게 행복을 느끼게 해줄지는 몰라도 그런 행복은 마약처럼 점점 효과가 떨어지고 결국은 새로운 자극제를 찾게 만든다. 자칫하다간 모든 문제가 해결되고 평온한 상황이 찾아올 때까지 인생의 기쁨과 행복을 미루는 습관에 빠질 수 있다. 문제가 해결될 때까지, 배우자의 믿음이 좋아질 때까지, 자녀가 변할 때까지, 사업이 번창할 때까지, 주택 대출금을 모두 갚을 때까지 행복을 미루고 또 미루는 것이다.

지금 당장 행복하지 말란 법이라도 있는가? 평생 불행의 숲을 헤매다가 죽기 직전에서야 하나의 사건이나 성과, 아니 일련의 성공조차도 영원한 행복을 줄 수 없다는 사실을 깨달을 것인가? 오늘을 감사하고 인생의 여행을 즐기자.

현재가 바로 최고의 순간이다. 20년쯤 지나 지금을 돌이켜보면 "정말 멋진 순간이었어!"라고 말하게 될 것이다.

모든 사람은 이해할 수 없는 순간을 지날 때가 있다. 자신의 문제가 가장 크게 보여도 세상에는 우리보다 어려운 상황에 처한 사람이 많다. 우리의 문제가 아무리 커도 다른 사람에 비하면 새발의 피일 수 있다. 게다가 우리에게는 하나님이 이미 주신 복이 있지 않은가. 오늘 우리 앞에 큰 장애물이 있어도, 세상에는 우리만큼만 행복해도 좋겠다고 생각하는 사람이 있다. 우리만큼 건강하고 번영할 수만 있다면 무슨 짓이라도 할 사람이 있다. 우리에게는 감사할 거리가 너무 많다. 잘못된 점만 생각하기보다는 잘된 점에 대해 하나님께 감사하라.

우리가 고난 중에도 기뻐하면 원수 사탄은 깊은 절망에 빠진다. 사탄은 상황에 상관없이 하나님께 영광을 돌리는 사람을 감히 어찌하지 못한다. 우리의 태도는 다음과 같아야 한다. "인생의 어떤 시련이 다가와도 상관없어. 항상 주님이 주시는 기쁨 안에 거할 거야. 행복한 인생을 살기로 마음을 먹었어. 내 인생을 최대한 누릴 거야."

사탄의 주된 표적은 우리의 비전이나 건강, 재물, 가족이 아니다. 그가 공격하는 것은 바로 우리의 기쁨이다. 그 역시 절망에 빠뜨리는 속임수로 우리의 육체나 정신, 영을 무너뜨릴 수 있다는 사실을 잘 알기 때문이다. 사탄의 거짓말에 속아 기쁨을 잃는다면 우리는 반드시 백전백패할 수밖에 없다.

자주 웃으라

과학자들은 모든 사람의 몸에 매주 암세포가 자란다는 사실을 발견해냈다. 다행히 하나님이 주신 강력한 면역체계 덕분에 우리 몸에는 '자연 살해 세포(natural killer cells)'가 생성된다. 이 세포는 주로 비정상 세포를 공격하여 파괴한다. 그런데 연구에 따르면, 두려움과 걱정, 근심, 스트레스 등의 부정적인 감정이 자연 살해 세포를 파괴하는 것으로 밝혀졌다. 스트레스는 우리의 면역 체계를 약화시켜 우리 몸을 질병에 취약하게 만든다.

반면 행복하고 긍정적인 태도를 가진 사람, 항상 웃고 사는 사람의 몸에는 정상인보다 많은 자연 살해 세포가 생성된다. 얼마나 멋진가! 기쁨으로 가득한 사람의 면역 체계는 하나님이 창조하신 기능을 극한까지 발휘한다.

건강을 위한 가장 좋은 습관 중 하나는 자주 웃는 것이다.

웃음은 몸 전체에 메시지를 보내 삶의 방향을 결정한다. 웃으면 특정한 화학 물질이 몸 전체로 분비되어 긴장을 완화시키고 건강 유지를 돕는다는 연구가 속속 나오고 있다.

어느 날 내가 레이크우드 교회의 정문에 서 있는데 작은 남자아이가 잔뜩 찌푸린 얼굴로 내게 다가왔다. 아이는 내 얼굴을 빤히 올려다보더니 이렇게 말했다. "목사님, 뭐 하나 물어봐도 되나요?"

"그럼. 뭐가 궁금하니?"

그러자 소년은 숨도 쉬지 않고 질문했다.

"목사님은 왜 그렇게 많이 웃나요?"

그 아이의 얼굴과 말투가 얼마나 심각했는지, 내가 많이 웃는 것이 잘못인가 하는 생각마저 들 정도였다!

그래도 나는 소신껏 대답했다.

"음, 그건, 목사님은 행복하기 때문이란다. 넌 자주 웃지 않니?"

소년이 잠시 생각하더니 입을 열었다.

"아이스크림 먹을 때만 웃어요."

이 아이와 같은 사람이 얼마나 많은가! 인생이 달콤하고 아름다울 때만 웃는 것이다. 하지만 즐거운 마음을 가져야 하나님이 우리 삶 속에서 기적을 행하실 수 있다.

웃는 법을 배우라. 근심과 스트레스는 날려버리라. 긴장을 풀면 수명이 길어질 뿐 아니라 삶이 더욱 즐거워진다. 우리가 가진 것에 대해 하나님께 감사하면 하나님은 우리에게 없는 것까지 채워 주신다.

현재에 만족하라

현재에 만족한다고 해서 인생의 문제와 골칫거리를 숙명적으로 받아들이고 현재에 눌러 앉으라는 뜻은 아니다. 노력하지 않고 평범한 수준으로 머물라는 뜻이 아니다. 인생을 더 좋은 방향으로 바꾸려면 열정과 소망을 버리지 말라. 어떤 상황에서도 기쁨과 행복을 빼앗기지 말라. 어떤 고난이 찾아와도 행복하고 만족한 삶을 살기로 선택하라. 작은 문제로 인해 온전한 삶을 포기하지 않기로 결심하라.

항상 불만으로 가득 차 있으면 뭔가 잘못된 것이다. 아침에 일어났을 때 일터에 나가 상사의 얼굴을 보기가 싫고 억지로 하루를 때우다가 집에 돌아오는 식이라면, 태도를 바꾸든가 직장을 바꾸라.

하지만 대부분의 경우에 하나님은 우리가 변하기 전까지 상황을 바꿔 주지 않으신다. 현재에 만족하는 법을 배우지 않으면 원하는 곳에

7부_ 나는 언제나 행복하기를 선택했다 **297**

결코 이를 수 없다. 현재 원하는 만큼의 돈이 없는가? 겨우 하루하루 입에 풀칠만 하고 있는가? 하지만 세상이 우리를 푸대접한다고, 항상 남에게 뒤지고 있다고 불평만 늘어 놓는다면 그런 부정적 태도는 우리를 영원히 현재의 상태에 붙잡아둘 것이다.

모든 것이 우리 뜻대로 되지는 않는다. 원하는 것을 모두 가질 수도 없다. 그래도 상황에 상관없이 자족하는 법을 배워야 한다. 하나님이 우리 삶에 역사하실 줄 믿고 스스로 발전하고 있다는 신념을 가져야 한다. 하나님은 우리를 조금씩 바꿔 나가신다. 하나님이 만물을 주관하시니 우리는 결코 분노하거나 절망할 필요가 없다.

하나님이 우리에게 어떤 상황을 주실 때는 다 이유가 있다. 단지 우리가 이해하지 못할 뿐이다. 하나님이 우리를 통해 역사하시려는 것일 수도 있다. 또는 우리가 고난에 어떻게 대처하는지 보시고 훈련을 통해 우리를 성장시켜 주시려는 것인지도 모른다. 때로 하나님은 다른 사람의 삶에 역사하시는 과정의 일부로 우리에게 고난을 주기도 하신다. 하나님이 우리를 사용해 다른 사람에게 영향을 미치실 때도 있다. 그러니 어떤 상황에서도 행복을 선택하라. 하나님은 우리의 발걸음을 인도하시고 큰 목적을 위해 특정한 상황을 주시기 때문이다.

우리는 밑바닥 생활을 경험하지 않고 '산꼭대기' 에서 원하는 모든 것을 누리며 살 때만 하나님의 인도하심을 믿는 경향이 있다. 그러나 삶이 뜻대로 되지 않을 때도 하나님이 우리의 발걸음을 인도하고 계심을 알라. 현재 극심한 스트레스를 겪고 있는가? 배우자나 자녀가 도무지 말을 듣지 않는가? 회사 내 알력다툼에 밀려 정당한 대우를 받지 못하고 있는가? 먹고 살기 위해 밤낮없이 일해야 하는가? 그래서 '이건 아니야. 하나님, 정말 너무하십니다' 라는 생각이 드는가?

이때는 하나님의 말씀으로 마음을 추슬러야 한다. "사람의 걸음은 여호와께로서 말미암나니 사람이 어찌 자기의 길을 알 수 있으랴?"(잠 20:24). 우리는 인생의 모든 상황을 이해할 수는 없다. 때로 아무 이유도 없이 고난이 찾아오기도 한다. 그러나 하나님이 만물을 주관하시니 우리는 그저 믿고 따르면 된다.

1990년대 말에 대학 야구선수 출신의 두 남자가 선교를 위해 케냐 행 비행기에 몸을 실었다. 둘 다 27세였으며 키는 각각 2m와 198cm였다. 이번이 첫 번째 해외 여행인 그들은 흥분을 감추지 못했다. 그들은 자신들의 삶을 하나님 일에 사용해 달라고, 또 이번 여행이 무사히 끝나게 해달라고 하나님께 여러 달 기도한 끝에 출발했다.

그런데 런던에 착륙할 즈음에 안개가 너무 많이 껴서 비행기는 히스로 공항 상공에서 머물러야 했다. 비행기가 두 시간쯤 제자리를 맴도는 바람에 두 사람은 케냐행 비행기를 제때 갈아타지 못했다. 다음 비행기를 타려면 8-9시간을 기다려야 했다. 그들은 매우 실망했고 짜증까지 났다. "하나님, 이해할 수 없습니다. 순조로운 여행을 하게 해달라고 그토록 기도했는데 이러시다니요. 교회 전체가 저희를 위해 기도했습니다. 그런데 벌써부터 삐걱거리면 어떡합니까?"

마침내 다음 비행기를 탔더니 이번에는 자리가 없어서, 둘은 조종실 바로 뒤에 앉게 되었다. 긴 다리를 쭉 뻗을 수 있다는 점만큼은 마음에 들었다. 하지만 얼마쯤 가다가 비행기가 급강하더니 이내 전속력으로 곤두박질하기 시작했다. 기내의 모든 승객이 소리쳤고, 승무원들은 승객을 안심시키려고 분주하게 뛰어다녔다. 이제는 꼼짝없이 죽었구나 하는 생각이 모든 사람을 공포로 몰아넣었다.

험악한 분위기 속에서도 두 남자는 정신을 가다듬고 기도하기 시작했다. "하나님, 아까는 비행기를 놓치게 하시더니 이제는 아예 비행기가 추락하게 하십니까? 정말 이해가 되지 않습니다. 하지만 어떻게든 저희의 삶을 사용해 주세요."

문득 조종실에서 다투는 듯한 소리가 들렸다. 그들은 서로를 쳐다보며 말했다. "가서 무슨 일인지 알아보자. 손해 볼 것은 없잖아?" 조종실 문을 열자 210cm가 넘는 미친 거인이 조종사들을 공격하고 있었다. 키가 각각 164cm와 173cm인 두 조종사는 미친 사람을 저지하려고 필사적이었으나 역부족이었다.

상황을 파악한 두 남자는 미친 사람에게 달려들어 땅에 눕힌 채 밖으로 끌어냈다. 소동이 진정되었을 때 비행기의 고도는 벌써 30,000피트에서 4,000피트로 떨어진 상태였다. 조종사들이 조종 장치에 다시 앉지 않았더라면 비행기는 곧 추락할 뻔했다. 그랬다면 모든 승객이 죽었을 뿐 아니라 지상의 시민들까지 큰 피해를 입었을 것이다.

이처럼 때로 하나님은 남을 돕기 위해 우리를 어려운 상황으로 인도하신다. 하나님이 두 야구선수를 지연시키신 데는 다 이유가 있었다. 또 하나님은 비행기를 구할 수 있도록 그들을 조종실 바로 뒤 일등석에 앉히셨다. 하나님은 미래까지 포함해서 모든 일을 알고 계시며 큰 그림을 보신다. 오늘 우리가 있는 곳은 하나님이 계획하신 바로 그곳이다. 하나님을 의심하지 말고 전적으로 믿으라. 하나님은 만물을 주관하시며 언제나 우리가 있어야 할 곳으로 우리의 발걸음을 인도하신다.

우리는 하나님을 의심하지 말고 무조건 믿어야 한다.

어떤 상황에서도 행복하기로 선택하라. 누군가 우리의 기분을 건드려 화나게 만들 수도 있다. '하나님, 도저히 참을 수 없습니다. 이 상황을 이해할 수 없습니다. 왜 이 사람을 제 인생에서 사라지게 만드시지 않습니까?' 라는 생각이 들 수도 있다. 하지만 하나님이 그 사람을 돕는 사람으로 우리를 선택하셨다는 생각은 해 보지 않았는가? 그 사람에게 필요한 것이 바로 우리일지도 모른다. 하나님이 그 사람에게 긍정적인 영향을 미치고 격려의 말을 해 주라고 우리에게 명령하고 계신지도 모른다. 하나님이 그 사람의 마음을 바꾸고 새로운 사람으로 거듭나게 하시기 위한 도구로 우리를 사용하고 계신지도 모른다

우리는 행복한 삶을 살고 좋은 태도를 유지하기로 선택해야 한다. 잊지 말라. 행복은 선택이다. 우리의 머리로는 이해할 수 없어도, 하나님은 우리 안에 역사하시고 우리를 통해 일하고 계신다. 바로 오늘의 자리에서 꽃을 피우고 하루하루를 온전히 누리기로 다짐하라.

31_ 뛰어난 사람, 진실한 사람

우리가 살아가고 일하고 시간을 엄수하는 모습에서
사람들은 하나님의 모습을 찾고 발견한다

평범함을 당연하게 여기는 사람이 많다. 그들은 최대한 적게 일하면서 그럭저럭 살아가길 원한다. 하지만 하나님은 우리를 평범한 사람으로 창조하지 않으셨다. 하나님은 우리가 근근이 살기를 바라지도, 남들이 하는 대로 똑같이 하기를 바라지도 않으신다. 진정한 행복을 얻는 유일한 길은 뛰어난 사람이자 진실한 사람이 되는 것이다.

그렇다면 뛰어나고 진실한 사람은 어떤 사람일까?

남보다 더 열심히 옳은 일을 하는 사람이다. 아무리 어려워도 일단 뱉은 말은 끝까지 지키고 일터에 정시에 나타난다. 종일 열심히 일하며 아프다는 핑계로 일찍 퇴근하거나 결근하지 않는다. 일의 질뿐 아니라 일하는 태도에서도 두각을 나타낸다.

오늘을 온전히 살고 싶으면 뛰어나고 진실한 인생을 목표로 삼아 남보다 조금 더 열심히 일해야 한다. 출근 시간이 8시라면 10분 일찍 출근하고 10분 늦게 퇴근하는 것이다. 조금 더 분발하는 것이다. 대부분의 사람은 15분 늦게 출근해서 어슬렁거리거나 커피를 마시다가 30분 늦게 사무실에 도착한다. 그들은 전화 잡담과 게임, 인터넷 서핑으로 하루의 절반을 보내면서도 바랄 것은 다 바란다. "하나님, 왜 제겐 복을 주지 않으세요? 왜 저는 승진시켜 주지 않으세요?"

하나님은 평범한 사람을 축복하시지 않는다. 하나님이 축복하시는 사람은 뛰어나고 진실한 사람이다.

"하지만 남들도 다 그런다고요. 우리 회사에서는 다 늦게 출근해요. 상사가 나가면 너나할 것 없이 인터넷을 즐기고 점심 시간에도 조금 더 쉰다고요."

그럴지도 모른다. 하지만 남들과 똑같아선 안 된다. 우리는 뛰어난 삶을 살도록 부름 받았다. 우리는 전능하신 하나님의 자녀 아닌가? 우리가 살아가고 일하고 시간을 엄수하는 모습에서 사람들은 하나님의 모습을 찾는다.

얼마 전 운전을 하다가 많은 사람이 집을 소중히 가꾸지 않는 것을 보게 되었다. 뜰에는 잔디를 제대로 깎지 않았고 잡초가 높이 자라 있었으며, 벽과 뜰은 물론 공간이란 공간에는 잡동사니가 잔뜩 쌓여 있었다. 그러니 동네 전체가 쓰레기장으로 보였다. 그러다가 눈에 띄는 집을 보았다. 잔디를 잘 깎았고 모든 것이 제자리에 놓여 있어 매우 아름다웠다. 누군가 내게 말했다. "저 집주인은 믿음이 아주 좋다우."

당연하다. 하나님의 사람은 뛰어난 사람이기 마련이다. 그 집에 사는 사람도 "우리 동네에는 집을 가꾸는 사람이 없는데 나만 굳이 깔끔을 떨 필요가 있나?"라고 생각할 수 있었다. 하지만 그는 뛰어난 사람이 되기로 선택했고 많은 사람 중에서 단연 두각을 나타냈다.

많은 사람이 양심을 저버리고 쉬운 길을 택하고 있다. 우리는 그런 풍토에 절대 물들지 말고, 뛰어난 정신의 소유자로 많은 사람 중에 두각을 나타내야 한다.

우리는 전능하신 하나님을 대변하고 있음을 명심해야 한다. 하나님은 게으르고 지저분한 모습을 좋아하지 않으신다. 뛰어난 사람은 옳은 일을 하기 위해 애를 쓴다. 누군가 보고 있다거나 꼭 그래야 하기 때문이 아니라 그것이 하나님께 영광을 돌리는 일이기 때문이다.

뛰어난 사람은 다른 사람의 물건을 내 물건처럼 소중하게 여긴다. 우리는 남의 물건을 소중히 생각하는, 뛰어난 사람이 되어야 한다. 여행을 자주 다니는 나는 풀가동하고 있는 에어컨과 텔레비전, 전등을 모두 켜놓고 호텔 방을 나온 적이 한두 번이 아니었다. 그때는 '뭐 어때서? 돈도 다 지불했는데 내 맘대로 못할 이유가 뭐야?'라고 생각했다. 하지만 마음 깊은 곳에서는 다른 목소리가 들렸다. '조엘, 그건 옳지 않아. 너희 집 전기는 낭비하지 않잖아. 다른 사람의 물건도 네 물건과 똑같이 다루거라.'

작은 실수가 우리를 천국에서 멀어지게 할 수 있다. 작은 실수가 우리를 최고의 위치에 오르지 못하게 만든다. 오늘을 온전히 살려면 작은 일부터 온전히 살아야 한다. 하나님은 아무도 보지 않는 가운데서도 우리가 옳은 일에 힘쓰기를 바라신다.

작은 타협조차 하나님이 원하시는 온전한 모습에서 우리를 멀어지게 만든다.

누군가 우리를 주시하고 있다

바람 부는 어느 날, 상점 주차장에 주차하고 차문을 여는데 바람이 불어와 종이 몇 장이 땅에 떨어졌다. 내게 필요 없는 종이였지만 쓰레기를 바닥에 버려둔 채 가고 싶지는 않았다. 그런데 종이를 집으려고 할 때마다 세찬 바람이 불어 종이들이 사방으로 몇 미터씩 날아갔다. '이것들을 줍겠다고 하루 종일 주차장을 뛰어다닐 수는 없잖아.' 주위를 둘러보니 이미 주차장 곳곳에 쓰레기가 가득했다. 게다가 너무 바빠서 더는 종이를 쫓아다닐 시간도 없었다. 그만하려다가 이내 마음을 바꿔 먹었다. '아니야. 옳은 일을 해야 해. 쓰레기를 주워야겠어.'

그러나 주우려고 할 때마다 종이는 점점 더 멀리 날아갔다. 자꾸 부정적인 생각이 내 마음의 틈을 공격했다. '내가 대체 뭘 하고 있는 거람? 그냥 놔두고 가면 되잖아. 청소하는 분이 계실 거 아냐?'

하지만 나는 내 차에서 날아간 종이를 모두 주웠다는 확신이 들 때까지 계속했다. 결국 모든 종이를 주워서 차로 돌아왔다. 그런데 나는 모르고 있었지만 옆 차 안에는 남녀 한 쌍이 타고 있었다. 그들은 창문을 내렸고, 우리는 몇 초 동안 이야기를 나누었다. 젊은 여자가 웃으면서 말했다. "차에서 날아간 종이를 주우시는 모습을 다 봤어요."

나는 놀라고 감사했다. '제가 옳은 일을 하게 하셔서 감사합니다!'

우리가 알든 모르든 사람들은 우리를 주시하고 있다. 우리가 어떤 옷을 입고 있는지, 집을 어떻게 가꾸는지, 다른 사람을 어떻게 대하는지 지켜보고 있다. 일터에서도 누군가 우리를 보고 있다. 어떤 행동을 하고 있는가? 하나님의 훌륭한 대변자 역할을 하고 있는가? 뛰어난 사람이 되기 위해 노력하고 있는가, 아니면 아무것도 아닌 일에서 양심을 저버리고 있지는 않은가?

하나님은 우리가 진실하고 훌륭하며 믿을 만한 사람이 되기를 바라신다. 진실한 사람은 허심탄회하고 정직하다. 그는 숨기는 게 없으며 다른 꿍꿍이를 궁리하지 않는다. 진실한 사람은 자신의 말에 끝까지 책임을 지며 법 없이도 살 사람이다. 그의 말은 보증수표나 다름없다. 진실한 사람은 공석에서나 사석에서나 변함없다. 밖에서는 친구와 동료를 친절하게 대했다가 집에 들어와서는 가족에게 무례하게 굴지 않는다. 진실한 사람은 누가 보든 안 보든 올바른 일을 행한다.

우리의 진실성은 매일 시험을 거친다. 편의점에서 거스름돈을 더 받았을 때 다시 가서 돈을 돌려주는가? 아니면 부리나케 빠져나오면서 "웬 떡이냐! 다음에도 또 부탁해요" 하고 좋아하는가? 집에서 개인 용무를 보기 위해서 직장에 아프다고 거짓 전화를 하지는 않는가? 얘기하기 싫은 사람에게서 전화가 오면 아이에게 거짓말을 시키지 않는가? "엄마 없다고 해라!"

"에이, 그건 악의 없는 사소한 거짓말이잖아요. 남에게 피해를 주는 것도 아닌데요." 그렇지 않다. 성경 어디에도 거짓말을 하라고 쓰여 있지 않다. 선의의 거짓말도 악의의 거짓말도 없다. 거짓말은 어디까지나 거짓말일 뿐이다. 진실을 말하지 않으면 정직하지 않은 것이다. 조그만 거짓의 씨앗을 뿌려도 결국 거짓의 열매를 맺기 마련이다.

하나님은 우리가 뛰어나고 정직한 사람이 되길 바라신다. 진실이 없으면 잠재력을 극한까지 발휘할 수 없다. 진실은 진정한 성공을 이루기 위한 토대다. 진실하지 않으면 지속적인 번영도 없다. 옳은 길을 걸으며 뛰어난 선택을 하지 않는다면 하나님의 온전한 복을 구경하기는 힘들다. 그러나 진실을 타협하지 않는다면 하나님의 차고 넘치는 복이 임할 것이다.

옳은 일을 위해 대가를 치르겠는가?

정직한 삶을 살기 위한 불편함을 감수할 수 있겠는가? 사업 결정을 내릴 때 항상 공명정대한 방법만 쓰겠는가? 다른 사람을 존중하겠는가? 일단 뱉은 말은 무슨 일이 있더라도 지키겠는가? 진실과 인생의 성공은 동전의 양면과 같다. 진실 없이는 성공도 없다.

밀린 세금이 있다면 즉시 처리하고 항상 정시에 출근하며 사업상 거래에서 신용을 지키는 것이 성공을 향한 지름길이다. 지금 당장 옳은 일을 시작하라. 모든 영역에서 더욱 진실하게 살아야 한다. 하나님은 우리에게 평범함에서 벗어나 비범함으로 나아가라고 말씀하신다.

어떤 상황에서도 진실만을 이야기해야 한다. 아이와 함께 야구 경기를 보러 갔더라도 다음 날 아이에게 다음과 같은 편지를 들려 보내지 말라. "선생님, 어제 아이가 아파서 학교에 보내지 못했답니다." 하나님이 과연 이 아이에게 복을 주실까?

"에이, 거짓말을 하지 않으면 아이가 혼날지도 모르잖아요."

나라면 하나님께 혼나느니 사람에게 혼나는 편을 택하겠다. 게다가 옳은 길로 가면 지는 것 같아도 결국은 승리하게 되어 있다. 양심의 소리에 귀를 기울이라. 하나님이 주신 양심은 우리가 옳고 그름을 분간할 수 있는 기준이 된다. 우리가 타협하기 시작하면 양심의 경고음이 들린다. 그것을 무시하지 말고 양심에서 시키는 대로 따라야 한다.

진실한 사람은 말과 속마음이 정확히 일치한다. 대화할 때 속내를 숨기지 말고 직선적으로 말해야 한다. 진실은 단순히 거짓말을 하지 않는 것만이 아니다. 어떤 경우에도 남을 속이지 않는 것이다. 사실을 이야기하면서도 자신에게 불리한 부분을 숨기는 경향이 있는데, 이것은 진실하지 못하다. 곤란한 상황에서도 진실만을 이야기해야 한다.

한 비즈니스맨이 내게 고민을 털어놓았다. "진실한 사람이 되고 싶습니다. 하지만 제가 진실만 말한다면 많은 고객을 잃을 겁니다."

나는 대답했다. "아닙니다. 선생님이 꾸준히 옳은 일을 하면 일부 고객을 잃을지 몰라도 하나님이 더 큰 고객을 보내 주실 겁니다. 우리가 믿기만 하면 하나님은 끝없이 복을 부어 주십니다."

주식 거래소에서 일하는 한 젊은이는 이렇게 말했다. "제 동료들은 거짓말만 하고 남의 뒤통수를 치는데도 항상 승승장구합니다. 저보다 한참 앞서가고 있어요."

"부러워하지 마세요. 그들은 언젠가 제 꾀에 넘어질 겁니다. 당신이 진실한 모습을 고수하면 장기적으로 더 앞설 겁니다. 더 행복해지고 더 큰 성과를 거둘 겁니다. 당신이 올바른 길을 걸으면 하나님은 승리를 예비하십니다. 타협을 거부하면 하나님이 당신을 지켜 주실 겁니다. 하지만 그들과 똑같이 뒤통수를 치고 요리조리 잔꾀만 부리면 당장은 이익인 것 같으나 결국 망하고 말 겁니다."

▌ 뛰어난 사람이 되기 위해 애쓰라

우리가 앞서 나가기 위해 타협하고 승진을 위해 남의 평판을 훼손하면 당장은 이익인 것 같으나 결국 돌아오는 것은 문제뿐이다. 무시무시한 결말을 맞게 될 것이다. 우리는 자신이 내린 결정을 책임져야 한다. 나는 당신이 문 뒤에서 무엇을 하는지 모르고, 당신도 내가 문 뒤에서 하는 일을 모른다. 그래도 진실한 사람이라면 공석에서나 사석에서나 똑같은 모습이어야 한다. 교회에서는 착한 얼굴을 하고 주중에 세상에 나가서는 악한 얼굴로 변한다면 결코 진실한 사람이 아니다. 말이 아니라 행동이 따라야 진실한 사람이다.

뛰어나고 진실한 사람은 누가 보지 않더라도 옳은 행동을 한다. 뛰어난 사람이 옳은 일을 하는 이유는 단지 그것이 옳기 때문이다. 이 세상에는 우리가 좀 속이고 살아도 사회의 잣대로 용인될 수 있는 부분이 매우 많다. 우리는 얼마든지 개인이나 회사의 진실성을 타협하고도 아무렇지도 않은 듯 살 수 있다. 남을 속일 수도 있고 부정직한 행동을 할 수도 있다. 거짓말하고 훔치고 도덕성을 타협하고 살아갈 수 있다. 하지만 문제는 이것이다. 얼마나 높은 곳에 이르고 싶은가? 하나님의 은혜를 얼마나 많이 받고 싶은가? 하나님의 도구로 사용되고 싶은가? 하나님은 진실하게 살지 않는 사람을 성장시키지도, 축복하지도 않으신다.

몇 년 전에 내 친구가 이직했다. 회사의 중역이었던 그는 새로운 회사의 꽤 높은 직위로 옮기게 되었다. 그는 새 일이 무척 맘에 들었으나 일을 시작하기까지는 서너 달을 기다려야 했다. 회사는 새 직장으로 갈 때까지 계속 일해도 좋다고 했다.

내 친구는 매우 똑똑하고 근면한 직원이었다. 항상 일에 최선을 다했다. 그렇지만 나는 그가 서너 달 동안 늦게 출근하거나 요령을 피우며 시간을 때우리라 예상했다. 옛 회사에 잘 보여서 무엇하겠는가?

하지만 내 예상은 여지없이 빗나갔다. 그는 오히려 전보다 더 일찍 출근해서 늦게까지 회사에 머물렀다. 거기서 새로운 프로젝트를 맡아 최선을 다하는 그에게 감동한 나는 이렇게 물었다. "전보다 더 열심히 일하니, 도대체 어떻게 된 일인가?"

"조엘, 나도 새 회사로 옮길 때까지 좀 쉴 생각이었다네. 그런데 어느 날, 회사에서 게으름을 피우고 있는데 하나님이 내 속에서 이렇게 말씀하시는 게 아닌가. '아들아, 네가 최선을 다해 이 회사를 섬기지 않으면 새 회사에서도 잘할 수 없단다.' 그 음성을 듣고 내가 이 회사에서 받은 모든 것을 돌려줘야 한다는 것을 알았네."

내 친구는 자신의 진정한 상사가 누구인지 깨달았다. 그는 회사나 상사가 아닌 하나님을 위해 일하고 있었던 것이다. 우리의 착한 행실을 기록하고 승진의 복으로 갚아 주시는 분은 사람이 아니라 하나님이시다. 그러므로 누군가 보고 있기 때문에 고상한 척 행동하지 말고, 하나님이 보고 계시기에 옳은 행동을 하라. 뛰어나고 진실한 사람은 항상 옳은 일을 한다. 윤리적인 잘못을 저질렀다면 착한 행실을 하면서 최대한 잘못을 바로잡아야 한다. 우리가 뛰어난 사람이 되기 위해 애쓰면 하나님은 반드시 우리를 혼란 속에서 건져내주신다. 그러나 진실한 길을 걷지 않으면 하나님의 도움은 없다.

뛰어나고 진실한 사람이 되기 위해 애쓰면 하나님은 반드시 복을 주신다. 옳은 일을 할 때 우리는 복의 씨앗을 뿌리고 있는 것이다. 우리가 옳은 길로 걸으며 남보다 열심히 일하면 결코 실패하지 않는다.

뛰어난 사람이 되기 위해 최선을 다하라. 스스로 옳은 일이라고 믿는 바를 행하라. 평범한 수준에 만족하며 근근이 살아가기보다는 한 걸음 더 나아가라. 남보다 조금 더 많이, 더 열심히 하는 사람이 되라.

우리는 전능하신 하나님의 얼굴과도 같다. 게으르고 평범하고 싱거운 인생은 그만두고 더 높은 곳으로 나아가자. 우리가 뛰어나고 진실한 사람이 되기 위해 최선을 다하면 행복은 덤으로 따라오게 마련이다. 하나님이 우리가 상상한 것 이상의 복을 부어 주시기 때문이다!

32_ 이 세상 누구보다 행복하라

눈과 가슴과 얼굴에 열정을 가득 품고 살라
상상도 할 수 없는 놀라운 일이 벌어질 것이다

휴스턴에서 쇼핑을 하는 여자가 계산대에서 즐거운 듯이 콧노래를 흥얼거렸다. 흥얼거림을 들은 점원은 호기심 어린 눈으로 여자를 한참 쳐다보다가 말을 건넸다

"기분이 좋으신가 봐요?"

그러자 여자는 기다렸다는 듯이 신이 나서 이야기했다.

"네, 정말 그래요! 기분이 최고예요. 저는 정말 많은 복을 받았어요. 오늘 하루가 정말 기대된답니다!"

점원은 잠시 당혹한 표정으로 바라보더니 다시 물었다.

"혹시 레이크우드 교회에 다니세요?"

"어머, 어떻게 아셨어요?"

점원은 그제야 알겠다는 듯 끄덕이며 미소 지었다. "그럴 줄 알았어

요. 손님 같은 사람들이 몇 명 있었는데, 모두 그 교회에 다니더군요."

이 이야기를 처음 들었을 때 나는 미소 지었다. 정말 엄청난 칭찬이 아닐 수 없었다. 우리는 마땅히 그래야 한다.

하나님의 사람은 이 세상 누구보다도 행복해야 한다!

멋진 미래가 우리를 기다리고 있을뿐더러 오늘을 즐길 수 있기 때문이다! 오늘을 잘 사는 것은 곧 행복하게 사는 것이다.

열정이 사람을 모은다

주위를 보면 열정을 잃어버린 사람 천지다. 그들은 살아갈 맛을 잃어버렸다. 그들도 한때 미래를 열광하고 꿈을 꾸었으나 지금은 열정을 잃어버렸다. 우리 자신의 삶을 돌아봐도 자꾸 열정이 줄어드는 것을 느낀다. 한때는 결혼생활에 기쁨이 충만했다. 그러나 지금은 그저 정 때문에 살고 있다. 한때 일에 열정적이었다. 하지만 요즘은 몸이 무겁고 지루하고 따분하기만 하다. 한때 하나님을 섬기는 일에 열심이었다. 주일을 손꼽아 기다렸다. 성경이 꿀송이처럼 달콤했고 기도하고 친교하는 일이 너무도 귀중했다. 하지만 최근에는 통 열정이 없다. '뭐가 문제인지 모르겠어. 다 귀찮아. 마지못해 시늉만 할 뿐이야.'

원래 인생이 그런 것이다. 노력하지 않으면 정체될 수밖에 없다. 스스로 추스리고 매일 하나님의 새로운 열정을 보충하라. 매일 아침에 광야에서 하나님이 주신 만나를 모아야 했던 이스라엘 백성처럼 우리도 어제의 열정만으로는 살 수 없다. 매일 새로운 열정이 필요하다.

대단한 일이 일어나야만 삶의 열정이 생기는 것은 아니다. 완벽한 환경이나 완벽한 직장, 완벽한 가정에서 살고 있지 않더라도 마음먹기에 따라 매일을 열정적으로 살아갈 수 있다. 열심을 품고 있는가? 우리는 할 수 있다! 아침에 일어나 열정을 갖고 하루를 시작하는가? 멋진 꿈을 꾸고 있는가? 매일 열정을 품고 직장에 나가는가?

"나는 내 일이 정말 지겨워요. 차가 막히면 참을 수가 없어요. 직장 동료들이 영 맘에 들지 않아요."어디서 많이 듣던 소리 같은가? 우리 입에서 이런 불평이 끊이지 않는다면 태도가 변해야 한다. 직장이 있다는 사실 자체에 감사할 줄 알아야 한다. 하나님이 주신 기회에 어찌 감사하고 열심을 품지 않을 수 있겠는가. 인생의 어느 순간에 있든지 최선을 다해야 한다. 반만 노력해서는 안 된다. 언제나 최고의 실력과 열정을 발휘해 일하라.

남이 부러워할 정도의 열정과 기쁨을 품으라. 우리의 기쁨과 친절, 열정, 믿음을 보고 사람들이 하나님 앞으로 나아오고 있는가? 아니면 부정적인 태도와 낙심, 비통함, 비판적 자세가 우리 속에 굳어져, 아무도 다가가기 싫은 사람이 되어 버렸는가? 누구도 이런 사람 곁에 있고 싶어 하지 않는다. 사람들을 하나님께로 인도하고 싶다면, 아니 스스로 더 나은 삶을 살고 싶다면 삶에 대한 열정을 품어야 한다.

소년 톰 소여는 울타리에 페인트를 칠해야 했다. 소년은 이 지겨운 일을 하기 싫었다. 친구들과 놀고 싶었다. 하지만 짜증을 부리며 억지로 일하기보다 그 상황을 최대한 이용하기로 했다. 톰은 밖에 나가서 열정적으로 울타리를 칠하기 시작했다. 그가 너무 즐겁게 울타리를 칠하자 친구들이 하나둘씩 모여들어 부러운 시선으로 쳐다보았다. "야, 톰! 우리도 한 번 칠해 보면 안 될까?"

"안 돼. 이건 우리 울타리야. 내 일이라고. 꼭 내가 해야 해." 그러자 친구들은 더욱 하고 싶어했다. 결국 친구들이 일을 다 해 주는 동안 톰

소여는 가만히 앉아서 쉬기만 하면 되었다. 이 모든 것은 그가 열정을 갖고 일에 임했기 때문이다.

눈과 가슴과 얼굴에 열정을 가득 품고 살아가면 어떤 놀라운 일이 벌어질지 모른다. 마지못해 불려나가서 일하기 싫다고 불평하기보다는 얼굴에 미소를 띠우고 발걸음도 가볍게 그 일을 즐기면 누군가 도와줄지도 모른다. 그렇지 않더라도 훨씬 좋은 기분으로 일할 수 있을 것이다. 열정이 있기에 일도 더 빨리 끝날 것이다. 열정적으로 살기 시작하면 생각지도 못한 하나님의 복과 '쉼'을 경험하게 될 것이다.

사장은 회사를 위해 열정적으로 일하는 직원을 좋아한다. 그래서 억지로 얼굴도장만 찍고 형식적으로 일하는 사람보다 좋은 태도와 열정을 갖고 일하는 사람을 승진시키거나 봉급을 올려 줄 것이다. 실제로, 열정적으로 일하는 사람이 실력이 뛰어난 사람보다 더 높은 자리를 차지한다고 한다. 열정적이고 행복한 사람은 좋은 태도 덕분에 승진에 승진을 거듭하기 마련이다.

열정이 세상을 바꾼다

레이크우드 교회에는 수백 명의 사람이 일하지만 재능에 상관없이 모두 열정으로 가득하다. 우리는 열정과 소명 의식이 없는 사람을 고용하지 않는다. 우리에게는 오직 열정적인 동역자가 필요할 뿐이다.

몇 년 동안 나는 매주 예배 시간에 맨 앞에 앉아 있는 재키를 주시했다. 그녀는 예배 때마다 설교를 열심히 경청하고 열정을 다해 예배를 드렸다. 모든 행동과 표정에서 기쁨이 흘러나왔다. 나는 그녀가 누군지 몰랐지만 언제나 즐거운 모습이 보기 좋았다. 재키는 전심을 다해 찬양했고, 내가 설교하면서 성도들을 볼 때마다 항상 미소를 머금고 있었다. 때로 나를 격려하듯이 고개를 끄덕이기도 했다. 그럴 때마다 그녀가 "목사님, 정말 좋은 말씀이에요. 잘하고 계세요. 힘내세요"라고 말하는 듯한 착각마저 들 정도였다.

여성 목회 부서에 간부 자리가 비었다는 말을 듣자마자 나는 이렇게 말했다. "누가 가서 맨 앞자리에 앉아 있는 저 여인을 데려오세요! 저분이야말로 이 자리에 딱입니다."

간부가 된 재키는 계속해서 사람들을 격려했다. 그녀에게 기회가 주어진 것은 순전히 그녀의 열정 덕분이었다. 우리가 열정으로 살고 꿈을 꾸면 반드시 우리를 주시하는 사람이 있다. 사장이 우리를 지켜보고 있다가 승진시켜 줄 수도 있고, 누군가 우리의 긍정적인 태도를 눈여겨보았다가 예기치도 못한 자리를 제의할지도 모른다. 모든 일에 최선과 전심으로 임한다면 수많은 기회와 복이 찾아올 것이다.

마지못해 인생을 살아가지 말고 열정을 품으라.

행복하기로 선택하고, 뛰어나고 진실한 삶을 살며, 신나게 걸어 다니라. 얼굴에 미소를 띠우고, 춤을 춰도 좋다. 우리가 인생을 즐기고 있다는 사실을 세상에 당당히 알리자!

하나님의 은혜를 원한다면 모든 일에 전심으로 임해야 한다. 항상 열정과 열심이 있어야 한다. 그러면 우리 마음이 즐거워질 뿐만 아니라 우리 열정이 주위 사람들에게 급속도로 퍼지게 된다. 세상을 바꾸고 싶은가? 조금만 열정이 있으면 우리 집과 회사 전체의 분위기를 바꿀 수 있다. 단 하루라도 절망 속에 거하지 말라. 절망이 밀려오면 힘을 내고 열정에 다시 불을 붙여야 한다.

가정이나 직장을 비롯해서 주위 곳곳에 우리까지 부정적인 태도 속으로 끌어들이려는 사람이 있기 마련이다. 어떤 경우든 열정에 물을 끼얹어서는 안 된다. 열정의 불씨를 꺼뜨리지 말라. 항상 부정적인 말만 하는 사람들과 일하고 있을 때는 긍정적이고 적극적인 태도와 격려로 부정적인 분위기를 극복해야 한다. 불이 꺼지지 않도록 평소보다 더 열심히 부채질을 해야 한다.

모든 사람이 주저앉아 있을 때, 주위에 우리를 격려해 줄 사람이 전혀 없을 때는 우리 스스로 힘을 내야 한다. "다른 사람이야 어떻든 상관없어. 나만큼은 열정적으로 인생을 살 거야! 나는 열정의 불꽃을 태울 거야. 열정의 빛을 발할 거야. 내 꿈이 이뤄지길 열심히 기도하고 노력할 거야."

텔레비전에서 나를 본 사람들은 가끔 이런 편지를 보낸다. "목사님은 왜 그렇게 자주 웃으세요? 그토록 행복한 비결이 뭐예요?"

그러면 나는 "일단, 당신이 질문을 던져 주니까 행복하지요!"라고 말문을 열고는 하나님을 이야기하면서 복음을 전한다.

뉴욕 시티의 거리에서는 한 남자가 나를 부르더니 이렇게 말했다.

"이봐, 당신이 웃음을 흘리고 다닌다는 그 목사구만?"

나는 또 너털웃음을 터뜨리며 말했다. "네, 맞는 것 같네요. 제가 그 목사예요. 저는 웃는 목사랍니다." 나는 이 말들을 칭찬으로 생각한다. 행복한 게 죄라면 나는 죄인이 되고 싶다. 미래에 대해 열광하는 게 죄라면, 매일을 열정적으로 사는 게 죄라면 기꺼이 죄인이 되겠다.

우리 믿음은 하나님의 능력을 이끌어 낸다

오랫동안 우울한 삶을 살아왔는가? 죽지 못해 살아왔는가? 막 꿈을 접기 직전이었는가? 주위 사람들과 직장 동료들이 꼴보기 싫었는가? 이제 더 이상 우울해하지 말라. 하나님이 우리를 위해 놀라운 복을 예비해 놓으셨으니까. 이제는 다시 불을 붙일 때다. 긍정적이고 행복하고 신선한 태도를 채택하고 열정을 회복할 때다.

오늘 상황이 바뀔지 모른다. 오늘 기적이 일어날지 모른다. 오늘 꿈에 그리던 사람이 나타날지 모른다. 오늘 가출했던 자녀가 돌아올지 모른다. 이런 기대로 살면 고통 가운데서도 열정을 유지할 수 있다. 항상 희망으로 가득하고 좋은 일을 기대해야 한다.

"기대했는데 아무 일도 일어나지 않는다면? 그러면 실망감에 잠도 이루지 못할 거야." 안 된다. 뜻대로 되지 않았을지라도 다음과 같이 기도한 후에 단잠을 청해야 한다. "하나님, 오늘은 소원이 이루어지지 않았지만 그래도 당신을 믿습니다. 저는 제 인생에 좋은 일이 일어나리라고 여전히 믿습니다. 기적에 하루 더 가까이 다가갔으니 더 큰 열정이 느껴집니다. 변화의 순간이 하루 더 가까워졌습니다. 문제 해결에 하루 더 가까워졌습니다."

이것이 온전한 열정을 유지하는 비결이다. 꿈이 이루어지는 순간을 열망하고, 무슨 일에든 불같은 열정으로 달려들어야 한다. 시간을 드리고 남에게 봉사하고 주위에 선을 행할 때 항상 열정을 품어야 한다.

내 생일에 우리 아이들이 와서 "자, 여기 아빠 선물 있어요. 이걸 사느라 저희 돈을 다 썼으니까 아빠가 꼭 필요하실 때만 쓰도록 하세요"라고 말한다면 내 기분이 어떨까?

그럼 나는 한편으론 아이들을 사랑하는 마음에, 다른 한편으론 서운한 마음에 이렇게 말할 것이다.

"아냐 됐어. 아빠는 괜찮아. 이거는 너희들이 가지렴."

아내가 아침에 내게 이렇게 말하면 어떤 기분이 들까? "여보, 후딱 포옹을 끝내자구요. 자, 됐죠? 오늘 제 의무는 끝난 거예요."

우리는 우리를 사랑하는 사람들을 원한다. 우리와 즐거이 함께하는 사람들을 원한다. 하나님도 마찬가지시다. 그러니 기도할 때는 즐거운 마음으로 하나님과 대화해야 한다. 예배를 드리거나 교회 공동체 활동에 참여할 때도 열정으로 임해야 한다. 의무감으로 하지 말고 하나님을 기쁘시게 하려는 마음으로 해야 한다. 올바른 동기와 태도, 감사하는 마음으로 옳은 일을 하는 습관을 길러야 한다.

단순한 순종이 아닌 열정으로 일하라

삶의 열정을 잃는 주된 이유 중 하나는 감사할 줄 모르기 때문이다. 우리는 하나님이 주신 것을 당연하게 여기는 경향이 있다. 우리에겐 기적도 시간이 지나면 흔한 일이 되어 버린다. 우리는 복에 겨운 나머지 복을 일상으로 받아들인다. 하나님의 도움으로 집을 막 샀을 때는 정말 기뻤지만 지금은 무덤덤해졌다. 집은 더 이상 감사거리가 아니다. 더 이상 집에 대한 열정이 없다. 집을 샀을 때의 감동은 옛날 이야기가 되어 버렸다.

하나님이 기적적으로 내 인생의 파트너를 보내 주셨을 때 큰 감동을 받았다. 하지만 지금은 아무런 느낌이 없다. 우리는 이런 식으로 기적의 감동을 잊어버리지 말아야 한다. 서로에게 너무 익숙해져서 서로를 당연한 존재로 여겨서는 안 된다.

누구나 결혼할 때는 배우자에게 열정을 느끼고 배우자와 조금도 떨어지지 않으려 한다. 하지만 시간이 흐를수록 하나님이 주신 배우자

318 │ 긍정의 힘

를 당연하게 생각하기 쉽다. 언제나 배우자보다 다른 일이 우선이다. "어휴, 생긴 것하고는. 저것도 여자라고. 나 바쁘니까 포옹은 꿈도 꾸지 마. 저녁에도 당신하고 놀아줄 시간 없어. 텔레비전 보거나 야구 보러 가야 해." 한때 기적이라고 생각했던 일이 이제 후회스런 일이 되어버렸다. 점점 냉담해지고 가진 것을 당연하게 여기게 되었다.

하지만 좋은 소식이 있다. 열정의 불은 마음먹기에 따라 얼마든지 다시 붙일 수 있다. 부부 생활과 직장 생활, 인간관계 등, 인생의 모든 부분에서 말이다! 이 책에서 제시한 변화를 시작하면 반드시 열정이 되돌아올 것이다.

인생을 당연하게 받아들이지 말고 열정의 불씨를 되살리라. 하나님이 주신 가장 큰 선물, 즉 하나님 자신을 당연하게 생각하지 말라. 하나님과의 관계가 무미건조해지거나 하나님의 복을 당연한 것으로 받아들이고 있다면 큰일이다. 즉시 열심을 회복하라. 불난 데 더욱 부채질하라. 무슨 일이든 하나님을 위해 하고 열정과 전심을 다하라.

하나님은 당신이 이 책을 읽고 단순히 며칠간 기분이 좀 좋아지기를 바라지 않으신다. 하나님은 장기적인 회복 역사를 추진하시고 계신다. 하나님은 상황을 바꾸시고 우리에게 강하고 건전하고 유익한 관계를 주시고자 하신다. 하나님은 우리를 회복시켜 주실 때 언제나 몇 곱절 더 좋은 복을 부어 주신다. 하나님의 비전은 우리가 최선의 삶을 사는 것이다.

하나님이 주신 더 크고 새로운 비전을 품자. 상황이 우리 쪽으로 변하기를 기대하자. 어둠의 권세에 과감히 맞서겠다고 단호하게 선포하자. 우리 인생의 목적은 평범함이 아니다!

하나님의 능력을 이끌어 내는 것은 우리의 믿음이다.

기대 수준을 높이자. 우리의 작은 사고로 하나님을 제한하지 말고, 크고 놀라운 일을 행하시는 하나님을 신뢰하자. 명심하라. 하나님께 순종하고 하나님을 무조건 신뢰하는 사람은 이 세상에서 최고, 아니 그 이상의 삶을 살게 된다. 오늘부터 하나님이 주신 삶을 기쁘게 누리기로 결심하자.

- 비전을 키우라.
- 건강한 자아상을 키우라
- 생각과 말의 힘을 발견하라.
- 과거의 망령에서 벗어나라.
- 역경을 통해 강점을 찾으라.
- 베푸는 삶을 살라.
- 행복하기를 선택하라.

위의 단계를 꾸준히 밟을 때 하나님은 우리를 상상도 못할 곳으로 인도하신다.

그리고 우리는 최고의 오늘을 살게 될 것이다!